U0934797

本丛书得到韬奋基金会资金资助
“十一五”国家重点图书出版规划项目

书林守望丛书

北京编辑六记

赵 洛 著

首都师范大学出版社

图书在版编目(CIP)数据

北京编辑六记/赵洛著．—北京：首都师范大学出版社，2010.6
(书林守望丛书/吴道弘主编)
ISBN 978-7-5656-0030-2

Ⅰ.①北… Ⅱ.①赵… Ⅲ.①编辑工作—文集 Ⅳ.①G232—52

中国版本图书馆CIP数据核字(2010)第112780号

书林守望丛书
BEIJING BIANJI LIUJI
北京编辑六记
赵 洛 著

项目统筹：张 巍
责任编辑：来晓宇　　责任设计：张 朋
责任校对：李佳艺　　责任印制：沈 露

首都师范大学出版社出版发行
地 址 北京西三环北路105号
邮 编 100048
电 话 68418523(总编室) 68982468(发行部)
网 址 www.cnupn.com.cn
北京嘉实印刷有限公司印刷
全国新华书店发行
版 次 2010年7月第1版
印 次 2010年7月第1次印刷
开 本 787mm×1 092mm 1/16
印 张 16.5
字 数 242千
定 价 36.00元

版权所有 违者必究
如有质量问题 请与出版社联系退换

《书林守望丛书》编委会

（按姓氏笔画排序）

顾　　　问　于友先　王万良　卢玉忆　冯俊科　伍　杰
刘　杲　徐柏容　巢　峰

编委会主任　吴道弘

编委会副主任　郑一奇(常务)　杨生平　杨学军　陈　鹏
陈芳烈　胡　越　韩方海

编　　　委　王维玲　方厚枢　邓中和　何启治　宋应离
邵益文　林君雄　周　奇　胡德培　赵　洛
俞　斌　聂震宁　钱锦衡　曹培章　熊国祯

做文化的守望者
——《书林守望丛书》总序

柳斌杰

文化是每一个民族赖以生存的根基和灵魂，而出版事业和出版物，是民族文化的结晶，是民族精神的物质承载者，是衡量一个国家和民族文明程度的重要标志。从事这项伟大事业的出版人，不仅是出版活动的实践者，而且是人类文化创造、积累、交流、传播的组织者和参与者，是文化产品的生产者、民族精神的护卫者和时代精神的弘扬者。任何时代，治书修史者都肩负着神圣的历史责任、文化责任、社会责任，在我国，这种传统一直延续了几千年。但是，目前受名利诱导和网络快餐文化的影响，出版界跟风炒作、追求市场效应一夜成名而不顾文化品位等现象时有耳闻。在种种浮躁的背后，反映出来的是出版从业者文化品格的缺失。唯其如此，为繁荣学术和民族文化而坚守文化天职、恪守社会责任的职业精神和文化追求，尤其值得在出版界大力弘扬。

出版人是文化薪火的传承者，具有坚守文化自信的历史责任。众所周知，出版是人类文明薪火相传的重要依托，一个国家民族科学文化的传播和传承，有赖于它的出版事业。中华文明之所以历经五千年而一脉不绝，就在于中国历代政治家、著作家、出版家、藏书家接续几千年文明发展进程中形成的尊崇历史、珍惜古籍、编修文献、善待图书、重视典藏的优良传统，他们将中华文化的精髓融入历代出版物之中，一代一代地传之后世，肩负起了将一个时代的科学文化及思想智慧真实地记录下来、传承下去的历史责任，使中华民族的文化根基与时俱丰、愈加巩固。作为新时期文化创新和文化传播的主体，当代出版工作者更加需要继承传统、关注时代，一方面自觉承担起对民族文化传统的保存、整理、批判、传承的责任，保持中华文化的统一性、延续性；另一方面推动文化创新和发展，弘扬和培育符合时代要求的民族精神，在增强民族的凝聚力、创造力以及同世界其他文明进行对话的文化自信力方面作出贡献，使中华民族独立于世界民族之林的文化根基更加坚韧。

出版人是文化创新的推动者，具有坚守文化本性的特殊责任。作为一种文化生产的基本业态，出版既有产业的属性，又有意识形态的属性，必须通过创新来保持文化的独特品质和内容的先进性。从这个意义上说，创新是出版工作者的不竭动力和显著特征，不仅是文化积累和产品制造的组织者，而且也是文化内容的选择者和把关者，当然应当是新知识领域的开拓者和新成果的发现者、催生者。一方面，知识的保存、生产和应用，文化和技术的传承、生产和原创，都是以出版活动为基础的。历史上重要的思想创新、科学发现和技术进步主要是通过出版物得以传承和发展的。另一方面，从造纸术、印刷术到当代激光照排系统、计算机王码汉字处理系统以及数字技术的应用，出版人率先将新成果引进出版业，引发出版形式和内容的不断创新。在文化传播过程中，出版人通过传承优秀民族文化、吸收外国文化精华、把握时代需要，促进着社会文化的不断进步。而现代出版史上鲁迅发现大批文学青年、叶圣陶对巴金处女作的慧眼识珠、巴金对曹禺作品的琢璞为玉的佳话，也反映了出版人所必备的发现新人新作的创新品质。在当前的创新型时代、创新型国家建设的过程中，人民群众的伟大创造，已然成为文化创新取之不尽、用之不竭的源泉，迫切需要出版工作者发现、认识、扶持、推广，进而铺垫中华民族元气深厚的文化创新的阶石，培育中华民族根深叶茂、神韵独具的文化创新的活力。

出版人是时代思潮的引领者，具有坚守文化领土与文化阵地的社会责任。出版的本质不仅在于积累文化、创造新知，不断推出更优秀的文明成果，而且还在于按照一定的价值目标对社会现实文化作出评价，通过选择、把关实现对社会风气、学术思潮、文化倾向的引导。古代中国知识分子正是借助“竹帛长存”所构成的社会认知体系和社会规范体系，才唤起了“见贤而思齐”的文化自觉和道德自律。“五四”时期以《新青年》为中心凝聚的一大批知识青年的出版传播活动，将“科学”与“民主”汇聚成了思想解放的伟大潮流。在当今政治多极化、经济全球化、文化多元化、新技术日新月异的国际背景下，在经济社会急剧转型、社会文化事业和文化产业发展不平衡的国内背景下，承担着建构社会主义和谐社会及传播先进文化的神圣使命的出版工作者，其选择、把关进而引导大众的责任更加重大，需要通过对精神生产加以规划与组织，对精神产品进行鉴别与加工，对文化遗产作出选择和整理，对社会信息予以筛选和传递，打造传承主流文化和主流价值观的精品力作，不断巩固主流文化阵地。这就要求当代出版工作者必须深深植根于中国特色社会主义伟大实践，敏锐把握时代变革的风气之先，不随波逐流，不跟风炒作，不断提高辨别真善美和引导大众文化、传播主流文化和主流价值观的能力，致力于弘扬民族精神和时代精神，为中国的改革开放和现代化建设事业提供有力的思想保证、精神动力和智力支持。

历史已经证明，出版业作为文化传承和文化创新的核心，如果没有文化理想和文化追求，便失去了发展的根基。而出版工作者的文化价值取向、人文素养、文化责任、文化运作能力和学术品评能力，又直接影响到出版物的文化含量。从这个意义上说，对于文化的坚守，不仅是一种出版理念，也是一项出版实践。在竞争日益激烈的世界文化市场中，能否坚持文化本位，能否坚守文化责任，对新时期的出版从业者来说，无疑是一种严峻的考验。《书林守望丛书》的问世，为我们提供了一部关于新中国出版人的精神文化启示录。其中反映出的经过沉淀而彰显的文化品格，尤其应该成为新时期出版工作者的精神支柱。这套丛书的作者，是一群深深地钟情于出版事业的文化守望者，他们在“书荒”时代辛勤耕耘，在“书海”时代坚持方向，恪守文化的尊严，组织、规划、策划、编辑、出版过一大批反映时代精神、民族精神及具有学术价值、文化品位的标志性工程，主持、主编过一大批科学、人文、经济、教育等方面为广大读者喜闻乐见的知识读物，为全社会提供优秀的精神食粮作出过重要贡献。在他们身上体现出来的勇于开拓、后启来者的创新精神和坚守精神家园、淡泊名利的文化风骨，堪称典范。希望通过这套丛书的出版，使新时期的出版工作者形成一种更加清醒的文化自觉，在文化与产业协调发展的道路上走得更加坚定，产生更多让世界为之惊喜的拥有自主知识产权的民族文化品牌，再现中华民族宏大的文化气魄。

当前，出版业的发展同政治、经济、社会、文化的发展一样，要在世界范围内的大对话、大交流、大竞争、大角逐中，把握机遇，迎接挑战，创造新的辉煌，需要一大批具有真才实学且能开阔视野、崇尚科学、追求真理、尊重创造、包容多样的新型复合型出版人才，来担当中国特色社会主义文化建设的推动者。《书林守望丛书》汇集的新中国成立六十年来成长起来的十几位出版家在长期为人作嫁的职业生涯中的思想火花、书坛掌故，集中反映了新时期出版工作者的精神风貌，不仅抓住了时代的新变化，也深刻把握了出版职业的新要求。这套丛书的作者，或者长于出版规划，或者长于鉴赏加工，或者长于经营管理，但都有将丰富的实践经验升华为理论的深沉思考。将这些经过实践检验的理论总结汇集起来，转化为鲜活的历史智慧和生命依托，对于未来的新型出版人才，无疑具有深远的精神哺育作用。我希望这套丛书的出版，能够吸引更多才华横溢、富有创造力的新军投身我们的出版事业，使中国出版人的文化守望薪火相传，为推动社会主义文化大发展大繁荣建功立业。

2009 年 7 月

目 录

叁记　图书绍介

肆记　手书故事

伍记　编辑忆旧

编书无悔

——开头的话

1994年初，《光明日报·周末文荟》副刊主人韩小蕙女士忽发奇思，说想起几十年经过各种运动，还有人生难免蹉跎、不平、困顿、坎坷等，希望经历过的人总结终生不忘的教训。她说很久以前心灵震颤不息，就想编一本《永久的悔》的书。于1994年2月1日散发征稿启事，邀请70位著名作家、学者为之撰稿。也征及在下。只是仆本无文，既非名家又无何勾勒出悔恨或无怨的经验，有益人世。惟征文期望拨冗赐稿，热情可感！忽一天半夜，思想交不了差，何不把平生只干了一件事，做了五十二年之久的编辑说事(其实，“文革”、下放，还得减去七八年)，因写《编书无悔》。蒙小蕙主编收入《永久的悔》①。

话分两头。仆自1963年迁来朝阳区，居于金台路、金台里、金台园的包围中。受到黄金台爱才养士的照拂。此言不假。即有朝阳区文化馆《芳草地》杂志，嘱仆写点东西。“野草芳菲红锦地”，真是百般红紫迷人眼！它不像《南方周末》副刊也叫《芳草地》，徒有其名，而实有其地。缘朝阳区日坛北边东大桥西边具有地名“芳草地”。此地明代立于国门之东，从前被称为朝宗之地，梯山航海而来者不知有多少。而此《芳草地》坛主谭宗远先生亦一才子，除了演话剧唱曲外，编刊物也真诱人。2005年9月，谭先生还邀请众多同行办读书报刊研讨会，不下百人。真是事有偶然，也算奇了。恰百人中，仆和当代著名编辑家、韬奋奖获得者吴道弘先生坐在一起。心有灵犀，一见如故。他约我写稿。坦率真诚的吴老，

① 《永久的悔》，北京，华艺出版社，1995。

嗜好诗书，怜惜同行。即遵命写编辑的经历，刊于《出版史料》上。吴老又命仆整理有关编辑的文字，这可难了！

仆未做出成绩。惟对编辑一份热爱痴迷或可一写。这种痴迷又和个人的兴趣，如从小对古书的兴趣结合，或有点劲头。

但不能说没有一点怨悔。1994年《编书无悔》说：

“人说编书是吃力不讨好，为他人作嫁衣裳。但其他工作如建筑，盖好了房让别人住，还不是为他人作嫁衣吗？编了几十本书，堆起一大堆，不足自慰？但曷足道哉！立德，立功，立言，圣人教做的，一无所得，交了白卷，又何面目见江东父老，当然有当悔恨了。

“到1958年邓拓调任北京市委书记兼管文教，要北京出版社整理标点北京的古籍。由于邓拓的远见卓识，使北京的地方文献不断出书，开风气之先。从此我和北京古籍结了不解之缘。

“开始和伙伴编《宛署杂记》，后来又编《帝京景物略》，又出了《清代北京竹枝词》，慢慢赢得了读者，心里不免几分欣慰。想不到还没出几本，风清月霁的日子顿时风狂雨骤！‘三家村’躲不过，我编过吴晗的《学习集》、廖沫沙《分阴集》，又为马南邨的《燕山夜话》找过资料，正是‘三家村’的小伙计，在劫难逃。其时雷填填雨冥冥，说一点悔怨也没有是不真实的。怎么就搞这一行，偏偏又遇上了‘三家村’？

“说来也痴迂可笑。在愁苦难熬的日子，也觉得不能丢了辛苦做成的书。1967年春，在北京日报一楼过厅开会批‘三家村’，批得愤激，有人提出要烧书。我冒出一句：‘手下留情，你批书又何必烧？’书未烧成，我却挨了批，但自觉对书还有些感情。

“到1972年，范戈同志要北京出版社找回搞历史书的，我又欣然同意回归。书还没有编够，批挨得不少，也不过吹皱一池春水，编书诚无悔！

“人各有恋好，有人恋好戏，有人悦喜球，我却爱好书。要能编辑或标校出几本有用的书，也不枉一世了。可巧1990年底奥林匹克出版社出的一本《北京百科全书》前言写道：‘明清以来，又有《帝京景物略》、《宛署杂记》、《顺天府志》、《日下旧闻考》等记载北京各方面情况的书籍问世，其中《日下旧闻考》是空前的北京历史文献集成……这些文献和成果（注：指1949年以后出版的《北京史》等），使《北京百科全书》的编写具备了坚实可靠的基础。'想到百科全书这般推崇的北京古籍，大都是辛苦和伴友校阅编辑的，也堪告慰。

“已矣哉：编书四十多年，还觉得没个够，个中乐趣只有个人方能体会，翻看稿件要参考博览，对于书卷自有点感情，而且百无能耐，既不会跳舞唱 OK，只有在书卷中讨生活，偶有心得，以为发现了新大陆，诚足痴迷矣。近日看电视说吃了某药，年轻复少，一年比一年年轻。或有回到周岁抓周的时候，我想此时我也会在算盘钗环间抓起编书的笔。”

这种编书的感情至老弥坚。因为读到孔子，敬慕孔子说自己：其为人也，学道不倦，诲人不厌，发愤忘食，乐以忘忧。不知老之将至。老年孔子对古代文献的编纂，占据了他的心。正是编辑《诗》、《书》、《礼》、《春秋》、《易》、《乐》六种书，使他忘食忘忧。孔子从政并不得意，周游六国到处碰壁即是证明。教书育人大有成就。出于对古代文献的爱好，再加上教书要自己编课本。所以他删《诗》，作《春秋》等。孔子说自己述而不作，即编纂而不写书。如《春秋》许多人怀疑是孔子作的。近代钱玄同以为“他老人家那样的学问才具，似乎不至于做出这样一部不成东西的历史来。”这话或有些道理。《论语》中“吾与点也”写得那样生动活泼，和《春秋》流水账式的断烂朝报不同的。

吴老热忱不可辜负，恕先谈几十年编书经历，次述所出书内容。此编辑有义务、责任帮助读者了解书的。选出北京古籍若干“出版说明”。书出后又绍介于报刊，留下若干“图书绍介”。其中有别于一般书的《毛泽东手书选集》、《周恩来手迹选》，另辟为“手书故事”。而于作者、帮助过自己的亲友同志，感念不忘，郁积为纪念文字，辑为“编辑忆旧”。50 年代，因编中篇说部，和张恨水、张友鸾、张友鹤七老同游，我这个二十八岁的青年跟在后面，只是好景难留。周游是我们出版社的社长，我哥哥“一二·九”运动的伙伴，他约程应镠写《南北朝史话》，有关吴晗主编的《历代史话》。而和顾行的交往又牵连“三家村”的故事。只是往事如雾如烟，恨无力锁斜晖，所抓得星星点点而已。这些大多结合编书，自个举笔命操，窃以为编辑不应吝惜动笔。编辑和写作实为工作起飞的双翼，因辑“编余命笔”，收录写书自己作品的前言、后记，直到近日的拙作。

2007 年深秋

壹　记

编书经历

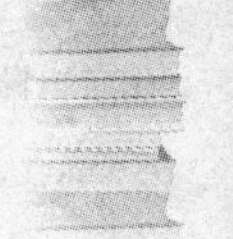

一个地方编辑的零星回忆

北京出版社成立于1956年9月。北京旧有私营各种出版社多达70家，仅次于上海。解放初力求公私合营逐步建立地方国营出版社。起初北京市政府新闻出版处领导建立过北京新大众出版社（1951～1952年，公私合营）、北京人民出版社（1952～1954年，国营）、北京大众出版社（1954～1956年，公私合营）。1956～1966年，建立基础，1966年因出三家村书而雨骤风狂。不想1986年于原纸张仓库之地的北三环中路6号建起了12层办公大楼。今则此处腾起写字楼、商业楼、书店、宿舍楼多座，跃升为北京出版社出版集团。1996年纪念出版社成立40周年，写《一个编辑的汇报》刊于社史资料。今年出版社50年，又写《延长了的编辑》。鸿雪爪迹，聊存点滴出版史料。

一个编辑的汇报

初来

1954年10月下旬，我第一次从白塔寺过小茶叶胡同来到观音庵4号。走进大门，一处大院落，亭台假山，杂树野草。径直向里又进一个圆洞门，门里题着“大众出版社”长木牌，署名是李济深。

从木牌侧身走过，进小巷只见朝南一排很宽的玻璃窗，是五开间的大屋。两边柱子上挂着刻字的对联。这是一个四合院，东西用墙封住了。我惊奇这不小的院子和高大的屋宇，后来问起才知道是军阀段祺瑞时的国务总理贾德跃兄弟的房子。

郭镛、李景慈原是大众出版社的老同志，该社即有基础。这时由周游领导，王宪铨带我们几个青年来到了这个出版社，深知创业的艰辛，也是战战兢兢，还是慢慢有了开展，站住了脚跟。但并不都是成功的，就在这屋子对街也有一处大宅邸，在 1952 年 5 月间就挂起了“北京人民出版社”的牌子，它是北京市人民政府新闻出版处领导的地方国营出版社。《北京出版社社史资料》第 1 期 82 页《关于在本市建立公私合营出版社的初步方案》中写道：“我们请求投资 2 亿 5 千万元(自前北京人民出版社在 1953 年上缴的利润 5 亿 7 千万元中提出)。”可见这个北京人民出版社也赚了些钱，但为什么不办下去呢？这个出版社的主要负责人是宋匡我、苏辛群。编辑部主要力量埋头编字典，不特别依赖外面的机构和作者，业务并无起色，以后就停办了。大概由于出版新编历书、连环画赚了点钱，才上缴相当大众出版社资金的 5 亿多元。记得我曾写过一篇《为农民喜爱的新历书》登在 1952 年 10 月的《人民日报》上，记述翻身农民欢迎新的历书。北京人民出版社和华北人民出版社合编的 1953 年新历书印了 300 万册。历书、连环画是从 1951 年于琉璃厂东边杨梅竹斜街的两间小楼北京新大众出版社就开始编印，也是市新闻出版处领导。而编历书的传统一直流传至今天。

1956 年 9 月 15 日，根据北京市人民委员会决定，在原北京大众出版社基础上，成立北京出版社。周游任社长。此时在东长安街 2 号原东单邮局隔壁小楼办公。1957 年根据中共北京市委决定，北京出版社由市委宣传部领导。于 1 月从东长安街迁入西裱褙胡同北京日报一楼。初来北京大众出版社，缺乏作者，缺少联系，于是就四处联系单位。有的同志编苏联讽刺小品。我编辑过一本译述的苏联军事惊险小说《机智的故事》，是说勇敢、机智的苏军战士，“能把死神抓来当俘虏”，颇有神奇、勇敢的色彩。我三十多年来编的书很多是平淡的，慢慢淡忘了。但这书因曾为《解放军战士》写过短的介绍保留下来才记得。另外记忆清晰的是杨伯峻著的《文言语法》，这原是大众出版社组织的稿件。杨伯峻是杨树达的侄子，有古典典籍渊博的学识，又能用通俗语言解释，因而这本书受到欢迎。

我一直同杨先生保持着良好的师友关系。1983 年 11 月他写信给我，说看到我们出版社的《圆明园》里写了徐叔鸿所作《圆明园曲序》，并说“徐氏于弟婚姻，内人即叔鸿老人之女孙，其宝鸭斋题跋、宝鸭斋法帖等弟皆藏之。”希望代购两本《圆明园》的书，帮助找徐叔鸿所写的序。以后我多次因古书疑难请教他。

初编介绍北京的书

原先建立北京大众出版社的方案中有出版介绍北京各方面情况和工作的任务。由于北京特殊的政治地位，又是著名的历史古都。北京出版社从 1956 年就成立了北京组，开始选编有地方色彩的书。最早一本是《北京动物园》。那时越来越多的新奇动物从国内外运来，国外来的是作为国际文化交流而来，很是热闹。北京动物园和新建的苏联展览馆(现改为北京展览馆)一起成为北京新景点。

清末五大臣出国考察宪政，宪政不见踪影却买来不少奇异动物放在这里供慈禧玩赏，成了万牲园，后成为民国的农事试验场。《北京动物园》一书反映国家近百年的兴衰变化，传播了珍禽异兽的有趣知识。

反映近百年兴衰屈辱最有代表性的要数圆明园了。可巧，北京大学历史系学生王威，常从未名湖到校园隔壁圆明园去转悠，结合学习近代史去研究调查，得到顾颉刚教授的指点，写成《圆明园》一稿，由顾平旦和我帮他出了书。1990 年电视《圆明园沧桑》播出后，出国访问学者王威还在《人民日报》海外版写文，说起北京出版社帮他出版了全国第一本《圆明园》。

反映兴衰荣辱变化的当然还有天安门。从皇城正门到“五四”运动以来反封建的中心到解放后的开国大典，天安门激励着我。1956 年“十一”前夕，陆元炽主编《北京日报》“文化生活”版，用一整版刊出我编写的《天安门》一文。后收到史树青来稿，他在历史博物馆收集到大批天安门的历史珍贵图片及资料，1958 年我俩共同写成《天安门》一书，1979 年、1988 年两次再版。

约在 1957 年《北京日报》“文化生活”版又主办“北京一条街”征文，应征稿件很多，除《北京日报》、《北京晚报》刊用一部分外，陆元炽把稿件全部交给我。我选编成《北京街道的故事》一书。北京人对这本书有亲切感，1962 年再版。到 1980 年发行部门要求再版，只是街道变化太大，需要重写重编，未能再出。

北京出版社成立不久，北京史地名胜的书就陆续出了一些。有金光群编辑的《北京游览手册》、梁正江编的《西山风景区》等等。还有颐和园、北海、香山等的导游图，结合举办“北京讲座”出版了《北京的气候》、《北京的植物》等。当时强调一专多能，编辑什么书都干，调来调去，不像现在编辑那样固定在一个编辑室。后来《大公报》来的记者左步青曾说，《大公报》的编辑记者就是坐在有轱辘的轮椅上，调动频繁。编辑假如多编些书，如编政治读物书加强政治素养，编文史书增进史地知识，也有好处。但北京组确定了专业，我也就比较专心培养自己的专业知识。

草厂说部

1956 年一出《十五贯》的演出，救活了昆曲，上海《新民报》副刊每天连载草厂著文、董天野插画的《十五贯》说部。采用近于话本旧小说的体裁，一回一回地讲故事，多用浅显白话，受到读者欢迎。以后草厂又陆续写《杏花庄》、《魔合罗》、《赛霸王》、《鲁斋郎》、《救风尘》，直到“文革”后还写了《清风楼》。

这些从传奇或元曲改写的故事表现志士奋发，或错案终于昭雪，忽庄忽俳，波澜迭起。翻开《新民报》，草厂成了连载的坛主，风行一时。草厂原是东单南边东观音寺旁一条小胡同的名字。东观音寺有人民文学出版社的宿舍，住这宿舍的常常出入草厂胡同，就用它作笔名。其实草厂是古典文学编辑、老报人张友鸾。友鸾是我表兄，我常到东观音寺去，问他为何叫草厂？他说这厂不是工厰的“厰”字简化，在古代同“庵”字，草庵如同陋室，自谦之意。“文革”前不大讲经济效益，但也问好不好销，能卖多少。因为中篇说部受欢迎，出版社从 1956 年 11 月陆续出版了上述草厂写的书，又约张恨水写《孟姜女》、左笑鸿写《虹桥赠珠》等。粉碎“四人帮”后，草厂的那几本又由宝文堂重新出版，印数每种 3 万至 5 万册，才用了真名。

在回忆北京大众出版社时，我记起了通讯员关雪瑞，那时送信、取稿、到印刷厂取校样、发送稿费都由他一人跑。后来北京出版社亦如是。有一次他对我说骑车多，跑得快，想练练参加自行车比赛，可见骑车的功夫。这也是勤俭办社一例。

北京古籍的甘苦

1958 年邓拓从《人民日报》调任北京市委书记主管文教，要北京出版社整理标点北京古籍出版。从此我又和北京古籍结了不解之缘。当时左

笑鸿、周应鹏和我三人标点《宛署杂记》，这书是明代宛平知县沈榜编辑宛平(辖今北京西城)的资料而成。有很多少见的资料，如梁思成以为天宁寺塔是辽代古塔，该书记此塔元末毁于兵燹，明初重建。而书中特别记载各项徭役，如哪个人租多少地、哪个人交多少税、当什么差，连篇累牍。这样，我在这书的出版说明中说这是办差的记录，剥削的账本，因而对编者沈榜也没有说多少好话。这实是缺乏历史唯物主义观点。出书后，邓拓曾告诉王宪铨，说对沈榜提法不当。于是在1962年再版时改为沈榜“在宛平任内，颇能留心时事，搜求掌故……编著《宛署杂记》。”这使我后来特别留意出版说明，力求写好。

雪泥鸿爪说燕京

《北京古籍丛书》四人谈

《北京古籍丛书》四人谈

2001年6月18日《北京日报》刊文

后我又编辑《昌平山水记》(1962年7月)、《明宫史》(1963年3月)、《帝京景物略》(1963年)等。值得一说的是《清代北京竹枝词》。

原来张次溪、傅惜华珍藏的清代竹枝词多种，独缺杨米人写的《都门竹枝词》。这本乾隆年间的竹枝词过去仅有抄本流传，一直没有刻过。听说路工藏有抄本，顾平旦和我便一起去拜访路工，并请他标点校订张、傅提供的竹枝词。他是通俗文学研究者，又是藏书家，还是参加过延安文艺座谈会的老同志。不久，标点本送来了，平旦和我都看过，竹枝词本来七个字一句，不难标点，序文也不长。搞了几本古籍也没出什么问题，就像平常一样发排了。

到1962年出书，意料不到的事来了。书信像雪片而来，我们初以为北京竹枝词写北京事受欢迎是自然的。但不少信却是指出标点错误的。这好似踢足球满以为能赢的，不想却被人踢进了球。我记得有《续都门竹枝词》的骈体文句，标错了，意思就变了。为了吸取教益，引证如下：

当兹旅馆之风凄，实感旧游之星散，都无凭著。絮舞心头，若有激扬；澜翻腕底，于是探喉而出。魂礧一销，信笔而书。诙谐间作，或写……

读者指出应标为：

当兹旅馆之风凄，实感旧游之星散。都无凭著，絮舞心头；若有激扬，澜翻腕底。于是探喉而出，魂礧一销；信笔而书，诙谐间作。或写……

读者来信是对的，仅仅换了标点，意思大不一样。如我们稍加留心是不难看出的。问题只是不那么细心留意。出了错，记得后来又在报上评说过，这才似冷水浇头，感到古籍不那么好搞，必须认真对待。尤其是似是而非，或说不明白，中有蹊跷之处，必须拿起放大镜细心察看才不致出错。

焚香敬慰少昊氏

1964年，金庆瀛、杜希贤和我一起到丰台区搞“四清”，后“文化大革命”，北京出版社出过邓拓的《燕山夜话》，吴晗的《海瑞罢官》、《学习集》，廖沫沙的《分阴集》等等，因被诬为“三家村的黑批发部”，后集中于北京车公庄北京市委党校学习。1969年6月1日，北京市干部下放北京郊区劳动。到1972年10月我返回出版办公室，约七八年没有做编辑工作。而这正是我壮年应有所作为的时候，只好深深叹惜！

这一次来到西城区新文化街（原石驸马大街）北京市出版办公室，领导告诉我，说近来毛主席说要读一点儿历史，调我回来搞历史小丛书。不久我拟了一份选题交给白波：哥伯尼、达尔文、孙中山……

当时只能从毛主席著作中选择题目。但我忘不了“五四”运动以来的民主和科学。哥伯尼和达尔文是世界历史名人，撰写他们不仅讲科学也有进步意义。但为孙中山出书当时不免踌躇，因为江青就说孙中山是牛鬼蛇神。但我以为对这位伟大的革命家缺少记述，还是列入了选题，并由章仲锷传到近代史所，介绍尚明轩写此稿。我们一起研讨提纲。此时我想，能不能向敬爱的宋庆龄写封信，报告写孙中山。后来我大胆地写了信，想不到，不久收到回信，大意是她对编写出版孙中山传很高兴，并希望翻译成英文向海外发行。信中有宋庆龄的签字，这封信现在已找不到了。但增强了尚明轩和我们编写孙中山传的信心。“四人帮”倒台后，我念起龚自珍的诗：“焚香敬慰少昊氏。”我心香一瓣祝祷黄帝儿子少昊氏，被江青污蔑的伟大革命先行者孙中山终于有希望出书了。这时我们忙着打印稿件，征求意见，邀请专家座谈。后来由文史组王兰锁帮助修改、定稿出书。宋庆龄又为此书题写了书名，审阅初稿。这是解放后出版的第一本孙中山传略。1991 年纪念辛亥革命 80 周年之际，想到开始提出这个选题，编辑这本书，为介绍孙中山先生尽了一点绵薄之力，感到欣慰。

这时我在文史编辑组，在玻璃窗上印有“手术室”字样的大屋子里。这房子原先是铁道医院，大概从日伪时就是一家医院。在这大屋子里，我忽然又想起我原来介绍北京风物名胜的工作，恰好定陵此时开放并以地下宫殿吸引游人。我去定陵，由北京大学考古专业毕业的孟亚男编写了一本《定陵》，1974 年出书。1975 年又修订再版了贾兰坡改写的《周口店——北京猿人之家》。这书是和阎慰鹏合编的。（作者坡字错成了波字，总编辑张帆要我们一本一本地改，不失为教育编书人对待错误、改正错误的好办法。）粉碎“四人帮”后迎来了出版界的春天。1977 年开始编辑“北京史地丛书”，并邀请侯仁之、翁独健、吴良镛、陈庆华、罗哲文、徐苹芳、于杰组成编委会，评审每部稿件。陆续出书的有：《颐和园》、《明十三陵》、《圆明园》、《北京出土文物》、《清东陵和西陵》、《避暑山庄和外八庙》、《天安门》、《长城》、《元大都》、《陶然亭》、《北京西山风景区》。有些稿件是由文史组闻性真、王兰锁等帮助完成的。

地下室的烂纸堆

1977 年初，我去看周游，他拿出一封上海程应镠的来信，信中说想来北京看看老朋友。程原是周游和我哥哥赵荣声在燕京大学的老同学。抗战中，他逃避国民党特务追捕，跑到安徽太湖我老家住了几个月。他在燕大和西南联大念历史，是吴晗的高材生。我想起他在“文革”前写的《南北朝史话》，是“中国历代史话”写得最早的一本，是吴晗亲自约他写的，排印出部分稿件征求意见并作为“史话”的范例。看周游的第二天，我去找原先北京出版社的原稿校样在哪儿，人说在地下室堆着呢。此时我们在后楼二层，我虽打听到这崇文门外东兴隆街 51 号听说原是孔祥熙的一座别业，后来作为德国拜尔药房，一间间小房或许是抽大烟的地方，但还没有到过地下室。此时走进一片漆黑之中，阴湿腐烂味道，扑鼻而来。拉开灯，只见满是尘土的一堆烂纸，翻来找去，也找不见。我想会不会给旁边的锅炉作引火给烧了，或下雨淋湿化为泥浆？寻了半天，总算不负有心人，居然找出薄薄的排印本《南北朝史话》，我欣喜异常。心想，1967 年春在《北京日报》一楼过厅，造反派要烧北京出版社的书，开会宣布烧书，当时我说刀下留情，反对烧书，挨过批。今天，十年后居然在灰烬的烂纸堆中又找出“种子”，吴晗的“中国历代史话”不会断线了。以后由刘宁勋和我找副总编俞圣祺商定约程应镠来京，在周游家改稿，1979 年出书。这套“史话”也由刘宁勋、闻性真、阎慰鹏、王兰锁继续完成了。在这烂纸堆中还找出《北京大学学生运动史》的印刷好的稿本(排印过两次都毁了)，后来也出书了。

三本大书

为了加强专业分工，北京出版社先后建立六个专业出版社，其中最

早于 1979 年 2 月建立北京古籍出版社。我即属古籍社。

找出劫后余烬，使我想起从前标点好的《日下旧闻考》，这稿本还在不在？我又遍寻社内各部门，寻找原稿存档处，都说没有见过。有一天偶然问起韩有生。他是管理图书的。他说“有哇”。原来《日下旧闻考》、《光绪顺天府志》等大书，都是社里决定由图书资料室收购作为稿本借给编辑组标点。他取出青布面包装八大函书，虽满是灰尘，但我看到瞿宣颖用红墨水、左笑鸿又用蓝墨水标校的字样，又大喜过望，北京古籍又不会断线了。必须说一句，韩有生是个有心人，对保留北京的古书，下了功夫。不仅存留了《日下旧闻考》，如崇祯大字本有方逢年序的《帝京景物略》的明代珍贵刻本，亦收留下来了。

原来在康熙十八年开博学鸿词科，浙江秀水有一位学者、诗人朱彝尊中试，成翰林，入南书房成日讲官，很得康熙的赏识。不想过了三年，朱彝尊被人弹劾去官，困愁潦倒，无事就在宣南的古藤书屋编《日下旧闻》，从 1 600 种古书中选摘有关北京的记述。《日下旧闻》出书一百年后，北京城市发生很大变化，尤其是好大喜功欢喜游玩建筑的乾隆帝，

赵家兄弟

左起：赵洛、赵荣琛、赵荣续、赵荣琅、赵荣声

不仅六下江南而且在北京大建园林，乾隆也自以为铺张浪费，作《知过论》自箴(见《日下旧闻考》首页)，但又夸耀京城三山五园飞檐不断。北京的宫囿建筑大大超过康熙时朱彝尊记述的。乾隆对这些建筑写过诗文、作过考证，需要著录下来，于是命翰林院编著成《日下旧闻考》。总纂朱筠是提议修《四库全书》的人，其他纂修也多是编纂《四库全书》的，所以《日下旧闻考》是取材详博、考证精确的巨著。其中如元代李洧孙的《大都赋》，朱彝尊没有见到。此书从《永乐大典》录出。它实是利用皇家藏书动员大量人力编辑成的。

约在 1978 年，我考虑古籍容易出错，又请示俞圣祺约请文物局于杰用《日下旧闻考》的另一版本互校了一次。于杰用黄墨水，至今稿本三色俱陈。

但等我看校样却又遇到了问题。我见三处疑难没有标断。如“其巴图鲁侍卫之奇彻布巴凌阿古礼富锡尔瞒绰尔图等”(原书 290 页)，这里有官名、人名，他们三人标不断，留着解决。现在校样将要付印，怎能不断开呢？我去请教清史研究所有关同志，后又反复看前后文，细细琢磨，还是标断了。

这本书于1982年春出版，正值全国古籍整理出版规划会议召开。会上谭其骧、史念海等历史地理学专家争着要买，说北京出版社做了一件有意义的工作。古籍会上，加深了和许多古籍专家的友谊，后谢国桢建议出《养吉斋丛录》、《石渠余记》，荣孟源校阅《梦蕉亭杂记》，鲍正鹄校订《析津志辑佚》。

《日下旧闻考》还没有出书，1981年初想起标校另一记载北京的巨著《光绪顺天府志》，请示领导后，请左笑鸿、张友鸾两人标点。恰此时张友鸾校改自己写的《金陵粉墨图》，没有空，就由左笑鸿一人承担。1982年陆续发稿，1988年初出书，已是我离休以后的事了。

今年北京大修水利，要修凉水河、龙河、凤河、潮白河、牤牛河。这些河的源头、流向，在《府志》中都有记述。还记清代两次修凉水河。而对于在顺天做官宦的府县各级官吏，列表写传，对于不受贿的廉吏、奋力抢险救灾的良吏都一一记述。“官斯土者，凡有美政靡不甄录”，表现青史地志褒贬的善恶观念，对社会是有教育作用的。

此书编纂缪荃孙、傅云龙、朱一新等是当时的名儒硕彦，除了查阅史籍，探讨当时数十万卷公文访册，又访问征询，“书牍并发，舟车踵接”，深入调查研究才成此书。

对于排印十六册共近七千页的巨著，我们是充分估计到它的难度的。尤其如天文表、方言、关榷、田赋等都很专门，所以曾分请康奉、周南、李宏、张中行、杨韵九、蔡蕃、王灿炽、刘宁勋等校订部分章节。排印这巨著要耗费巨款，出版社赔许多钱。因而校订费也很低，但校阅者十分努力。如周南正值香港谈判，他说白天折冲尊俎，晚上发思古之幽情。校阅者改正了不少标点和原书错失。只是我通读原稿和校样时未能发现剩下的错误。如原书《洪武北平图经》(排印本6 326页)，说《日下旧闻》亦间引用。论评者以为必《日下旧闻考》，这是对的。因《洪武北平图经》藏于《永乐大典》中，只有《日下旧闻考》的编纂者凭皇家力量才能看到。而朱彝尊私人编辑《日下旧闻》未得见。当然这是原著的失误，但可在出版说明中说明。而体例不一、行款参差、题目入文等也因注意不够，造成错失。其中自有版式因由出版科专人设计不谙内容而引起，但校订通读未能看出，或虽看出但因改版改行误时罚款等未能改正，自是我的职责。

这又使我想起对《石渠余记》标点的评论。如24页纪免徭役："案本朝丁口之赋，谓之丁徭，银亦曰徭里银。是丁与徭合也。"应作"案本朝丁口之赋，谓之丁徭银，亦曰徭里银，是丁与徭合也。"

90页记载十三衙门。"自顺治十二年命工部立十三衙门，铁敕禁宦官窃权干政。"应作"命工部立十三衙门铁敕，禁宦官窃权干政。"

抄了这些错标错点，正是表明自己的失误，对当时的历史典章制度了解不深，己之昏昏，何能使人昭昭？这就要求多学习，多研究。舍此别无良方。阅《社内参考》，郑潜以为必须把编辑部的学术空气搞得浓浓的，要钻，要学，很是，很是！李一氓把报刊发表新出版古籍标校错失的文章汇集成《古籍点校疑误汇录》，已出五本，要想减少错失，窃以为是不容易的事。

由于多年编写北京的书，和北京的学者侯仁之教授保持较好的师友关系。1981年他编写的《北京历史地图集》开审阅会，邀我参加，我也就香山图应有带水屏山建筑，而静翠湖是解放后挖出命名的，发了言。后来去组稿，侯先生很高兴把这本地图集交我们出版。赖赵德庆的努力，使这本地图集较快出版，封面、装帧都不错。这是解放后有较高水平的北京史的研究著作，我以为可以和《日下旧闻考》、《光绪顺天府志》相媲美，鼎立而三，称为三本大书。

李一氓同志要出的两本书

1981年李一氓同志任全国古籍整理出版规划小组组长，很关心北京古籍工作。1982年他给我社来了一封信，说"你们已刊行北京各种竹枝词，似可扩大，印《启祯宫词》……"社里以为很好。我也以为是个好主意。宫词虽写宫闱帝后生活，同时涉及历史大事、王朝兴衰、掌故风俗……我阅读《启祯宫词》时，感觉写明天启、崇祯两朝事，比较单薄，能不能像李老说的扩大，把建都在北京的辽、金、元、明、清的宫词都汇集出书呢？关键是能找出多少写这几个朝代的宫词的书。

我想起琉璃厂中国书店的雷梦水。他不仅帮助孙殿起编辑过《琉璃厂小志》，还搜集过类似宫词的北京风俗杂咏，由我们出版过。我请求他帮助搜罗建都北京五朝宫词的书。雷梦水是值得记叙的。他是河北冀县一个农家子弟，到北平通学斋书店做学徒，从他舅舅孙殿起做弟子，刻苦学习，死记死背，因而熟知书目内容、版本优劣。只是多年辛勤而营养跟不上得了腰骨髓结核，甚为可惜。我1983年去找他，不想几个月后，他居然背了一个大蓝布包袱来，打开一看，正是我们需要的北京这五个朝代的宫词。于是我们分开请高明的人点校，他们又补充文集、诗集中能找到的宫词，于1986年出版《清宫词》，石继昌标校；1987年出版《明宫词》，商传标校；1988年出版《辽金元宫词》，陈高华标校。总算完成了李老交来的任务。

后来李老又拿来民国初年陈师曾画的《北京风俗图》，师曾笔墨简练，所画是北京平民生活如捡破烂、淘粪、卖糖葫芦、斗雀等，还有婚葬嫁娶风貌，一一呈现。加上有姚茫父、陈大镫、程穆庵、金拱北等的题词、题诗，很是珍贵。李老送来的是20年代琉璃厂印的珂罗版黑白画面，近代已少见。我们正拟印刷，这时责编林红从一本美术刊物上看到原作，现存北京美术馆。我们找去，竟发现原作是彩色的，还是梁启超用七百银元从日本人手中买下，几经周转，才为国家收购。我们商得领导同意，决定用彩色影印，使《北京风俗图》首次按原作彩色精印。

后来姜德明在《人民日报》撰文写道："北京古籍出版社编辑们事业心也真强，他们千方百计地觅得了陈师曾的原作，竟然发现《北京风俗图》是彩笔。他们破釜沉舟地决定以原貌与世人见面，这种魄力令人感动。"陈师曾在《人民日报》当记者的儿子陈封雄见书大喜，说他们家四人同入《辞海》(曾祖宝箴，祖三立，父师曾，叔寅恪)，出此无愧！而题词的程穆庵的儿子程千帆教授，见书还托舒芜送我一张字。

结尾也是多余的话

到我写这几行字时，离初搞出版编辑已四十年了。现两鬓霜雪，顶秃眼花，四十方婚，还经历了不少坎坷。但我并不后悔，假如幻梦，我年轻复少，重新选择的话，也还会抓起编辑的笔。只是感到没有干出像样的事。初来不熟习，中间又经历了各种"运动"，只有1978到1987十年间才算做了点事。

寻觅选题，看阅稿件，要找资料，左参右览，广博涉猎，都围绕着书。对于书卷，我却多少有点感情。百无能耐，又不会跳舞唱曲，只有在书卷里讨生活。看到兴会处，欣然忘食；偶有心得，以为发现了新大陆，亦蚂蚁缘槐自乐。这或无伤而有益于工作。

做编辑和作者打交道成为友朋亦一乐。我和不少作者成了知心朋友，也是难得的。记得因编《元大都》，陪着陈高华去找元代通惠河豆腐闸、大承天护圣寺遗址，一起在西郊转悠。后此书译成日文由日本中央公论社出版，很是欣快。不想 1987 年 12 月 23 日北京纪念元大都建城 720 周年开会，主要发言人陈高华讲着讲着又说起“要感谢在座的北京出版社赵洛同志，他约我写书，又陪同去找凤凰嘴金中都遗址，元护圣寺遗址……”这或是孟夫子所说“有不虞之誉”。

孟夫子还说“有求全之毁”。上面说到对《光绪顺天府志》评论，以为有五失，其中第一内容不全，说刊印过程难免有脱字、漏字，但重印竟脱漏凡十字(见原书 728 页)，非仅词义不接，令人莫名其妙，且破坏了原书的完整，同属不应有。

评论对版式体例、内容校勘有不少好意见，我以为是诤友，前已举例。但此处我想我或看不出，但此书责编于琴、杨璐是仔细校阅的，我社校对是过硬的，不会一下漏掉十个字。一查书，此处空着，显系印刷出了毛病。说莫名其妙，对编者说不免是求全之毁了。但求全之毁也是有的，不必介意。

我自以为还是认真的，不仅原稿一字一字看，校样也是一字一字地看。记得《日下旧闻考》二校样看出小字多排出一行，在出版科引起震动。上面说过 1962 年对北京竹枝词的批评一直记在心头，一直小心翼翼。如为了弄清日本人著的《唐土名胜图会》，我请李丹找深通日本古文的钱端义、周丰一把这本书日文解说译出附于书后，古籍又兼翻译，才看出作者或并没有来过北京，指出此书不少错失，不像某些书刊对此书一味吹捧。又如影印《鸿雪因缘图记》，我于原书上加上标点，照相制版，不是吃力费事得多吗？但终有益于读者。

只是过去多年，我始终忘不了崇文门外东兴隆街的老房子，在那里，出版社“文革”后第二次艰苦创业。据老社长陆元炽的回忆，1979 年到 1986 年间，全社没有一个沙发。社长、总编都没有一间单人办公室，有个办公室整天人来人往，推门即入，解决各种问题。老陆说它像电影中“沙家店粮站”、“骡马大会”。我尤其不忘老陆在这老房子里讲北京出版社出书，努力争取“符合时代需要，达到一流水平，具有北京特色，深受读者欢迎”。

附记：

由于一些诗词出处的疑难，我在1992年4月8日去杨伯峻家，向他求教。只见他卧床病甚，说“身体不行了”，但还努力解答我的疑问。万想不到，5月下旬，收到中华书局的讣告，他于5月13日因肺癌逝世，距我看他才一个多月。我哀痛失去一位良师。1955年编辑他著的《文言语法》的情景又显现在眼前，那时他才四十多岁，风华正茂。我只是一个初做编辑工作的青年。他曾为此书出版请我们吃饭，只是往事如烟了。讣告中说他的《论语译注》、《孟子译注》和《春秋左传注》取精用宏，被视为古籍整理的范例，影响遍及海内外。而我社出版的《文言语法》一书由日本学者波多野太郎、香坂顺一译成日文，在日本学术界获得好评，这是应写出堪告慰的了。

延长了的编辑

1996年北京出版社40周年，为社史资料写了一篇《一个编辑的汇报》，记述三十多年的工作。其时早已离休，回忆往昔，不免思绪起伏，只觉流年虚掷，华发不相容，未能做出业绩为憾。不思浮云流水，1991年又重为冯妇，再操旧业，自思或可弥补前未做好的工作，至2002年初为止，近十有二年，恰为岁星一周天。今又逢我社50周年，因写《延长了的编辑》。

1988年正等办离休手续，1月间中国书店同志两三次来寒舍要我去他们那里帮忙。2月我爱人作手术一时无暇顾及。原来中国书店为申报出版社建立编辑部，需要一总编辑，后我推荐衣、杨两君任副总编辑，建立三个编辑室，申报出版总署得到批准。其间我提出编《中国名胜志》丛书出了二三种，没有做出成绩，且不干北京出版社事，不多说了。

北京的长城

1991年4月，我尚在中国书店，一天经理郑宝瑞告我说朱述新找我，因去社。见面说了些闲话，他说：“你不要在外边晃荡，回来工作吧。”陶信成也相邀，这样就又返聘。本应回古籍的。可巧4月18日北京美术摄影出版社召开座谈会，其间左汉桥谈到要出北京画册的书，约我参加。我想编古书标校要看大本厚书，像过去几十万字、几百万字的书，我哪有当年那样的精力、细致？而美术以图片为主，讲解文字不过几百字、几千字，何不取轻松些的？因来美术摄影室。同时我大哥赵荣声于5月患脑血栓重病住院，我两三天即去医院一次，领导照顾，未能全力工作。

1992年1月17日汉桥对我说，北京日报组织市摄影家协会发动会员拍摄长城照片，有许多精彩的，要编辑《北京的长城》画册。要我拟一编辑提纲，写说明文字、作一引言。我于1月31日正值春节拜年交稿，计分悠悠古长城、巍巍明边墙、故垒巡游、二百雄关等六部分。其中引言中说："北京北边正值燕山盘旋，崇冈叠嶂，悬崖壁立，东边雾灵山高2 116米，西边灵山高2 303米，都比有名的泰山1 524米还高。北京的长城即逶迤于这些山前。在险要的地方还建起雄关隘塞。戚继光曾说'九边地险莫蓟镇若'，所以北京的长城是万里长城中最雄伟、最险奇、最坚固的一段。"

由于众多专业和业余摄影家风餐露宿，拍摄许多佳作，其中老友张肇基于空中拍摄，长城如线蜿蜒，墩台如星罗棋布，自是超凡。加上左汉桥、尚云波大胆异于一般的设计构思，使画册斐然可观。如封面墨色，上下跳动白色阶梯式的形似长城的雉堞飞舞，令人难忘。

毛泽东手书

1992年4月4日汉桥又交我一份毛主席手书诗词稿，除了中央档案馆编就的稿子外，还有许多首零星的诗、词、曲，或有一首的，一阕的，还有缺少头尾的零句。汉桥说明年毛主席100周年诞辰，我们要出《毛泽东手书选集》。其中有古诗词卷，这些手写的古诗词要找出作者、年代，写出释文。这事不容易，毛主席博览群书，爱好古诗词面广阔。而有的片言只句只有五、七或十多个字，要找出何人何时所写，像大海捞针一样。我回家即翻诗选，看诗话，也没有寻出两三首。我整天苦思，看写毛主席读书生活的书，翻毛主席爱看的骈文《六朝文絜》等。又去拜访熟悉古诗文的杨伯峻、赵守俨等。拿了诗词的复印件，让人一看说出篇名、作家也是强人所难。只怪自己过去读书少，没有多少钱买书，长叹息耳。

不想有时也居然找到一两首。如手迹写有烟霞洞，我找来《西湖诗话》(斯乐鑫著，上海文化出版社)在《南山三洞称奇绝》居然看到：

南高峰，北高峰，惨淡烟霞洞，宋高宗，

一场空，吴山依旧酒旗风，两度江南梦！

阅元刊散曲《阳春白雪》八首《干荷叶》的第五首。

顺藤摸瓜，终于找出是元初刘秉忠作的。

一天，收到一信，是同乡中学老同学孔凡礼寄来的。他也帮我找，找出手书诗："荆山已去华山来，日照潼关四扇开。刺史莫辞迎候远，相公亲破蔡州回。"诗名《次潼关先寄张十二阁老使君》，为唐人韩愈作品。凡礼多年研讨宋诗词，著有《全宋词补辑》，我去他家拜托他寻觅。另外还记得在王渔洋的《带经堂诗话》里找出一条。寻手书诗词作者、诗名，只感很累。记得那时老吟诵王国维欣赏的句子："衣带渐宽终不悔，为伊消得人憔悴。"但却让我读了许多诗词的选本、集子，这是意外的收获吧。

渐渐找出的，就和原稿的古诗词一起发排了。至今仍感遗憾，未能找全。许多片语零星一两句、或三五个字仍该能找出原全首诗词和作者的。到了1993年初开始校阅古诗词的校样。不想3月15日偶然从西湖散曲一书中竟发现许光治为清代人。我立即想起古诗词卷里有许光治的曲子，列为元朝人。我立即给清史专家王钟翰打电话，询问许为清何时人。同时我又怀疑与许光治并列的冯云鹏也不是元代人。但冯云鹏写的散曲《一半儿·新嫁娘之一》，是元曲作家白朴、王鼎、张可久等惯写的《一半儿》曲调，可能为元人。我遍查辞书、名人辞典、元曲作者，竟找不出冯云鹏其人其事。无奈中想起弥松颐，这位人民文学出版社古典部的编辑，博学深思。我去找他，求援于他，请教冯云鹏是不是元代人。事有巧合。松颐因编《中国戏曲选》，原去过广州中山大学，那里的王季思、洪柏昭、谢伯阳是研究元、明、清散曲的专家，1988年编著《元明清散曲选》，也是松颐做责任编辑。松颐去一查确知冯云鹏也是清代人，他给我写信。这样马上告诉汉桥，汉桥询问，知古诗词卷已开印了。我以为此事不能有误，已印的只能作废重印。由汉桥请示述新，述新马上决定重印，即把冯云鹏、许光治的曲子从元人移挪到清人词曲中。虽有不少损失，总算避免了讹误。设冯、许两人为元人，则不免给毛主席手书造成伤害。此事应感谢松颐。

《毛泽东手书选集》共十大本，我只负责自作诗词、古诗词卷。其间汉桥付出的心血更不知几许。望他注意休息劳逸结合，但"红颜与壮志，叹息此流年"，只看他两鬓日渐成秋，近日更满头白发，他岂不知自惜青春？想书场亦如战场，经历过戎马生活的汉桥，“正是鸡鸣起舞时”，不虚过了！

于毛主席百年诞辰前，市委宣传部于北京饭店举行《毛泽东手书选集》出版座谈会，由李志坚主持。社领导嘱我邀赵朴老参加，我去北京医院，跟朴老说于当年毛主席、周总理招待外宾的北京饭店旧楼开会，朴老到会，还有邓力群、臧克家等，极一时之盛。

由于细读毛主席手书的诗词，也为了宣传这巨著，我写了《人间要好诗》、《胜利的喜悦》、《风云帐下奇儿在》、《高启的咏梅诗》等八篇介绍短文，由《北京晚报》副刊李凤翔刊出，也算我工作学习的一点心得。

接着又由述新、信成领导，由汉桥和我共同编辑了《刘少奇手书选集》(1994 年)、《朱德手书选集》(1994 年)、《周恩来手迹选》六卷本(1998 年)。其间汉桥告我，王光美曾对《刘少奇手书选集》给予很高评价。在校阅《周恩来手迹选》时，心中萌发思念，“诗人周恩来”概念油然而生，因于晚报写《诗人周恩来》。

北京览胜丛书

编完几种手书选，又得空闲一点。1999 年初，汉桥又和我商量，拟编一套介绍北京名胜的小丛书，这正是我从前一直想干的。因七八十年代我编辑过《北京史地丛书》，缺少图片，汉桥提议由美术摄影来做，正可弥补这一缺陷。汉桥命名《北京览胜丛书》，我们一起去找侯仁之老师，由老师作主编。他答应了，并为丛书写了序言。序言有一段话：

记得 1984 年我应美国康奈尔大学之邀，在该校研究工作期间，获悉联合国教科文组织有一项“保护世界文化和自然遗产公约”，其目的在于通过国际合作，更有效地保护和保存在人类历史上具有重要价值的文化遗产和自然遗产，该条约是 1975 年生效的，当时我国尚未加入保护公约。于是回国之后，我于 1985 年 4 月，以全国政协委员的身份提交了一份建议我国应尽早加入该公约的提案，并由其他三位政协委员联合签名，这一提案终获批准。此后，我国正式加入了“保护世界文化和自然遗产公约”。特别令人高兴的是，周口店的北京猿人遗址、万里长城、故宫、天坛、颐和园等在北京历史上占有重要地位的历史自然文化遗产率先列入该公约的我国文化和自然遗产的保护名单，受到全世界格外的重视。

正是在这个意义上，北京美术摄影社出版的《北京览胜丛书》，选择

北京最具有特色，凝集了古代劳动人民和建筑大师创造的历史文化遗产，详尽介绍其建制沿革、建筑风格、艺术和实用功能，旁及其兴衰历程和蕴涵其间的历史烟云，其意义自不待言。

正是根据侯老的指导原则，汉桥和我拟订书目、作者，因工作较繁杂，又请张秋月做执行编辑。

首先，旅游编辑室留有商传写的《明十三陵》，因由商传改动后加图成第一册，于 2000 年 1 月出版。第二册罗哲文著的《长城》于 2000 年 1 月出版。接着 4 月又出版了《圆明园》。作者王威于 1953 年 10 月还是刚由北京大学毕业时即写长文《圆明园》发表于《光明日报》。此时侨居美国。我们多方打听他的情况后，约他回国改写。王威于 1999 年五一前回来，5 月 3 日汉桥、秋月和我约王威一起重游圆明园。一起划船福海，王威感慨良多，说一辈子研究圆明园，于世界各地寻遍资料，不想今日重新又得编著出版。加上了圆明园遗址公园的介绍，喜不自胜。作者、编者于潺潺泉流中，交流感情，亦欣悦不已。为答谢王威万里回归写书，我们又约了他去房山云居寺一游。

2000 年 1 月出版耿留同、翟小菊编写的《颐和园》。

2000 年 4 月又出版了《天坛》，由秋月约姚安编写的。

2001 年 1 月出版黄炳章编著的《石经山和云居寺》。中国佛教协会于 1956 年释迦牟尼涅槃 2500 周年，决定发掘拓印房山石经为纪念大会献礼，黄老参加发掘。又于 1987 年将房山石经拓片赴日本展览，所写内容丰富。为了加强白带山风景述描，我又约本社王兰锁一起去藏经洞，并在雷音洞右侧石碑上发现“金轮皇帝”字样，拍照回来作为武则天时代刻经的旁证。

2002 年 1 月出版《北京大观园》，巴莉约林宽、周颖写的。

2003 年 1 月出版段天顺、王同祯著的《京水名桥》，是我所编的最后一本了。

不应忘记，这套丛书图片的选择，全书的格式，版面的安排，均由汉桥设计。即书中写明的楚人。另各书责编秋月、巴莉、张承志等，不及一一记述。

1999 年正在编辑《北京览胜丛书》时，美术摄影又启动《北京文物精粹大系》，这是北京市文物局和北京出版社合作的大型项目，向外界展示北京市历代收藏所积的精品，共有石雕、石刻、陶瓷等十七卷。我没有参与多少，仅对有兴趣的书法卷，看过清样改过一些错处，不想编者《后记》还提及。又因喜欢古籍善本，曾和编者一起去文物局书库，饱览藏书之富，得见《西厢记》多种版本，尤其看到有康生印章的，亦不虚此行了。各书由文物局各门专家撰写，但左汉桥、于福庚付之精力更是惊人，只见他俩夜以继日、沉湎其中，无有暇时，我每为他们的健康担忧，但无奈何。

2002 年新领导吴雨初、钟制宪来后，有更大进展。《览胜丛书》已出完两辑，共 19 种。又启动前面侯老所说的“北京的世界文化遗产”：《长城》、《故宫》、《颐和园》、《天坛》、《周口店》、《十三陵》，文图并茂，令人欢喜。而《文物精粹大系》更全部出完，共 17 册，堆起一桌子，亦大观壮观！去年 11 月我于广州古籍书市，独发现此全套书，如见故人。

1993 年我全退后有较多时间抽琴命操，唯文未能质朴，情未能真淳，水平不高，如一后记中写“或像一位诗人所喻：‘纵然一夜风吹去，只在芦花浅水边’。”只是借涂抹打发日子。

2006 年 3 月 8 日

本文原载《出版史料》2006 年第 3 期，收入本书时有增改

李一氓[1]致北京出版社的信

（1982 年 5 月 10 日）

北京出版社：

你们已刊行北京各种竹枝词[2]，似可扩大。印《启祯宫词》[3]；又《檀柘寺志》亦属京师，亦可印。请你们考虑。《启祯宫词》，我有嘉庆瞿氏刻本，可作工作本，如有需要，请来函，我即送你们。《檀柘寺志》，我原有一部，现已不知去向了。

敬礼

李一氓　五月十日

[附记]除了《启祯宫词》外，李老对北京古籍热情关怀，约于 1985 年又给北京出版社送来民国初年陈师曾画的《北京风俗图》。这是博学又好收藏的李老对北京出版社的又一大贡献。1914 至 1915 年间，画家、文学家陈师曾（陈衡恪，陈寅恪之兄）描绘北京贫苦人民的生活，如收破烂、烤白薯、带有浓郁北京风俗的图卷和军阀对人民的桎梏，如《墙有耳》写

---

① 李一氓：1925 年加入中国共产党的老党员。参加南昌起义和万里长征。抗战时任新四军秘书长，建国后任驻外大使，国务院外事办公室副主任。写此信时任国务院古籍整理规划小组组长。

② 指 1962 年北京出版社出版的《清代北京竹枝词（十三种）》收录杨米人著的《都门竹枝词》、得硕亭著的《草珠一串》、杨静亭著的《都门杂咏》等十三种。由路工编选。傅惜华、张次溪提供有关藏书。

③ 《清代北京竹枝词（十三种）》出版后，反响较大，1982 年 1 月再版重印。由此，李老推荐《启祯宫词》，即明代天启、崇祯两朝的宫词。经北京出版社研究，认为李老的建议很好。宫词不仅涉及宫廷生活，而且包括政治风云。后留意扩大，陆续出版了《清宫词》，石继昌点校，1986 年版；《明宫词》，商传点校，1987 年版；《辽金元宫词》，陈高华点校，1988 年版。其中琉璃厂中国书店的雷梦水搜集提供了大量宫词资料。

密探，生动真实，是北京历史重要文献。李老送来是姚茫父填词的京华印书局的黑白珂罗版，陈画姚题贵重可知。2003 年 1 月，北京出版社杨良志更加详细说明出版，使陈师曾画的《北京风俗图》更趋完善。

还应该说说李老主持古籍整理规划，重视北京古籍出版工作。原来 1958 年邓拓从人民日报调任北京市委文教书记时，即要求北京出版社整理标校北京的地方文献。1960 年出版明蒋一葵《长安客话》，1961 年出版明沈榜《宛署杂记》，1962 年出版《清代北京竹枝词(十三种)》和清孙承泽《天府广记》，1963 年出版明刘侗、于奕正《帝京景物略》、明刘若愚《明宫史》、清高士奇《金鳌退食笔记》等。

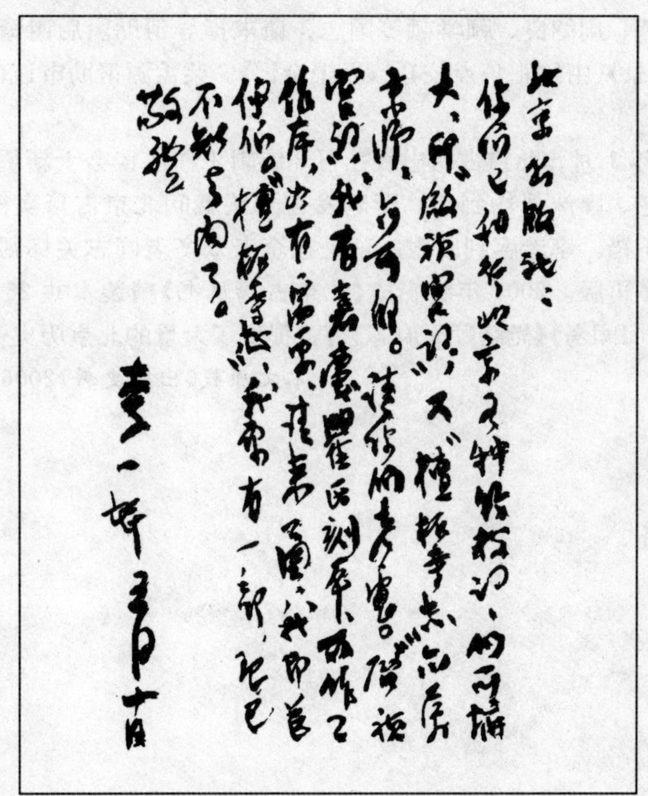

李一氓给北京出版社信的手迹

1982 年 1 月 20 日李老于《人民日报》发表《论古籍和古籍整理》中说到：“至于地方文献，应另一类，和地方志不要混在一起。譬如原《安徽丛书》就收有《黄山志》，这就不大合适。可能原《云南丛书》好一点。现在北京出版若干有关北京历史的著作，不收北京人的诗文集，是个好榜样。”1984年李老又于《文汇报》上赞扬北京古籍出版社新的《析津志》。

1982年3月，第二次全国古籍整理出版规划会议于京西宾馆召开。我和上海的胡道静、湖南的钟叔河三人合住一室。胡道静是校注沈括《梦溪笔谈》的名家，此时于狱中放出不久，他对我们谈起无辜受张春桥恶劣迫害，陷冤狱种种。钟叔河谈起他在岳麓书社访求《走向世界》丛书，研讨近代我国知识分子学习西方的史实。会议中，我拜望了李一氓、廖沫沙、夏鼐、谢国桢、谭其骧、鲍正鹄、荣孟源、杨伯峻、赵守俨、瞿同祖、徐苹芳、周绍良、顾学颉等同志，请求指导帮助。后谢国桢推荐出《养吉斋丛录》(由鲍正鹄点校)、《石渠余记》。荣孟源帮助审订《梦蕉亭杂记》等。

1984年1月，北京古籍出版社召开编辑工作座谈会于新侨饭店。大冷天，李老、廖沫沙均到会。李老发言开头就问北京古籍卖得怎么样？听到说还不错。李老感到欣慰。正是在李老众多老同志关怀帮助下，北京古籍很多再版。2001年编辑成《北京古籍丛书》精装本共25册，其中包括《日下旧闻考》《光绪顺天府志》等，提供了大量的北京历史资料。

本文原载《出版史料》2006年第4期

李一氓出版二三事

1982 年 3 月早春，第二届古籍整理出版规划会议在京西宾馆召开，我第一次见到李一氓同志。从前也听说过：记不清是不是我大哥 1941 年回到安徽太湖家乡时，听说有一位过江参加过四老爷(新四军)的乡亲。大哥秘密走访过就住在不远的农民老雷，两人谈起许多新四军的事。大哥当时十分神秘，那时和新四军接触是要砍头的。只依稀记得大哥说起四老爷里有一个李一氓。

我见到李一氓时，人们叫他李老，这时已年老体衰发胖了。但作报告讲古籍，带着四川腔调，却很有精神，有那么一股子劲，使与会的人也都觉得有劲了。作完报告，他叼着一支大烟斗走向与会者，我也凑上去和他聊几句，我没有忘记问他在新四军的事。

李老对北京古籍的整理出版抓得很紧。这年 6 月 3 日，即古籍会议后不到三个月，李老就叫我去汇报。我到万寿路中联部他的办公室去，中华书局的李侃、赵守俨在座。我这时有的讲，因为古籍开会时，我就走访了不少北京和外地代表——都是熟悉古书的文史专家，这对我们的选题、组稿、审稿都非常有利，而且选定了几部稿子。李老高兴地听，吸着大烟斗，不时插话。记得他说“热河密札”可不可以搞？我说当然好。以后我多次去北大历史系找陈庆华，请他搜集资料。这是晚清头等大事，即李老在《避暑山庄图序》中写的“如咸丰死于避暑山庄，而立同治，杀肃顺，就都是在这里预谋的”。当时慈禧和咸丰弟老六恭亲王联手，与遗诏顾命的肃顺八大臣在避暑山庄的斗争激烈。只是慈禧的密谋得逞，加上老七奕譞在密云逮捕了肃顺，时局在那拉氏专权下越来越糟了。这好选题，我们没抓紧出书。

以后，我觉得李老总想为他人做一点事，哪怕一点点，他都尽力去做。1983 年他把自己珍藏的《启祯宫词》送给我们，后来又送来陈师曾的《北京风俗图》。这两次都结出丰硕的成果，尤其《北京风俗图》到 2005 年还重新再版。

李老是国务院古籍整理出版规划小组的组长，加上那些年常听人说起他参加过南昌起义、万里长征，还是郭沫若的入党介绍人，心里的李老是个大干部了。但时而又想起他在古籍会上讲："我开会像英国议会，可以听也可以不听。"这话我一直记得，因为我觉得它不平常。仔细想这话是尊重与会的人，也提醒开会的主持人，你讲的要让人愿意听下去。

这样，我对李老感到亲切。1984 年 1 月我们在崇文门饭店开座谈会，大冷天，他也来了。第一个发问"古书卖得怎样？"我只管编书不管卖书，这下为难了。幸而管发行的老全说："书卖得不错。北京古籍卖得动。"李老听了很欣慰。原来"文革"刚过，十年不印书，只卖一种书，人们多需要书啊！

1985 年 10 月、1986 年 5 月，我两次应约到李老家里去。我到东城贡院邻近城墙(今二环路)的独门院落，只见花木扶疏，新建的房子里插架之物不少。第一次记不得去做什么。第二次记得李老要为《文艺报》写关于广告的文章。我谈起北京帽店黑猴公柜上踞一大黑猴，万春堂参茸鹿角号门上挂一大鹿角，初级广告。前门棋盘街左右明代店铺挂幌子。清代西四沙锅店卖祭祀的白肉，店里桌椅用白木，有幌子叫"过午不候"，上午就卖完了，是精心做广告了。

李老看重古籍整理人才。我知道的，1982 年开会，京西宾馆 304 室同住的上海学者胡道静校订《梦溪笔谈》、湖南学者钟叔河编辑《走向世界》丛书都是李老邀请来的。还有我的小同乡，于安徽太湖从 1939 年春到 1943 年夏同一课堂的孔凡礼，曾多次得到李老的帮助，如李老为凡礼延誉，题写书名《范成大年谱》等。此时凡礼是北京三中的教员，住在西城育德胡同一个小煤厂旁的小屋里。李老知道后，想法分配凡礼一套房。李老的秘书沈锡麟也为此事操心，和我商量。要分房得到古籍小组去工作，实际上列名中华书局。凡礼也来征求我的意见。我也曾帮助凡礼来京，但考虑这样是否影响他的著述，他正在搞三苏的集子、年谱等。我请他自己做主，他犹豫不定，终于没有去中华书局工作。后来自己花不少钱在大兴黄村买了房，医疗条件也欠缺，错失了良机。

我不知道李老帮助抢救过多少珍贵的古籍。我只知 1984 年，他为红楼梦研究，建议专家去列宁格勒弄回清代流传俄国的钞本。但他并不认为只要是古籍就都好，就都要出版。比如他就不赞成影印《四库全书》。很简单，1932 年学者洪业就庆幸当时没有影印成功，洪业说《四库》所收书已经刊印的，已有 9/10 以上。到了上世纪 80 年代中后期，整理过标点的刊印古籍远比《四库》没有标点不易读通为好。大概李老也为机关精打细算，要出几千套《四库全书》，大小机关、学校、文化单位为争脸面，抢着去买，大把花钱，恐怕到头没有几个人认真去读，岂不太浪费了有用的资金？像我们出版社花了 5 000 元买了一套台湾印的《四库》，堆在一间大屋子里，我去看过两回，双锁封存的书上落满了灰尘。

我也曾根据李老的意见，写过一篇《〈四库全书〉该不该重印》的文章，刊在 1988 年 6 月 19 日的《光明日报》上，用甲乙对话充分阐明双方的利弊。后来听说李老提起这篇文章，询问是谁写的。当时我在中国书店帮忙，用了“钟初”的笔名，李老以为是中华书局的人，去问也找不到人。其实我还没有说出《四库》的毛病。今天看到李老在《明正德本杨文敏公集》中说：明杨荣的这本书“在清代属‘抽毁’类书，以第八卷《平胡颂》、第十一卷《赠游击将军杨宗道序》俱有偏谬语”。正是以四库销毁、抽毁古书证明，可惜我未能像李老这样有研究地指出。

李老出生于 1904 年，我比他小 21 岁，像思念父执兄长一样怀念他。敬重他是出生入死战斗的一个老兵，有共产主义坚定信念，到老年时还在忧虑时弊：“十几年来不知怎的，造成一种与这个相反的风气(指邓拓放弃中央委员的提名)，真不好说了。”“可惜这些年都不讲基本功了。”

读李老的《击楫集》(中华书局出)，才知他是有功力和才华的诗人、词人。“四十年间云岭怨，皖南山色太苍苍”，又那么重感情，至老不忘千古奇冤的战友、烈士。

李老喜藏书因而博览群书。我读《徐霞客游记》，看到徐氏到云南丽江为木氏客人，不知头尾。李老考证木氏原西域人，名“阿得”，明初赐姓木氏为丽江土司。列表木氏二十二代，而帮助徐霞客的是木增，字生白，著有《云邁淡墨》，即嘱徐氏审定。而木增的五代祖木公字恕卿，因和谪贬云南的杨升庵交游始有文名。于此得知杨升庵影响了木氏几代欢喜文采。

还有我读《一氓题跋》(三联书店版，本文引李老文均引自此书)感到愉悦，来了精神。多美的文字，叫我读了又想读。李老实杂文家，不妨抄一段：

“气数——气数就是脱离轨道的历史，把燕铭同志贬到济南，后来干脆投之‘请室’，直到一九七四年。这时一根针都不准保有，更说不上刻用的刀了。一九四九年以前，没有用功夫去刻图章，是因为顾不上。这些年不刻图章则完全是被动的，强制的了。我不可惜这些年他没有刻一方图章，我可惜他在这段时间没有为党为人民做出他可以做的事情。可能有这么一个闲章在他心里——‘长太息以掩涕兮，哀民生之多艰！’”

李老写他的老友，1975 年十三人学习班的同学——齐燕铭。从老友 1919 年开始刻印说起，由刻印表现齐燕铭的一辈子，写得动人啊！

本文原载《光明日报》2007 年 11 月 19 日

附：

《四库全书》该不该重印

目前，出版界有一个小小的争鸣，却是关于一部大大的书。

甲方：《四库全书》(下简称《四库》)是乾隆帝下令搜遗书、出宫藏，由朝廷主持编辑的大书。历时 20 年，与事者 3 000 余人。如纪昀、姚鼐、陆锡熊、王念孙、戴震等著名学者，参与编纂。今天文化高涨，印刷先进，理应重印。

乙方：《四库》是乾隆鼎盛时为铺张文教所编，共收书 3 450 多种，抄为 36 000 册，复抄 7 部，不可谓非嘉惠士林旷古盛举！当时下诏广为搜讨，也确实保存不少孤本秘籍。但收舍不当，著名学者洪业说，释、老之学，在中国文化史上自有相当地位，但仅收了 44 种。少得可怜！下令各地查书、收书、献书，广收来后则禁书、毁书、改书，实乃书史上一大劫难！

甲方：不能这样说。封建时代重儒家，重此薄彼，自不足怪。但毁书究是不多，删改也是少的。多数珍本、善本、稿本赖以保存，得免散佚，还是主要的。有人说：《四库》“集中华典籍之大成，荟东方文明之精英，富丽堂皇，蔚为国光”。这是《重印四库全书医学类序》上说的，如重印了医学类书，不是受到医学界的欢迎？

乙方：光绪年间姚觐元辑《咫进斋丛书》中收有《销毁抽毁书目》、《禁书总目》、《违碍书目》，故宫博物院《文献丛编》也有《违碍书目单》，光绪年间邓实统计毁书竟至 3 000 种之多。洪业说：“汉成帝之收，秦始皇之焚，清高宗以一人兼之！”到四十一年中止毁书，却删改字句。如学人张宗祥说：“《四库》之弊，不载诸书版本所自出；擅改古人卷帙辞句。清初诸家著作，删窜尤多。如《潜邱札记》中，钱牧斋之词，或删其名，或改为朱竹垞。此类不胜枚举。”晚清文廷式亲见《四库》底本，见宋元集或全篇删去，或某句至某句删去，或某字改某字，“大抵违碍字句较多，然有不甚违碍者亦颇被删改，思之不得其故”。可见删改涂抹甚多。鲁迅以为这是对中国著作的暗杀。

甲方：删改是有的，就全书言仍不失为一代文献。早在晚清，法国前总理、巴黎大学中国学院院长班卫氏访华，欲退还庚子赔款影印《四库》。1924 年，商务印书馆庆祝成立 30 周年，又拟印文渊阁本，曾 4 次计划印行，均因困难多变，卷帙过大，需资过巨而无成。所以影印《四库》之议，不自今日始。

乙方：早在 1932 年，洪业就庆幸当时没有影印成功。他说《四库》所收书已经刊印的，已有 9/10 以上。“倘取其 300 余种之‘孤’本而刊印之，以资流传，已足。”其它 3000 多种，大多只是插架上壮观瞻的，不需要浪费纸墨了！

甲方：那么台湾商务印书馆 1983 年到 1986 年全部影印《四库》，不是咱们还进了 230 套吗？

乙方：台湾从 1969 年印《四库全书珍本·初集》，1971 年～1974 年又印珍本第二到第五集，共印四库罕见本 960 种；1974 年又印《四库全书辑自永乐大典诸佚书》称珍本别辑，所谓珍本、孤本、罕见本早已印过。所以重印全书，台湾省内最初征订的仅 32 户。大陆不了解情况，不惜重金纷纷购买，不知《四库》重要古籍大抵单独印过，大多重复。尤其解放后整理标点书籍很多，远比《四库》没有标点不易读通的为好。结果买了书堆在一旁，甚至存放一两年未打开包装箱。有的上了书架，读者也不多，岂不太浪费有用的资金了。

甲方： 看来，买《四库》是花钱多。但小型图书馆还希望购买成套的古籍，怎么办？

乙方： 解放前，商务印书馆印有《四部丛刊》，中华书局印有《四部备要》，凡古籍常用的，经、史、子、集的代表作都收录了。目前，《四部丛刊》由上海书店影印，花费仅及上海古籍出版社出《四库》5 万元的 1/5 强，而《四部备要》由中华书局、中国书店影印，仅及上海版《四库》的 1/10强，自然省钱多了。

（钟　初）

本文原载《光明日报》1988 年 6 月 19 日

侯仁之和“京学”

《红楼梦》研究被称为“红学”，《水经注》探讨被叫做“郦学”。京师北京，其历史地理有深邃广阔的内容，值得求索，何不可命之曰“京学”？

秦汉以至隋，北京南边的涿(今河北涿县)经济文化都比蓟(今北京)发达，生长刘备和郦道元的督亢，因拒马河水，水利农田可观，荆轲献给秦王的督亢图可证。到隋炀帝还把蓟并入涿郡，蓟成为涿的属县。中唐安史之乱突然从幽州爆发，显示北京地位的重要，以后千年成为京都，至今不衰。侯仁之主编的《北京历史地图集》讲道：“北京小平原，又称‘北京湾’，从西南至东北三面环山，南接华北大平原。当时从华北大平原北上，……最后通过今永定河上的古渡口，即今卢沟桥所在地，进入北京小平原。继续北上，则需分道前进。主要大路有三：一出今北京西北的南口径上蒙古高原；一出今北京东北的古北口，穿越丘陵山地以入东北大平原；一沿燕山南麓东行，出今山海关所在地，再沿滨海走廊东北行，直抵辽河下游三角洲。”

侯先生是讲原始社会的，但这个基本地理特征，使北京自古以来便成为北方的交通枢纽。正是《史记》写燕是勃、碣之间一都会。近千年来，辽、金、元、清依次兴起，都是经这三条路进入北京小平原更南下中原。北京北上的三条大道日益重要，使北京从北方重镇上升为京都。

解放后，“京学”从历史、地理、考古、文物、旅游多方面探求，取得不小的成就。登坛高呼和深入探索的领军人物是侯仁之院士。

我1956年到北京出版社，编书要突出北京地方特色，专门成立北京组。自然首先拜访侯先生了。可巧我祖姑赵曾玖、曾玖丈夫瞿同祖和大哥赵荣声都和侯先生在燕京大学同学。荣声兄和侯先生还同是“一二·九”运动的战友(1985年荣声兄和周游主编的《一二九在未名湖畔》，还约侯先生写了《“一二·九”这一天的回忆》)，我以世交故旧的后生来燕南园拜见老师，自然亲切不见外了。

1957年5月开始，我们和北京日报合办北京讲座。在北京日报四楼礼堂请侯先生第一个讲北京的史地，为第一讲。接着有赵正之讲元大都，以后讲北京的气候、北京的土壤，后两种还出了书。

到北京大学燕南园先生的书房，一眼看到墙上一张北京的大地图，而走进燕园湖光塔影风光如画的校园，自然使我想起正是燕京大学的洪业、顾颉刚、邓之诚等大师对北京城历史地理的浓厚兴趣启发了侯先生走向北京学的研究。当时燕大还有许地山常写些北平西郊和燕园的漂亮文字；邓之诚热衷于探求帝都人物经历。这些也是促生侯仁之“京学”的摇篮。无怪侯先生至今还不忘邓文如老师。可以说三十年代燕京大学就奠立了“京学”的基石。以后侯先生深情地记述洪煨莲老师多方探求购得明代米万钟手绘的“勺园修禊图”，还作了《勺园图录考》，一并出版。1945年煨莲老师推荐侯先生到英国利物浦大学师从Cliford Qarby，学习历史地理学的理论和方法，使侯先生的“京学”研究走上近代科学的道路。

50年代北京第一个景点是从苏联展览馆(今北京展览馆)和近邻的北京动物园开始的。长河边上高柳长槐中古老的园林——从康亲王园到乾隆时乐善园——皇家的游船码头。慈禧时购来外国动物，解放后各国交流动物，北京动物园热闹起来。我们组织编写了京味第一本书：《北京动物园》。还有万园之园的圆明园、有重大历史意义的天安门和征文结集出版的《北京街道的故事》，是“文革”前我们出版介绍北京的书。这是以后请侯先生主编的《北京史地丛书》、《北京览胜丛书》的雏形。

1958年根据北京市委书记邓拓的建议，我们出版社决定有计划地标点整理北京的古籍。先去图书馆寻找古书，初步拟了一个选题规划，当然离不开侯先生的指导。记得周应鹏和我一起又一次拜会他向他求教。侯先生一听兴致就来了，他眉飞色舞。他说几十年为找北京古籍发愁。想找一部《日下旧闻考》，跑遍全城，凑不出一部全的，只得到半部。能看到新排标点本该多好。这对我们出古籍自是一个鼓舞。2003年出版的《侯仁之讲北京》中刊出《帝京景物略》明末大字刊本书影，侯先生欢喜北京的古籍，我们要出版北京古籍引起他的兴趣，是很自然的。

1959年北京市委组织编写北京地方志由我们出版。我任《北京的地质》、《北京植物志(上)》的编辑。当时北京大学历史系负担编写《北京史》，在翦伯赞主持下，调集历史系考古、古代史、近代史组的精兵强将在廖沫沙指导下，于1960年完成初稿。这是“京学”的一大成就。不想这本书的出版却出现了少有的周折，几次排版都毁了，几经批判，其中经过或可写一篇小说。粉碎“四人帮”后我在大会、小会上提出应出版这本书。并领陈庆华去见廖沫沙。终于在1984年8月出版，三家村仅存的廖沫沙题写了书名。离初稿完成已二十四个年头。此书后记中写明：“侯仁之同志参加了部分初稿的起草工作，并进行了具体指导。”可见侯先生为这本书花费了可贵的心血。

1962年我们还出版了侯先生的《步芳集》。我作责任编辑。此书除了京城北京的通俗述出讲述，还有侯先生对新社会热爱的散文，从书名《步芳集》可知。1981年此书再版，侯先生写信给我表示感谢。

院系调整，北京大学迁入燕园，侯先生被任命为副教务长负担繁重的教学任务。所兼地质地理系主任其中有“京学”的课程。1960年初期每逢暑期，又去西北沙漠科研，这不但关系国计民生而且有环境变迁科研的课题。只是1966年“文革”歪风骤起，北大校园成了重灾区。先生经受了冲击又去江西鄱阳湖畔鲤鱼洲于磨难和劳动中度过两年。使“京学”也戛然中断，自是学术界的损失。

话分两头。1972年10月我从大兴县魏善庄公社下放回到出版办公室。在编历史读物时我想起了可爱的北京。这时定陵开放，请孟亚男编写《定陵》，1974年出书。1975年又邀请贾兰坡编写《周口店——北京猿人之家》。粉碎“四人帮”迎来文化的春天。1977年我提议编辑《北京史地丛书》请侯先生任主编。邀请翁独健、吴良镛、单士元、陈庆华、罗哲文、徐苹芳、于杰任编委。陆续出书的有：

1978年　叶捷春、耿留同、王道成写《颐和园》　商传写《明十三陵》

1980年　王威写《圆明园》　天戈(葛英会)写《北京出土文物》

1981年　赵洛、史树青写《天安门》　俞进化写《清东陵与西陵》　袁森坡写《避暑山庄和外八庙》

1982年　罗哲文写《长城》　陈高华写《元大都》

1983 年　正江、丁山写《陶然亭》

1985 年　梅邨写《西山风景区》

这时担任北京出版社副总编的俞圣祺原来是人民大学党委宣传部长，很支持介绍北京的工作。《北京史地丛书》各稿商得侯先生同意，交一编委审阅提出意见后再经作者修改。这对这套丛书的提高起了不小的作用。其中《元大都》一书还由佐竹靖彦译成日文由日本中央公社 1959 年出书。主编和编委都是义务工作，只是审稿稍致薄酬。编委会在崇文门外饭店开过两三次会。

这样我们和侯先生交往增多了。1981 年我为《日下旧闻考》写了出版说明，请侯先生审订把关。他于 7 月 12 日回信："《日下旧闻考》的出版说明，匆匆看了一遍。我认为写得不错。只从文字上改了一些字句，不知是否合适，仅供参考。"

1982 年李一氓主持全国古籍整理出版会议后，我们出版社也增加了力量，北京古籍出得较多，我都送给侯先生。10 月 8 日晚他给我一信："承您亲自送书到舍下，真是感激不尽。当晚香山开会归来，看到精装本的《养吉斋丛录》五种，实在可喜。而影印《鸿雪因缘图记》三册效果之好，也是出乎意料之外的。近年来您为整理重印有关北京古籍所作的努力，是深为钦佩的。"这些书增加了"京学"的力量，侯先生欢喜，发出对"京学"努力的赞赏。

1988 年 5 月出版的《北京历史地图集》是侯先生"京学"的另一大贡献。从远古到今天，用地图来显示北京城乡、河湖、交通等，一目了然。这原是 1958 年兴建人民大会堂时地下发现了古河道，万里副市长找侯先生去探求。1965 年侯先生向万里汇报时，万里传达周总理的意见说北京这样历史悠久的城市，历代变化大，文字很难讲清楚，最好有历代地图。侯先生担负这艰巨的任务。1978 年旧事重提。我作这本书的出版编辑，也应侯先生邀请参加过在市委党校的审图会，深知它编制的艰辛和价值。只是侯先生团结众多专家如熟悉秦汉史的张传玺、辽金元史的于杰、北京沿革地理的尹钧科、考古深入北京元、明地理的徐苹芳。还有北大侯先生的同事徐兆奎、李宝田、苏天钧等共同努力，结合野外考察终于出色地解决了大小难题，既出成果又培养了人才。

马克思主义以为不仅要解释世界而且要改造世界。侯先生也留意研

究为建设新北京服务。早在 50 年代梁思成就推荐侯先生任北京市规划委员会委员，自有建树。且说 1994 年因新修京九铁路建成北京西客站。侯先生注意西客站邻近西南边的莲花池，被《水经注》称为西湖，是“绿水澄澹，川亭望远，亦为游瞩之胜所也。”不仅是古代游览胜地，而且莲花池水是蓟城的水源，即与古代蓟城密切相关。在蓟城的基础上产生辽南京、金中都。可见莲花池的重要。正是侯先生的卓见得到北京市的重视，2001 年莲花池遗址修复，历史光彩重现于扩建莲花池荡漾的碧波上。

又一个例子是万宁桥，俗称海子桥，这在海子(今什刹海)东岸、北京中轴线终点鼓楼前边。侯先生一再呼吁，保护修整这座名桥，加大桥下清水的流量。恢复河道的景观。这有利于北京历史风貌的再现。

而什刹海风景区由于侯先生的倡议设计得到很好的保护和发展。原来 70 年代修建地铁时，西海西北四面环水的小岛上，明代就建有水关和汇通祠。在什刹海总体规划时，侯先生建议重修汇通祠，建立郭守敬纪念馆。西城区区长赵重清重视这些建议，清华大学建筑学院的精彩设计实现了侯先生的构思。1991～2003 十二年间，我多次经小桥登山过山门走进红墙、歇山灰瓦顶的二层小楼。因侯先生的引荐，由单士元女儿单筠带信让我参加什刹海研究会，编辑《什刹海丛书》。有黄亚昌、徐秀珊主编的《京华胜地什刹海》，赵重清、康奉主编的《诗文荟萃什刹海》、《什刹海志》。我仅提供一些资料和参加讨论。只是对引用元好问的《临锦堂记》提出意见，以为金元之际的临锦堂不在什刹海而在宣南。也因同样的缘由，以为元曲杂剧的鼎盛不在大都而在宣南。侯先生让我编书使我进一步加深了“京学”的思考。

1991 年我返聘在美术摄影编辑室，又想起几十年不断追求的北京介绍，从前缺少摄影图片，今天正好能文图并茂。商得左汉桥的同意，并由汉桥命名为《北京览胜丛书》，继续请侯先生任主编，编委除吴良镛、罗哲文、徐苹芳是《北京史地丛书》的旧人外，加了元史专家陈高华、北京水利学者段天顺、地理学家金涛、北京史学者赵其昌、新闻学家朱述新等。从 1999 年开始又出《长城》、《天坛》、《颐和园》、《圆明园》、《周口店》、《石经山和云居寺》、《明十三陵》。这是第一辑。第二辑又出《北海》、《什刹海》、《北京大观园》、《北京钟鼓楼》、《北京植物园》、《北京自然博物馆》、《北京的四合院与胡同》、《京水名桥》，共十六种。有的一再再版，印数不小，受到读者欢迎。

2001 年北京申办奥运成功，“京学”再一次升温成为显学。具有编辑慧眼的杨良志，勇于创新，思把侯先生对北京的深厚感情、科学探求、窥探幽深的文字结集出版，岂不利市？因请尹钧科编选，名为《侯仁之讲

二〇〇三年十二月二日为侯仁之教授祝寿
左起：张玮瑛、侯仁之、康奉、赵洛

北京》，2003 年 9 月出版。由于编者加了新旧照片，益发精彩。一炮打响。良志又依样再出新着，于 2005 年 1 月出版《九老讲北京》，汇集文学、典故、民俗、文史诸家老舍、金受申、张中行、侯仁之、朱家溍、刘叶秋、邓云乡、赵洛、叶祖孚讲北京，更是京华荟萃，包罗北京万象。

1992 年，美术摄影室同志收集不少北京古城的照片，拟出《北京古城》(照相集)，曾向侯先生请教。不料先生于去美国繁重的讲学中未忘此事。他于 1992 年 10 月 18 日写信给我，因《北京古城》编写涉及北京城市变迁，先生随笔写来，却包含先生研究结晶，今照录如下，以为此文结束：

“出国前夕，承您将所拟《北京古城》(照相集)提纲一份，交我提意见，未尝或忘。……目前在美逗留时间，只余五周，其间除去不必要的讲学与社会活动外，所余时间无几，心颇焦急，夜不能寐。现在赶写此

信，只想说明我一时对《北京古城》(摄影集)提纲，除您已拟就的五部分外，我实在提不出更多的意见。其中最难显示的当是第一‘城市变迁’的部分。按北京城址的起源，最重要的地理特点，当是‘蓟丘’，郦道元、沈括以及陈子昂诗皆有记述，可惜其残存的遗迹，于‘文革’后期，由于建筑用地已被清除，其故址在白云观西侧，北京市文物工作队当有资料(考古发掘的)可供参考。其次，目前正在动工兴建的西火车站西南侧之莲花池，古称西湖，与北京城原始城址之选择关系至大。又卢沟桥所代表之古代渡口，也直接关系北京城的起源和发展，如何见诸摄影集之北京古城，值得考虑。最好也能将元初‘运筏图’照相制版收入集中，此图足以说明北京古城建设中之诸多问题，应加以说明。此外金中都城南墙下新发现的大型水关(市政府批准拟建博物馆，在设计中)，以及城垣西南隅俗称凤凰嘴之残迹，还有金宫城西南隅之鱼藻池，今称青年湖，都应有照片并加文字说明，或许还应附以地图。又客岁完工之西厢工程，为西二环南半之大路，正好是沿金中都城之中轴线建设起来的。金宫城中最重要之宫殿遗址，已经发现。我曾向首都城市建设委员会建议，应在其东侧滨河公园中立碑说明，不知是否可能被采纳。此处连同莲花池、鱼藻池等，我都有文字报告送该会，手下存有底稿，如有兴趣，待我回校后，请来舍下一阅。以上都是一时想到的，谨供参考。……”

本文原载《出版史料》2008 年第 2 期

艰苦的编书人——赵其昌

1958 年 5 月 19 日我刚到裱褙胡同北京出版社上班，只见江定保几个《北京日报》的摄影记者上车要出发。我问到哪儿。“定陵，定陵挖开了。”我跟组里说了一声，急着跟了去。在车上听说邓拓也要来。这是定陵打开地宫第一次接待外人。从木头梯子下去，过曲折的小道，只见一道南北的大墙，顶上有黄色玻璃瓦檐。这时接待的人说：“这叫金刚墙。”墙上打开一个△(三角形)的空孔，刚够让人钻了过去，再下梯侧身进入大石门，石门还没有完全打开。过了石门，只见金砖铺地，全是青石砌成，顶上石条起券。听人讲这是地宫前殿。又过石门经中殿到后殿，只见三口朱红木棺床并列。我好奇用手按棺木，只觉得松软，用手捏去好似肉松。到此好奇，问这问那，好似刘姥姥。巡览一周，空气不好。但听人说起从 1956 年 5 月 19 日始开掘，打三次探沟，至此意外发现一块小石碑上写“此石至金刚墙前皮十六丈，深三丈五尺。”有此天赐的指路石，才能使我们来到金刚墙，又听到砖隧道、石隧道、金刚墙的故事，还有许多发掘中离奇、神秘的故事。其中有一个熟悉的名字：赵其昌。他是发掘队队长，北京大学考古系毕业生，有许许多多他领大伙发掘的故事。其昌我认识，要去见他，人说：“刚去接待赶来的领导，忙着呢。”我未见到。过了两个月又陪南方的朋友来瞧新挖开的地下宫殿，还是未见到。说他“下放了，去农场劳动”。从 1957 年反右以来，我经历这种事不少，领悟到不妙，惘然若失。到三十四年后他赠我《风雪定陵——地下玄宫洞开之谜》，才知道正需要他整理出土文物(包括遗骨、罕见的丝绸)、写作发掘报告，建立地下博物馆之时，却以莫须有的问题，说他在地宫施放毒气(实为防腐喷洒福尔马林和酒精)，还有历史问题。其昌是河北祁县人，元曲作家关汉卿的同乡。抗战初不愿作亡国奴，跟着河北省流亡中学的师生步行流亡去洛阳、西安、甘肃，——即他自己所谓当年“足测秦川八百里”，靠公费生活学习，集体参加三青团。就这个让其昌吃足了苦头。在良乡窦店农场干重活收割庄稼，挖沟筑堤劳动改造，他并不惧怕。只是失去了心爱的工作，令他难熬。他时刻惦记着定陵带来的一包发掘资料。在枯草的荒地，他发现一撬开的古墓。黑夜他藏入其中，在自制墨水瓶小油灯的光亮下，开始写发掘报告，他做着残梦，好景不长。一个月后农场副场长打猎时发现他这个延续定陵的墓穴。劳改分子还记述神宗的金锭、织绵，不想变天？这是阶级异己分子的定时炸弹！没收了他的变天账。十年挨足批斗。

50 年代中期，我们出版社拟编辑介绍北京文史的书，常去红墙黄瓦绿树丛中北海的天王殿，在北京文物调查研究所的幽静小屋里，就认识了赵其昌、于杰了。我们出古籍，介绍北京的小册子自需要了解文物。而搞文物的也需要看北京古籍来印证。我和其昌交往不断。他小我三岁，又都是解放前后的北京大学生，嗜好文史，志趣说到一块了。几十年后，其昌对我说：“人之相知，贵相知心。”两心相合：探索京都古代文化。

直到粉碎“四人帮”，1981 年北京市社会科学研究所成立北京史研究会，我们才常于此聚会。听他的高论，尤其他讲唐代北京郊区的地名，辽代在宣武区的道路，兴味不浅。两人都被选为理事，见面更多了。后来他在孔庙的北京历史博物馆任馆长，我常去。他带着我看历代进士题名碑，我在碑上找到我祖上四代的名字。看孔庙大殿，找清代石经。只听他讲古代、现代的故事。我爱听他讲故事，以为他是讲故事的能手。《风雪定陵》不正是成串的故事，包括他自己的故事。

1983 年，我们决定出版《析津志辑佚》。《析津志》是元末任大都路儒学提举、崇文监丞熊梦祥记述元代大都的书。原书在明中叶已失传。但乾隆年间翰林院编纂《日下旧闻考》、光绪年间缪荃孙纂修《顺天府志》，都从《永乐大典》中收辑它的遗文，30 年代北京图书馆赵万里继续整理。到 1981 年，该馆的善本组组长李致忠又进一步从多方面收辑佚文，汇成《析津志辑佚》稿。它把这专写北京最早的著作复活了，对了解元代大都很有帮助，1982 年我们决定出版。但这佚文达到怎样水平，有何遗漏、错失？我请鲍正鹄、陈高华、其昌进一步核校。这是繁重吃力不讨好的工作，其昌却兴致很高，一遍一遍地看，一次又一次查资料。几十年间我见他时，常听他说“《析津志》又发现错了！”

1982 年我们开始标点《光绪顺天府志》，发现缪荃孙在编纂《光绪顺天府志》时还编辑了《昌平州志》，我们拟一并印出。又想起了其昌。因明十三陵即坐落在昌平州。而此书对明十三陵的记述独详。其昌挖定陵，自然熟悉昌平州了，应是点校它最合适的人选。其昌辛勤工作到 1989 年出书。遗憾的是封面、版权页都没有标明点校人的名字。仅在前面说了一句：“本书由赵其昌同志点校。”这是应向其昌抱歉的。好在其昌也不计较这个了。

应该特别书写的是，其昌主编的《明实录北京史料》，210 万字，涉及明代十三朝的大书，印成厚厚的四大本。其中其昌付出的艰苦辛勤更是无法估量，还包含着血泪辛酸。

原来 1956 年初开始发掘明陵，其昌受命为发掘队长，面对这神秘巨大的坟包，如何下手？先得了解明陵，其昌决心下死功夫，先从《明实录》找资料。他知道《明实录》藏之于金匮石室，连明朝自己人都看不到，但起居注官写订的确实可靠，极具价值。他把《明实录》中有关明陵部分摘录下来抄成卡片。实录十五朝十三部三千卷，卷帙浩大，抄摘需先阅读查找，已是浩大的工程了。其昌搞《明实录》工程还由于吴晗的教导。吴晗不仅是北京市副市长，还是明史专家。发掘定陵也是由吴晗积极倡议发掘长陵而引发的。吴晗要去了其昌的卡片，还让其昌不仅搞明陵的资料，还要摘有关北京市(明代顺天府)的资料，这就更是艰苦繁浩的工程了。

《明实录北京史料》既由发掘定陵引起，编纂实与定陵发掘同命运、共荣辱。其昌摘录、送给吴晗的卡片也因抄家烟消，编辑此稿自也云散。

而定陵发掘又惹出许多是非恩怨。“文革”中连神宗和两王皇后的尸骨都化作青烟，其昌心情可知。忙了半天想不到得此结局，悔不当初，依了郑振铎、夏鼐的话，不挖为好。其昌后来借用吴晗狱中临死的悔恨来评价挖定陵的得失：悠悠是非，凭谁评说？如今地下宫殿开放几十年，赢得无数中外朋友的赞叹。明代文化的一角，使人们认识到中华文化的悠久博大，挖定陵自有其独特的贡献。

话分两头。历史在前进。其昌恢复工作第一个任务又来定陵，继续在夏鼐的指导下写定陵发掘报告。可喜的是，十室之邑必有忠信，一个普通北京家庭妇女李亚娟由讲解员后负责定陵仓库，忍受造反派的巨大压力，保管下来几十册现场记录、几千幅照片。这不幸中的大幸使定陵发掘报告，在多方帮助下，经历五年，于 1985 年完成初稿。1989 年出版了 50 万字 380 张图的大书。

而 1980 年其昌回定陵编写发掘报告，晚间器物入库，他又从头开始摘录《明实录》，只是一时不能完工。完成发掘报告后又全力以赴。他抄录《实录》不止一次，一次比一次更了解了它的价值。于此，我多嘴两句，我写北京皇城，如明代钟鼓寺珍藏元曲至于今；内官监负责建筑工程，造宫殿、皇陵；兵仗局监造法郎机大炮……无不取材此书。所以其昌 1988 年退休后，又用当年挖定陵的冲天劲头，一个字一个字地抄写，全用繁体字，也真够忙碌的。假如说定陵是明朝的缩影，则《明实录北京史料》更是明代北京的全景反映。无怪其昌从头到尾抓紧它不放。前后经历四十个春秋。当年黑头如今垂垂老者。

1992 年《明实录北京史料》一稿由北京市社会科学规划办公室申请。1995 年由北京古籍出版社出版。所以，我称其昌是艰苦的编书人。

本文原载《出版史料》2007 年第 3 期

记《析津志辑佚》

一、北京最早的志书

北京古籍出版社 1983 年 9 月出版了《析津志辑佚》。随后，1984 年 1 月 9 日，《人民日报》发表我写的《析津志辑佚》，报道这本书问世。为什么要在大报介绍它？因为它是北京最早的志书，散失后又重新收辑，失而复得。这本书的出版是北京出版史上的一件大事。正像北京史研究会 1982 年 5 月刊印的《燕京春秋》刊登史学名家谢国桢写《评介北京最早一部志书〈析津志〉》所说：

“最早记述北京历史的地方志书，要数元代熊梦祥编纂的《析津志》。《析津志》原本早已散佚，现在仅存的，乃是北京图书馆赵万里先生领导，由善本室同志集体合作，从明代《永乐大典》、《大元一统志》等志书中，费尽心力辑录出来的。”

《析津志》约于明万历年间失传不见了。幸运的是，明初《永乐大典》收录了这本书。《永乐大典》清代移入翰林院。八国联军攻入北京，翰林院(在今东长安街公安部院内)藏的《永乐大典》遭焚毁散佚，《析津志》随之失去。

二、百年几代人的努力

因为这本书记述北京元代和金、辽等少见的资料，所以乾隆中期皇帝命臣下编纂《日下旧闻考》时，引用不少《永乐大典》中的《析津志》。缪荃孙因编著《光绪顺天府志》，也于光绪十二年(1886)从《永乐大典》中抄出《顺天府志》残本[①]八卷。1900 年《永乐大典》遭灾，大部分被毁，少部分被劫，散失世界各地。解放后，有的国家归还大典本，后中华书局影印七百多卷。

正是这三方面留有残留佚文。20 世纪 30 年代开始，北京图书馆善本组组长赵万里抄录辑佚，完成了《析津志》六七万字的辑本。1958 年邓拓嘱北京出版社标校北京古籍时，即留心此书，列入出版规划。然辑佚工作没有完成。“文革”后旧话重提，因请北京图书馆善本组组长李致忠继续辑佚整理。1981 年 7 月终于完成了 12 万字的辑佚稿，并由李致忠写《整理说明》的长文，记述辑佚的四个主要来源，即：一、从《永乐大典》原文中直接采集。二、从《日下旧闻考》转辑。三、从徐维则镈学斋藏本所谓《宪台通纪》中采辑。(注：《宪台通纪》实非《析津志》，但抄本有《析津志》内容。)四、从北京大学图书馆所藏缪荃孙从《永乐大典》所辑《顺天府志》残卷转录。实际这四个来源都出于《永乐大典》。所以李致忠的整理说明：“《析津志》的辑佚，可谓一源多流，多流归渊。”

由此可见，《析津志辑佚》这本书是从缪荃孙开始，经过北京图书馆赵万里、李致忠辛苦勾稽摘引，排比整理而成。所以我在《出版说明》中说此书辑佚整理是经过近百年很多人努力的结果。

考虑到这本书的特殊情况，可能出现遗漏、重复、颠倒、衍文等错失。我们请学者鲍正鹄、陈高华校阅有关章节。请北京文物大家赵其昌校订全文。赵其昌 1954 年即看到赵万里的辑本，并留意于此稿。数十年心力关注此稿。我们请他校订时，更倾全力找出差误，寻求熊梦祥的事迹。他写信到浙江天一阁询求，更去京西百里的斋堂，亲自探求熊氏遗踪。这使赵其昌写出有分量的文章《〈析津志〉及其著者熊梦祥》刊于 1982 年 12 月《首都博物馆丛刊·第一辑》。

三、珍贵的资料

《析津志辑佚》(下简称《辑佚》)提供了很多宝贵的资料，使我们了解

① 《顺天府志》1982 年 4 月由北京大学出版社影印出版。

元大都。如“城池街市”目内记“世祖筑城已周，乃于文明门外五里，立苇场，收苇以蓑城。”可知忽必烈当初用黄土夯筑城墙，城墙顶上有瓦管排水，还用苇草编织，从上到下像穿蓑衣一样，叫蓑城。

这文明门位于丽正门(大都正南门)东，位于今崇文门稍北。《辑佚》记“文明门，即哈达门。哈达大王府在门内，因名之”。这就是至今北京人还把崇文门叫哈达门的原因。

《辑佚》记“崇天门，正南出周桥。灵星三门外分三道。中千步廊街”。这崇天门相当后来的午门，向南过御河的周桥到灵星门相当后来的天安门，再向南千步廊和明清一样。可知大都沿习唐宋京都阙前制度。

《辑佚》详细记述大都的市场。“米市、面市，钟楼前十字街西南角。羊市、马市、牛市、骆驼市、驴骡市，以上七处市，俱在羊角市一带。”即这七处市实在两地，一即钟楼前(今钟鼓楼一带)，一即羊角市(位于今西四缸瓦市东)，为大众市场，尤其牲口买卖热闹。而钟楼前为珍贵市场，称“沙剌市，一巷皆卖金、银、珍珠宝贝，在钟楼前”。另外车市在交通孔道的齐化门(今朝阳门)十字街东。猪市、鱼市在运河口岸的文明门东。

四、元曲杂剧滋生的环境

除了大都，《辑佚》还记述了元代以前，金、辽、五代以至北魏旧城的情况。因大都城新建，原来的旧城称南城，辽为南京，金置中都，即今宣武区。

成吉思汗叫邱处机西行雪山，邱和十八弟子归来，邱住长春宫(今白云观)。邱死后，弟子于南城大建道观。《辑佚》记有玉华观、固本观、宁真观、清真观、清本观、长生观、昭明观、清虚观、云阳观、披云观、灵虚观、延寿观、碧虚观、玉清观、修真观、五岳观、昊天观、弘阳观、栖真观、通玄观、还有太清宫、崇仁宫……

南城不大的地方，因蒙古官衙的侵压，无有法制，居民痛苦万分。正是关汉卿所写窦娥冤、鲁斋郎产生的历史背景。居民惶恐无奈，求救于邱处机忍辱苟生的全真道。此所以人多奉神仙法术，玄风大振。

《辑佚》记杜康庙在南城春台坊大巷内。南城有众多的酒楼。知名的如状元楼、太平楼、德星楼、长生楼、披云楼、倚风楼、寿安楼、西楼、明义楼、崇义楼、县角楼、揽雾楼、遇仙楼等。《辑佚》标明在燕京，为辽代开泰元年命名的故京，为元新都大都之南城。而寿安楼则在燕京亡金皇城内。即金寿安殿遗址。

书中写南城酒楼十三家比新建大都酒楼七家还多。大都酒楼有白云楼、乐善楼、紫云楼、丽春楼、朝元楼。而海子(今什刹海)边上的望海楼、钟楼西北的飞宇楼，最为胜丽。

南城这么多酒楼表明金故都于金元之际依旧是大都市，城市畸形繁华，与妓院并茂。蒙古新贵甚夥。蒙古西征，财富东来。此元曲杂剧燥起炽热的经济基础。

《辑佚》还记南城金元之际的名胜：

燕台　纪念刺秦始皇的樊於期。在有辽代祖庙的奉先坊内。前代遗留下来的。

答女台　南城放生池东，高三丈。人称辽萧太后笞宫女于上。

洗妆台　在南城。金章宗李妃梳妆处。金代昭明殿遗址。

草三亭　在南城者最多，率皆贵游之地。金朝故老多有题咏。

遂初亭　南城施仁门北，原章子有平章的别墅。

玩芳亭　燕京东营内。粟院使的别墅，一时文彦品题甚多。

《辑佚》还记名宦有赵汲古、王百一、杨朝彛、赵禹卿、郭彦高、宋子玉、王华、刘仲禄等都是居住南城金元之际的有名人物。赵汲古父仕金朝官至燕京留守掌判，元人呼赵留判，家居城南周桥之西。杨朝彛，忽必烈叫他写大明殿碑和翰林院碑。居城南。郭彦高首举元遗山为本朝参政。刘仲禄即成吉思汗叫他邀请邱处机的要人。公故宅在白马神祠东。(注：白马神祠在今悯忠寺南)。

值得留意这些名宦中有“关一斋，字汉卿，燕人。生而倜傥，博学能文。滑稽多智，蕴藉风流，为一时之冠。是时文翰晦盲，不能独振，淹于辞章者久矣”。表明关汉卿是金元之际的燕人，燕即燕京，金中都遗址，为金遗民。而不是活跃于忽必烈新建大都的人物。而关汉卿擅长词藻，博学能文，即创作元杂剧。且滑稽多智，蕴藉风流，为一时之冠，表现关汉卿是元曲的领军人物。

五、熊梦祥的平生和诗、画

《析津志》作者熊梦祥的生平事迹，赵其昌查阅很多资料，繁征博引，有详细精确的考证。著文已如上述。兹根据其昌文，简述如下。

熊梦祥字自得，又号松云道人、松云子，江西丰城人。早年做白鹿洞山长。白鹿洞书院位于江西庐山五老峰，是宋代四大书院之一，很有名气。熊氏作山长即校长，自是学有根底，且精通宋元理学的硕学了。至元十年、十二年两次到江苏昆山顾瑛的玉山草堂。顾瑛在《草堂雅集》记述熊氏“博读群书，旁通音律，能作数体书。乘兴写山水犹清古，无庸工俗状”。可见是个擅长诗、书、画、音乐的大家。

顾瑛的《草堂雅集》选熊诗十二首。清代顾嗣立《元诗选》选熊诗十四首。有《题赵子昂兰石》、《题管夫人竹》、《题米元章梅》等。可见熊氏是元代诗家之一。独赵其昌慧眼录出《析津志·土产·翎之品》中熊氏《海东青》长歌。

因元代权贵打猎于湖沼，弋取天鹅、野鸭、鱼，依靠产于辽东海外的鹰鹞叫海东青。熊氏配诗序记海东青八月十五日渡海而到努而干的很多。从前努而干是流放犯人住地。犯人获得海东青就能赎罪释放。而且养海东青的蒙古专有名词叫昔宝赤，是蒙古近卫军怯薛出身的捷径。这样饲养看待海东青十分细致，《辑佚》记“论其贵重，常以玉山为之立。欲其爪冷，庶几无病。……夜则令其少睡。其替毛，观其粪条，揣其肥瘠，进食而加减之。……按食之际加药食次第焉。……夫事鹰鹞之谨细养护过于子之养父母也”。把养护海东青超过养自己的父母。这样熊氏十分感慨，于是松云子为之歌曰：

“饥饱有则，调摄有时，有添心补心泻心之法，有布轴毛轴药轴之施。[①] 飞则击鼓敲鱼，以助其力。收其俯搴解渴，以慰其饥。……”

这实是少见的奇文，所以《日下旧闻考》也记录其诗序，后面还收录康熙、乾隆的海东青诗。说它是奇文因它写人养育海东青飞禽超过了养

① 《北京文史资料》(52期)曾刊王世襄《大鹰篇》记北京人玩鹰的故事。其中记鹰吃兔等，连皮毛吞下。毛皮不能消化只好吐出。故驯鹰除喂肉外还须喂麻、布或做成两节手指大小用水煮过的，叫轴。吃后吐出。还要熬鹰不让它睡觉，即夜则令其少睡。

育父母。这使人想起明宣宗时玩蟋蟀，它和蒲松龄《聊斋》写《促织》一样地讽刺入骨。

除了诗，其昌文中引明初胡俨的《胡祭酒集》有《题熊自得画》说熊氏的画深得宋代米芾、米友仁父子画法。又能和元代名画家商琦、高克恭媲美。而且说“自得故元时以艺事入都，即有声于公卿间”。可知熊氏的画也出色，京都有人赏识他的画才进京来。

当时南方起义蜂起，从至正十二年江淮间即道路梗阻。而且群雄并立，互相争战。南方不安宁，熊氏北来。其昌写至正十五年熊氏到过斋堂。来京后即授大都路儒学提举、崇文监丞。从五品官。熊氏任此二职有机会看到翰林国史院、元内府库的秘籍为他著作《析津志》创造了条件。清纳兰的《渌水亭杂识》收元欧阳玄和张翥诗都说熊氏入京西斋堂著书，由孙子抄写。至元二十四年还到山西又回大都，二十八年元亡。熊氏或南返，活到九十多岁。

行人却在雨丝中

——记《中国风物志丛书》

清初查初白的行吟诗，让很多人着迷。有时一两句，也叫我吟诵不已。如“行人却在雨丝中”，几十年旅行出游时常吟起，北京少雨，春雨如油。下起来也只有几毫米如牛毛的细雨，我却欣悦低回不置！冒雨在雨中走走，让细雨和风飘拂，吸些湿润新鲜空气，觉得有情有味。陆游有句：“酒渴喜逢疏雨滴。”这疏雨、雨丝的字眼真个好。

还有出行也和疏雨、雨丝一样可贵。20 世纪 80 年代以前，工作累、家累、缺钱，难得改变平凡生活的旅游观光，像北京春雨一样不易得。

粉碎“四人帮”后出现了机缘。改革开放要发展旅游。1979 年 10 月我们北京出版社创刊《旅游》杂志，有文有图，登高一呼发展旅游，一时风云景从，杂志办得有声有色。到了第二年 3 月，国家出版局代局长陈翰伯来我社参加旅游读物的座谈，赞赏我们的工作。6 月，国家出版局、国家旅游局在无锡联合召开旅游出版工作座谈会。各地反映缺少介绍风光的图书。会上决定编《中国风物志丛书》，各省出一本，由北京出版社牵头。我参加了这一工作。

这给我出游的机遇。当时商定按大区开会研究如何编写。1981 年 8 月在大连棒棰岛第一次开北方各省风物志的会。22 日于友谊宾馆召开。由北京出版社王宪铨主持。国家出版局陆本瑞、国家旅游局沈受君致辞。我就风物志内容、如何编写发言，提出选择当地最有代表的、有特色的、有吸引力的山水胜境、风俗美食等，以充分显示地方个性，综成中华多姿悠久文化。

因为编旅游的书，主人招待去游白玉山，登东鸡冠山，看旅顺要塞的形胜。

1982 年 6 月，又于南宁开西南、东南各省风物志的会。因约好湖南同志一起走，先到长沙顺道去岳麓山观麓山寺；到爱晚亭，游人不多，缅怀当年毛润之等同学少年聚会，慷慨纵论天下事，亦景仰感叹不已！又登岭观湘江。6 月 24 日到南宁。晤上海来参加的郑煌、福建的陈天霖、广西的莫杰、四川的文闻子等，商谈，听取意见，丰富发言。会后 7 月 3 日到桂林，游伏波山、迭彩峰、芦笛岩，又坐船游漓江到阳朔，风光着实诱人。此时我又吟起“行人却在雨丝中”的诗，只觉如酒醒半醉的感受，似飘拂在雨丝中的浪漫情怀。这才发现祖国山川胜迹有这么多令人惊奇的所在！火车过柳州，车上无事，我出了一道难题，叫郑煌对对子。我说眼前是柳州，不能忘柳州柳宗元。有上联：“柳州柳刺史种柳柳江边”，请对下联。后来还问起这位名记者解放初翩翩少年时和越剧名演员的故事。在桂林又去王城，在城门上见到刻镌郭沫若诗句：“山谷系舟犹有树，半堂余韵渺无琴。”使我探询黄山谷可曾在面前的大榕树下解缆下船？而郭老于王鹏运家乡找不到王半堂的故居，我更不必去寻求了。这倒引起我写外出游记的兴趣，这游屐印痕的故事当另外写。

1982 年 8 月又于乌鲁木齐开西北各省风物志的会。这次由北京出版社副总编辑鲁刚带我们三人同去。进新疆令人兴奋。清代魏源说：“平生第一伤心事，未作天山万里游。”飞机飞过天山，博格达三座雪峰直耸眼前，雪白晶亮刺眼。会后又游天池、吐鲁番。八月正值天暑热难耐，一到葡萄棚下，西瓜、葡萄那个凉爽香甜，至今难忘。

此丛书大都按当时开会商定的史地名胜、奇花异兽、名产风味等分篇。虽依传统方志分门类立篇目的章法，但不同于列举无遗的归志，而侧重写能见到的，有遗址可寻，有欣赏价值的景、事、物。书中写革命圣迹、民居侗寨、腰鼓花灯、人参天麻、翡翠磁窑……各显神通，展示各省的奇妙。各出版社自出心裁，争奇斗艳，故能百花齐放。

此丛书虽名风物志，并没有跟它前后编辑的各志书那样成立机构、办公室有一套人马，而是由各省一个出版社的一个编辑室两三人或一个编辑负责。《湖北风物志》的编者在后记中说，从栏目的设置到内容取舍，都比较自由，着眼于知识性、趣味性，轻松活泼，不受拘束，如同音乐中的轻音乐。但编辑和作者并不轻松。《广东风物志》编辑曾定夷约作者到各县去调查采访获取第一手资料，又注重插图，装帧，故能图文并茂。福建人民出版社邀请《武夷山水》的作者陈天霖登山涉水到各地采风开座谈会。陈天霖还和熟悉台湾风物的蔡敦祺一起商谈如何编好《台湾风物志》。不两年，陈天霖劳累病重故去，不能不写此以为纪念。

《台湾风物志》由福建人民出版社组稿出版，由蔡敦祺一人完成。其间得到惠穆逸的资料支援，材料翔实，写得很好。而《浙江风物志》把题目均设计成七个字，如“天下奇峰数雁荡”“绍酒杭剪湖州笔”，尽成诗句，也下了工夫。到1985年，两三年间，各省市风物志三十册，全部出齐，做到了陈翰伯同志所倡少花钱多办事。

为了说明缘起，后又商请此丛书发起人陈翰伯写了一个总序言《新型的地方志》：

多年来，我有一个习惯，每逢到一个较生疏的地方，一定要把志书找来看一看。这样，我曾经翻阅过浙江的《嘉兴府志》，陕西的《韩城县志》。当然，和当地同志谈话是获得知识的泉源，但是查查志书，却可以得到许多书面的地方史料。

但是，这些志书是不易得到的，而且编得很乱，不便索阅。更不用说其中还有不少封建糟粕。

因此，十几年以前我曾倡议重编志书，先把上海徐家汇所藏全国志书择优影印，然后再组织人力，拟定体例，重新编写。待到一九六六年狂风暴雨一来，此事当然就胎死腹中。对我个人来说，这倒也少了一点麻烦。

一九八〇年夏，我与百余同志会于太湖之滨，共议出版旅游读物的事。我又重新提起此事，大家你一言我一语，《中国风物志丛书》的设想便形成了。

现在摆在读者面前的这套丛书，当然与旧志书完全不同。经过编撰人员、摄影家、作家的共同努力，它已开创了一个新局面。它是广大读者的知识之友，是旅游工作人员的案头必备。又是中、小学学生的课外读物，各级学校的老师可以从它摘取材料，挥洒自如地对学生进行爱国主义的教育。

“登泰山而小天下。”书中的图文，留下不少余地可供读者联想，借以开发智慧的矿藏。你可以通过它得到许多教益，从而激励自己为共产主义事业奋斗。

《中国风物志丛书》是一套新型的地方志。它富于时代感，图文并茂。无论如何是前人办不到的！

这套丛书的出版，将是我国出版界一件引人注目的事，一件令人欣喜的事。

一九八二年九月十八日

此外，在《中国风物志丛书》编撰过程中，负责主要实际工作的金庆瀛，组织开会联络的焦守誉，以及编排内容格式的林红等同志，都是不应忘的。

本文原载《出版史料》2007 年第 1 期

看 稿 记

一、稿件寓作者魂灵

记得小时候就听父亲讲安徽同乡的作家包世臣。父亲在皖南教书，听到过不少徽州人谈起乡贤包世臣。嘉庆七年(1802)，包世臣到扬州，看到阮元刻汪中的《述学》，阮元为它题词："心贯九流，口敞万卷。"更增加包世臣对汪中的敬佩。此时贫困中自学成才的汪中已故去八年，包世臣认识汪中的儿子和女婿，看到汪中的画像，求汪中的遗稿。嘉庆十年，包世臣再到扬州，和汪中女婿同床睡觉，梦见汪中。汪中对包世臣讲自己文章的得失，连着三天都梦见汪中。大家觉得很奇怪。汪中儿子把汪中的文稿拜托给包世臣。包在盛夏校订汪中的稿件。说："容甫(汪中字)少孤贫，无师而自力，成此盛业，不可谓非豪杰之士也。"看到自刻遗稿二卷，又交嘱刘台拱的稿子被刘用时俗语点窜删去汪中长于讽喻的文字，偶有语直质的也删去。包世臣汇集了汪中各稿之精语，不改一字。成文仍如容甫之笔。包世臣说："精诚遂感予梦，以是知文人魂魄常附稿本，可哀也已。"这是对友人稿件的尊重。

我记得1983年，北京出版社社长陆元炽一次报告说："现在常说读者是上帝，我们也应说作者也是上帝。"要求编辑尊重作者，向作者学习。老陆还提到老社长王定坤一再提醒，要提高编辑的责任心。古今同概。包世臣以为稿件中寓藏着作者的魂魄。今人称作者为上帝，则看稿改稿岂同小可？岂可玩忽？开始看稿，我焚一炷香，屏气静坐于稿前。后来看到包世臣对待汪中的稿件更生慎重景仰之念。在市场年代，稿件更是出版商品的主体，我们的衣食父母，岂得松怠？

二、意高远　文斑斓

《周易·家人》说：“君子以言有物而行有恒。”即书稿，作品都要言之有物。言之有物，不仅表现作者的思想，还应有高超的思想。像晋代陆机在《文赋》所说：“心懔懔以怀霜，志眇眇而临云。”表现出洁白如霜，高远如云的志趣情怀。

同时作品要靠语言文字来表达。《左传·襄公二十五年》又说：“言之无文，行而不远。”文就是文采、辞章，作品没有出色的文采、华美的辞章很难打动读者的心。

我国古代《左传》、《史记》等用散文写作，后代称为古文，还用诗、赋、词、曲……来表达。古文或抑扬尽致，或感慨淋漓，或文情缥缈，或照形写实，或借影虚托，或浩博浮夸，或淡泊意永，或逸怀潇洒，或奇幻似梦，或波澜迭出，或直率痛快，作者都把文章看做“经国之大业，不朽之盛世”，希望留传永久，所以用尽心思。

当高兴喜悦时，手之舞之，足之蹈之，就产生了歌，产生了诗，即有韵的文。诗、歌表现还有不足，就用重复的句子。像《诗经》三百首，每节中有重复的字，重言又双声迭韵。而且两节、三节、多节中，章句重迭。这无不是使文斑斓动人，使读者加深联想印象，叩动心扉。

《诗经》三百首之后，战国、汉代产生了赋。赋是有韵的散文。篇中还用不少对偶、连词，层层渲染，以铺张为能事。列了六朝，作家又用诗体写赋，除了协音成韵，又留意字句两两相对，即用偶句，讲求对仗。更用四言、六言相间成文，称为骈四俪六，简称四六文。

六朝的四六文有过度重视文(辞藻)的作用，后来只顾堆砌典故，炫耀辞藻，以辞害意，冲淡了思想主旨的表达。所以唐韩愈、宋欧阳修起来提倡行文自然晓畅，注重散体，不用偶骈，被称为文起八代之衰。

到了清代，桐城派作家看重韩欧重视古文散体，选古文连骈体文都不选了，我中学老师教读姚鼐的《古文辞类纂》即宣称：“古文不取六朝人，恶其靡也。”这也有偏失，稍后的常州作家群，被称为阳湖派相反选古文重视骈文，重视六朝文。龚自珍的诗说常州高才“文体不甚宗韩欧”，即指出阳湖派能看到骈文的好处。

从文学辞章发生的作用看，古今作家很少有一篇作品能与六朝梁的丘迟《与陈伯之书》相抗衡。陈伯之一个从劫盗起家的军阀，因个人恩怨投奔敌军北魏，丘迟一封四六文的信叫他弃暗投明，从北魏南归故国，能不说四六文有它独特的作用吗？尤其这封信最后一段："暮春三月，江南草长，杂花生树，群莺乱飞。见故国之旗鼓，感平生于畴日，抚弦登陴，岂不怆悢。"文情并茂。真是神来之笔！所以六朝梁的萧统选的《文选》说只要"事出于沉思，义归于翰藻"的，都是好文学。可见文章除了深思熟虑的思想外，还要用出色文采的语言来表达。就这样，《文选》选了很多诗、赋、骈文。把这些都看成文学主流，是对的。这也可看出桐城派专讲散文为古文，不收骈赋文的缺失。

编辑看稿，自应帮助作者完善杰出高远的思想情怀，选择美妙的语言来表述它。让真善美奔腾飞翔。请看龚自珍的《西郊落花歌》，道光七年，写西便门外花之寺八九十株海棠的落花：

"如钱唐潮夜澎湃，如昆阳战晨披靡，如八万四千天女洗脸罢，齐向此地倾胭脂。奇龙怪凤爱漂泊，琴高之鲤何反上天为？玉皇宫中空若洗，三十六界无一青蛾眉。又如先生之忧患，恍惚怪诞百出难穷期。……"

一连用了几个奇异的比喻，刻画纷纷扬扬、缤纷的落英。这连续比喻不仅写落花，实际也在描绘清廷的衰败也像花一样，无可奈何地落去。以前评此文的很少说到，"玉皇宫中空若洗"，皇宫里空荡得很。"三十六界无一青蛾眉"，朝廷里没有有见识的人才，没有挽救衰败的重臣。所以"又如先生之忧患，恍惚怪诞百出难穷期"。正是龚自珍清醒的认识，写出对时事无穷的忧患，写出自己倡言改革的期望。这才是高明的作品，即意高远，文斑斓，借落花写出了时代和自己。

三、作者多改　编辑少改

当编辑，改稿大概是最常见的职责。不少稿件因编者的改动而趋完善，也是事实。近看回忆老报人张友鸾的文章，艳称友鸾改稿的经验："浮文必删，陈言务去。"小报副刊，更值抗战纸贵，容不得浮夸冗长的文字，芟去为快。

但书稿或有不同。繁缛的嵕，如司马相如写山："崇山矗矗，巃嵸崔巍。深林巨木，崭岩参嵳。九嵕巀嶭，南山峨峨。……"岂不重复啰嗦？编辑手起板斧学李逵，有何不可？且慢。须知此是千古妙文，汉武帝欣赏有名的汉赋，六朝奉为典范。《史记》、《汉书》不厌其烦，抄录全文。

简略的，如明末刘侗、于奕正写钓鱼台："金王郁钓鱼台，台其处，郁前玉渊潭，今池也。……郁台焉，钓焉。钓鱼台以名。……堤柳四垂，水四面，一渚中央，渚置一榭，水置一舟，沙汀鸟闲，曲房人邃，藤花一架，水紫一方。自万历初，为李皇亲墅。"这些是否过于节略需要补充？但这也还是被纪晓岚称许为序致冷隽，小品点缀，寸有所长。各种内容体制不一，各种流派写法也不同。看来写作也有多样性，不必简化单一。

所以改稿，要多考虑。记得老舍说过改动我稿的，男盗女娼。我曾因《北京文艺》的稿件，拜见过老舍先生，和老舍一见，亲如故旧，老舍的长处，为人和善，什么人都能相处相好，什么人都能成知交老友。所以写故都旧警察、拉洋车的、收破烂的，……如见其人。尤其老舍全心力精粹形成京味，以北京话表现古都风土人情，有独特的魅力。京话大概是东北方言和北京土语的组合。老舍是"从龙入关"的旗人，自幼家族吃皇粮。擅长此活计，又经千锤百炼形成文学语言，不那么容易修改，一个字也不行！

上面说到包世臣，他在《乐山堂文钞序》说，世间巍科膴仕结集累卷刊刻出版的以万计，但不久世人即不知晓，旋踵化为粪壤。而一千三百年盛称八家。为什么？包说："然吾闻欧阳子为文，脱稿即糊壁间，出入涂乙，至不存原文一字。夫欧阳之初稿，其超越寻常，岂顾问哉？而必涂乙至不存一字乃自惬。则知韩柳王苏曾之造诣，亦必尔也。……李杜集有两三稿并存者，则知古人，虽再三改窜而犹有未定也。"所以，包世臣以为欧阳修删改文稿，一而再，再而三。必涂改到原文不留一字才算完。这样重视文稿修改又修改，或可避免包世臣所说著作不久就为世遗忘化为粪土。所以想留传久远，修改是必要的。编辑看稿提意见可让作者自己改。我以为：作者多改，编辑少改。

清代为龚自珍、魏源推崇的诗人陈沆，生前曾删诗七次，最后定本的《白石山馆诗》，数百首诗最后仅存六十二首。魏源在陈第三次诗稿跋中说陈虚心求益，勇于删改。

四、立主干　去枝杈

我曾看过《韩愈诗文浅释》的稿子，提出意见，不想引起非议，成为一场笔墨官司，留下向领导上写明情况的信，因而方有材料记述。

此稿引言从韩愈七世祖写起，是世代仕宦人家，接着写唐代重视谱牒，修《氏族志》，唐太宗、高宗、武则天重修谱牒。

作者接着写韩愈的父亲、叔父……。写叔父韩绅卿破豪家水碾。……又引范文澜在《中国通史》中说水磨所有者都是权豪、富僧、大贾有势力的人。这些人霸占河道，筑高堰阻水，利用水力推进碾硙，妨碍河道两岸农田的灌溉。

我以为引言作为这本书的引子，必须先写韩愈曲折坎坷的一生。少孤为兄嫂养育，五次就礼部考试都不中。因生性鲠直，嫉恶如仇，极言宦官专权和谏迎佛骨却受到朝廷两次谪贬。他主张文采为道统服务，去成言鸣不平的诗文有鲜明的时代特征，走出全新的创作道路，正像苏轼所言："匹夫而为万世师，一言而为天下法。"而作者的引言扯得太远。这是看稿常常遇到的。某某问题引起作者兴趣，不自觉全部搬来，就忘记了主题。而主题是全稿的主旨，必须努力阐明主旨，一切围绕主旨作文章。戏曲、小说、论述无不如此。这或可借鉴李笠翁的戏曲写作经验。李渔认为戏曲应抓住主要矛盾，表现立言的本意，即立主干，减头绪，密针线。应抓住主要人物一人一事，切忌平均用力，全面铺开，忽左忽右。能立主脑，还要针线紧密，用心缀补，不使一处疏漏，使全篇露破绽。

头绪多，如舞台人物众多必须减少。而与主旨有牵连旁及串连的一一写到，是稿件中常遇到的毛病。尤其近年文字加图，图文并茂，有图片显得真实，历史图片又显露昔日，自为书稿生色。但有的图片滥用。如《文物背后的故事》(北京出版社，2006 年)记述乾隆两都诗碑，却排满了清代十三个皇帝的玉照。看似热闹，但从书稿内容上看牵连不大，不能烘托主题，又何必非要用呢？此书编辑以此书询问我，我说枝杈太多。看来不少书稿应留心去枝杈。

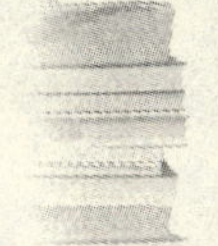

五、叙渊源 明脉络

1985年我们拟出版许国英著的《清鉴易知录》，敦请著名清史专家王钟翰先生校订出版。王先生在书前写了校订叙言。原稿写：

“许国英号指严，江苏武进(今常州市)人，1918年编辑《清鉴易知录》。……

许氏认为当时清社已亡达六年之久，尚无一本专书详述清代三百年间的历史、人物、社会经济、政治制度；而清史纂修，迄未成书，则有清一代尤不可没有一部以类相从、综甄条理的编年体简明史鉴一类的书，俾供士人学子先睹为快。于是许氏从浙江绍兴人吴乘权(楚材)所撰《纲鉴易知录》的体例，用纲絜目，藉示褒贬。……”

这写到《清鉴易知录》从《纲鉴易知录》而来，但《纲鉴易知录》是从《资治通鉴》脱胎变化而来，要知道此稿的源流，必须再往前说起，方能使读者了解此书的脉络发展。于是我开头加写了：

《纲鉴易知录》是一部通俗扼要的我国编年体史书，上起盘古，下迄明末。纪事简明，头绪清楚，使人一目了然，所以叫易知录。

《纲鉴易知录》由于通俗易懂，从前流传较广，解放后由中华书局重印，受到读者欢迎。可是，此书只写到明末，到了民初许国英为之续编，仍用纲鉴的体裁，记载清代二百六十多年的历史，所以叫做《清鉴易知录》。

北宋司马光编纂我国编年史《资治通鉴》，南宋朱熹又改写成《资治通鉴纲目》，前面有纲，后面有目。纲是历代史事的提纲，目是对历代史事的较详细的记述。以后不少书采用这种体例，通称纲鉴。

引文送王先生阅后，他同意加这几句话，并写了一信：“嘱写之《清鉴易知录》校订叙言承大笔一挥，添头去尾，顿为改观，钦佩感荷之至。”

这得到历史学家的肯定，是因为把纲鉴的渊源脉络显示出来了。历史学家自然欢喜来龙去脉搞清楚。

贰　记

出版说明

《宛署杂记》记明代北京经济

《宛署杂记》二十卷，明朝人沈榜编辑，明万历二十一年(1593)刻本出版。它记载明代北京各方面的情况——尤其偏重于经济，是一部研究明代北京的社会经济、政治制度和风俗掌故比较罕见的参考资料。

作者沈榜，湖广临湘人，由举人历任内乡、东明、上元三县知县。万历十八年，升任顺天府宛平县知县。吴楚材在后序里说，沈榜“负经济略……迄今邅漫，靡所成名”，认为他是有才干的。他在宛平任内，颇能留心时事，搜求掌故，并据署中档案文件，编著了这本《宛署杂记》。这本书中曾详细记载沈榜上任初期，就捕获假造税契的，追出税银五千多两。可以看出，沈榜是有一套管理经验的，所以后来升任户部主事。从这本书许多论述来看，由于沈榜看到政事日非，“公私困惫之极”，所以他希望皇帝从现实出发，不要盘剥得太厉害了，以免维持不下去。

万历年间，明朝皇帝、贵族等封建统治者更加奢侈腐化了。他们疯狂地追求土地、金钱和财货。明代北京辖有大兴、宛平两县，宛平辖区在北京城西边(从正阳门棋盘街以西直到西山一带)，是皇帝和封建中央统治机构所在地，所以横征暴敛，掠夺剥削特别厉害。从这本书的一些内容正可以看到这种情况。第十四卷、第十五卷的“经费”，记录了宛平所担当的坛庙、陵园、行幸、宫禁、各衙门、考试等经费，长达四五万字，详细地记载了勒索物品的名称、数量、需款数，巨细不遗，如祭祀太庙得用那么多的食品、货物，如内府喂猫用肉七百二十斤，如上昭陵墓一次用女轿夫一千六百名(男轿夫除外)，吃的，用的，花销的，连篇累牍，真是没完没了！奢侈繁汰，无以复加！这些货物、银两，都要宛平(同时包括大兴)人民来担负，这是多么沉重的敲骨吸髓的压榨啊!

这本书从第六卷到第十三卷，也无一不是记述封建统治者的勒索掠夺，要钱派差。“地亩”、“人丁”、“徭赋”、“力役”、“黄垡仓”、“宫庄”、“马政”、“奶口”、“税契”、“铺行”等等都详细记述了各种各样勒索的名目、方式等等。哪个人租多少地，哪个人交多少税，哪个人当什么差，都记得清清楚楚。所以，很明显，它是明代万历年间宛平县办差的记录。这种官文书，这种详细的剥削帐，以书籍形式公开出版，还是很少见的。

从这里，我们可以看到明代万历年间很多社会经济的问题，首先，土地日益兼并集中了。“地亩”章内有这样的话：

嘉、隆前，地亩无可考。嘉靖末年，官民田地共叁千肆百贰拾柒顷……万历贰拾年，征粮地贰仟捌百陆拾伍顷……乃嘉、隆至今，曾几何时，宛地遽少额陆百余顷……。

由嘉靖末年到万历二十年，仅仅二十多年，仅仅宛平一地，田亩额数就少了六百余顷，正是由于皇室贵戚的赐田占地，土地大量兼并，使得农民耕地面积日益减少。在宛平县内，这种土地大量兼并，明朝从成祖时就开始了。朱棣令从征军人，在宛平黄垡一带从事耕种，作为皇帝的私田，建立了黄垡仓，叫做“皇庄”。后来又把兼并田地的租额，直接由皇家慈庆、慈宁、乾清等宫使用，叫作“宫庄”。除了皇宫、勋戚、贵族、宦官以外，寺院田地也日益增多，明代皇戚宦官最喜欢建立寺庙，“如宛平一县，版图仅五十里，而二氏之居，已五百七十余所”，寺院也占了大量田地，所以沈榜曾感叹：“西山一带形势稍胜者，非赐墓、敕寺，则赐第、赐地。环城百里之间，王侯、妃主、勋戚、中贵护坟香火等地，尺寸殆尽。”可以看出田地日益兼并，农民几乎没有耕地的严重情况。

另外，我们看到城内商户铺行承担的繁重。明代北京铺行的制度是把商民编排成行户，叫他们支应政府，出力当差，后来改成纳钱钞解交内府支用，内府需索物品时候，再行召商买办，剥削已经不轻，但是遇到公家需用物品时，只发给很少的钱。这本书记载明朝皇室和中央统治机构贪婪无厌的诛求，像前面所说长达四五万字的勒索物品和需款数，大半由宛平和大兴县的铺行来承担，由铺税银支付。由此可见，明封建统治者对城市商业的剥削又达到如何沉重的地步。

还有，这本书显示了当时社会的危机，如沈榜上任时，库存仅五十二两银子，需要支付的各项款子即达四千多两。如投送文书驿站的铺舍，许多地方只有败垣荒草，却没有房子，或是数间极敝的破房，不可以居。所以沈榜说“公私困惫之极”。而且各种差役剥削最后都转嫁于贫户，如“马政”中记载：“富足大家，多不乐养马，势必转丸及之贫户。”所以贫苦人民逃迁外出的很多，“人丁”章内记宛平人丁“仅当旧册成丁三分之一……率多逃绝不堪，名存实亡”，“窃恐地额愈减，丁差愈重，逃绝更多，户口渐耗”，显示了社会的日益凋敝。

当然，统治阶级对于北京人民的剥削和压迫远不止这些。沈榜写这书时，还有所顾忌，他说：“上干宫禁，则有齿马之惧，吾不敢记也；下关貂珰，则有投鼠之忌，吾不必记也。”

同时，这本书也还像地方志书一样，收辑了有关历史沿革、山川地理、风俗节令、方言土物、人物遗文等等。实际上，它是宛平的县志。记述北京各方面资料像地方志这一类的书，“永乐大典”中曾载有元代的《析津志》，已经逸失了；这本书可算是现在可以见到的宛平县最早的一部志书了。

这本书出版后，颇受到当时人士的注意。同年稍后出版沈应文等编纂的《顺天府志》的艺文志内即抄录了此书谢杰的叙文，明崇祯年刘侗等著的《帝京景物略》上也说到它，以后明末孙承泽的《春明梦余录》、清初朱昆田补《日下旧闻》风俗条，也取材于这本书。可是这本书在我国现已找不到了。日本尊经阁文库还藏有这本书。看到新印的书是根据中国科学院图书馆所藏尊经阁文库原书的摄影胶卷排印的。

另外，这本书也为我们提供了一些明代历史、地理、方言、文化等等资料。如天宁寺塔，经过许多建筑师的研究，认为是辽代的建筑，这本书记载是明代朱棣在潜邸时重修的；如北京城内的“胡同”，本书记载原是元朝人的语言；如记述明代北京艺人技艺上的“八绝”；记载金元时代的白话碑文等，对于了解古代北京的文化和艺术，提供了一些可贵的资料。

本文原载《宛署杂记》，北京出版社 1963 年版，后改动

《帝京景物略》和它的作者

在记述北京风土景物的书中，明崇祯八年(1635)刊印刘侗、于奕正合著的《帝京景物略》是出版较早，文学性较浓的一种。

作者在序中，首先陈述了北京的重要地位，认为定都洛阳不如长安，长安不如北京。说明成祖定都北京，是件大事，“前万世未破斯荒，后万世无穷斯利，捶勒九边，橐箧四海，岂偶哉”。在这块“神人萃，物爽冯，……潭云塔影，龙螺洞光……熙游盛今古”的京城，作者居住了多年，所以他们详细地描述了北京的山川园林、名胜古迹，以至风习节令、花鸟虫鱼等等。

这本书细致地介绍了北京的名胜园林。如香山寺(今香山公园内，寺毁于 1860 年)，作者认为是京师观寺的首游。“岗岭三周，丛木万屯”，香山重冈复岭中有这么多树木，多叫人留恋。这里不仅山色好，而且早就以泉著名，泉上石桥，桥下有方池，有朱鱼千头，客一投饵，朱鱼头头迎客。在山上眺望：青望麦朝，黄望稻晚，晶望潦夏，绿望柳春。

又写卧佛寺婆罗树的皮、枝、叶、果实：“大三围，皮鳞鳞，枝槎槎，一叶七开蓬蓬，实三棱陀陀，叩之丁丁然。”这棵树长满了叶子，这么高大，使周遭的殿墀，数百年不见日月。

明代王侯贵宅的园林修治得很讲究。这里记载了海淀的李园、米园。记人言：“李园壮丽，米园曲折。米园不俗，李园不酸。”写西郊惠安伯园牡丹之盛，东城驸马万公曲水园饶水和竹子。又写东城成国公园，有三堂，堂都被树荫蔽住，有一槐树四五百岁，身大于屋半间，顶嵯峨若山。园叫适景，人叫十景园，这园子所在的街道现在还叫什锦花园胡同。旁边还有宜园，在石大人胡同，园中有台，台前有池，泉水从树杪流下，假山前有一石，是数百万碎石结成的。园是正德中咸宁侯仇鸾建的，后归冉驸马。这些记叙描写都是难得的，使我们了解明代北京的私人园林之盛，超过以往任何时代。

在序言中，作者还说，记述的地方，假如没有去过的，他们就分别去看，回来相报。作者的信条是："事有不典不经，侗不敢笔；辞有不达，奕正未尝辄许也。"在略例中又说："成斯编也良苦，景一未详，裹粮宿舂；事一未详，发箧细括；语一未详，逢襟捉问；字一未详，动色执争。历春徂冬，铢铢两两而帙成。"可见他们是经过辛勤的实地访察、反复推敲，才写成这本书的。所以，它反映了明末北京山川、人物、园林、风俗等等的实际情况。

这本书的另一特点，是十分注重文字的修饰。刘侗、于奕正的文体，在晚明文学流派中，是属于锺惺、谭元春为代表的竟陵派的。竟陵派反对明代前后七子的复古、摹拟，提倡抒写"性灵"；在文风上力求"幽深孤峭"。这种文体的缺点是冷僻艰涩，不容易懂得，但是有时却有别趣奇理、造语冷隽的好处。这本书也正表现了这个特点。它的句子都很短，也用了一些重复的字、冷僻的字，但是有时几句话、几个字却能表现出一种境界，勾勒出一幅图景。如写德胜门外的水田："水田数百亩，沟洫浍川上，堤柳行植，与畦中秧稻，分露同烟。春绿到夏，夏黄到秋，都人望有时，望绿浅深，为春事浅深；望黄浅深，又为秋事浅深。"短短几行，写出了水田和堤柳的景色，又写了都人看稻的颜色而知时令。作者的观察是深入的，描绘是细腻的。

所以，清代纪昀虽说竟陵派是唱导"诡俊纤巧之词"，鄙之为伪体，但也说这本书"其胚胎，则世说新语、水经注；其门径，则出入竟陵、公安；其序致冷隽，亦时复可观。盖竟陵、公安之文，虽无当于古作者，而小品点缀，则其所宜；寸有所长，不容没也"。

应该指出，这本书表现了不少封建思想看法。其中记述神鬼显现、因果报应的，更是数见不鲜。有些迷信看法还写得活灵活现。它反映了作者唯心主义的思想观点，是应该批判的。

刘侗字同人，号格菴，湖北麻城人。他以"文奇"被礼部奏参；复又遭人嫉忌，在家乡不能立足，到北京来捐监生考北闱，中崇祯六年顺天乡试举人，七年成进士。后来，他外放南直隶(今江苏省)吴县知县，还没有到任，路过扬州，死在船上，年四十四岁。他来北京时，认识了于奕正。于奕正初名继鲁，字司直，宛平人，崇祯初年秀才，家中有些钱，喜欢结交朋友，好游名山。崇祯七年，于奕正和刘侗取道南京，想到湖北去游览，不果。刘侗中道和他分手，奕正一人在江南游览了好些日子，于崇祯九年回到南京，病死在旅舍，年四十岁。刘侗护其丧归。他们的著作除《帝京景物略》外，刘侗有《尤井崖诗》及《雉草》、《韬光三十二义》等；于奕正有《天下金石志》、《朴草诗》等。他们在南京时，曾合著《南京景物略》，书没有完成，两人先后死了。这篇残稿，今已不传。

他们的交游有谭元春、王崇简、顾与治、杨日补、周损等人。湖北麻城县志载，刘侗"为诸生，即见赏于督学葛公。礼部以文奇奏参，同竟陵谭元春、黄冈何闳中降等，自是名益著"。刘侗和谭元春是同乡，谭元春是竟陵派首领，天启年间解元，是刘侗的前辈，在竟陵派风行之时，刘侗私淑谭元春是很自然的。在刘侗离乡时，谭元春写了一首"送刘同人北学四十二句"的诗，中间说："去负一卷文，徒步作燕客。失意走踆踆，气平不可阨。"谭元春在北京时，也和刘侗一样，住在于奕正的园子里，十分相得。谭元春有"于司直邀入西山记赠"诗，述说他俩于天启五年第一次见面相携入西山的情景。以后谭元春出京也写了留别于奕正的诗。可见刘侗、于奕正和竟陵派首领谭元春是很相契的。

王崇简字敬哉，宛平人，和于奕正是同乡同学，入清朝，做了礼部尚书。他有送于奕正、刘侗南游的诗。于奕正死，有"哭于司直"的诗。到了康熙十二年，他七十二岁，还有纪念于奕正的忆旧诗。他写过"都门三子传"，详细地记述了于奕正的生平。他在清初还为《帝京景物略》写过一篇跋文，以目击者的身份，证明此书确为刘侗、于奕正所作。

他们在南方又结交了顾与治和杨日补。顾与治和杨日补帮助刘侗经纪于奕正的丧事，并且刊印了于奕正的遗诗，写了序文。还有和他们交游并和本书有关的，便是为本书选诗的周损。序文中说周损是"侗之友"。略例中说原来搜集了五千多篇诗，经周损删汰，只存了一千多篇。

这本书初刻于明崇祯八年，是他们二人在南京时所刊。书前有明大学士方逢年的大字序文，应是最早的版本。到明亡，在短短的九年之中，这本书翻刻了三次。一次字体和原版本略有不同，内容并无差异；一次

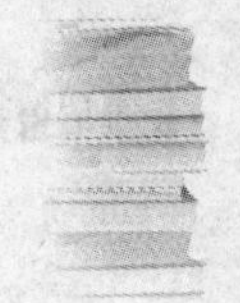

是徐仲昭的删节本；再一次是王永绩、耿章光的删节本，扉页印有“王耿两先生删正，兵部藏板”字样，卷前有崇祯十六年王伟、王永绩的两篇序文。

本文原载《帝京景物略》，北京出版社 1963 年版

明代宫闱记略的《明宫史》

《明宫史》五集，是明人吕毖从刘若愚所著《酌中志》里选出来的。刘若愚(1583～?)，万历年间太监，最初属司礼太监陈矩名下。《明史》说他“善书、好学、有文”。陈矩死后，魏忠贤的心腹李永贞当权，派他入内直房管理文书笔墨之事。魏忠贤事败，刘若愚先被廷臣纠弹，谪充孝陵净军。其后，彻查高攀龙等七人被诬致死一案，实系李永贞索取苏杭织造李实空白印纸，架词虚构。李永贞斩决；刘若愚被处斩监候，后来却得到释免。在囚禁之中，刘若愚为了给自己辩护，列举种种事实，写成《酌中志》一书，否认自己属于魏、李一党，说明所受的冤屈。

《酌中志》的作者是个太监，著作的目的又只是为了替自己喊冤，按常理说，他的作品可能不会有什么价值。但是，从另一方面来说，由于是太监，才有可能长期看到宫廷内幕；由于是太监的著作，才有可能写出和文士们着眼不同的东西；由于著作的目的在替自己喊冤，才有可能自由取材而有异于奉皇帝之命的写作。因此，《酌中志》就自然而然地给后人留下了一般著作中所看不到的一些历史资料。

《酌中志》一共二十四卷，记述晚明皇帝、后妃、太监、宫女许许多多事情和统治阶级内部斗争等等。其中最能引起我们注意的，是从第十六卷到第二十卷。即十六卷有关内府职掌，十七卷有关大内规制，十八卷有关内板经书，十九卷有关内臣佩服，二十卷有关饮食好尚。这五卷书，详细记录了北京宫苑的规模，太监们的职掌，内廷日常生活和饮食、服装、娱乐、嗜好等等。作为提供今天研究参考之用，不能说它不具有一定的意义。首先是关于宫苑的规模这一部分。我们知道，明代在元代的基础上，大大改建扩充了宫苑，于“皇城”之内，修建了无数的宫室、殿庭、苑囿；除了所谓“大内”，还有“南内”(今南池子普渡寺一带)和“西内”(今景山西大高玄殿、北海一带)。规划的宏伟，占地的广阔，建筑物的繁多和壮丽、精巧，都是十分惊人的。到了清代，作过局部的整修，大体上很少变动，一般都维持了原来的格局，有些地方还照旧沿用原来的题名。这些建筑，并不仅仅限于今天所见的“故宫”之内，它的范围，是占据了北京内城的很大一部分，即皇城。今天我们要了解北京城市建设发展的历史源流，明代宫廷建置和内府等等，它就必然成为研究的重点。遗憾的是，明代人没有给我们留下关于这方面的许多著作；有的就是《酌中志》中这寥寥的几卷书。由于作者置身宫廷之内，历有年数，尽有从容的时间，详细写记(所谓狱中著作，当是整理底稿)。我们试按它所写的制为图表，不难发现，和现存建筑物的方位，完全吻合，很少阙漏。细小到内府二十四衙门和大小各作的遗址，我们也都能够从今天还保存的街道名称，如司礼监、西十库、惜薪司、宝钞司、织染局、酒醋局、石作、木作，得到印证。清初以来，许多写宫廷建筑的著作，都以它为依据。它是今天少见的研究明代宫廷建置的第一手材料，是已经公认毫无疑义的。其次，内廷日常生活中有关饮食、服装、娱乐、嗜好等事，《酌中志》也写得非常详细。有些还和当时北京市民的风俗习惯有相通之处。有些习俗，一直流传到如今。例如正月初一吃“扁食”，立春“咬春”之类，过去有人认为这是从清代开始由满洲传来的，从这部书里却证明老早就有了。又如什刹海冰上“拖床”，端午龙舟，岁暮驱傩，以及日蚀、月蚀打救护鼓之类，都提供了民俗学研究资料。这些资料，有时写得十分琐碎；惟其琐碎，才更能补充一些历史专著的不足。正是这本书，清楚地告诉我们：封建时代，为皇帝生活服务，有着那么庞大的机构(内府繁多的监、司、库、房、厂、作等等)，占据着北京整个的皇城，而且如御马监、林衡署、上林苑等，更在北京郊区占有大片田地、牧场。同时，本书“内臣佩服”、“饮食好尚”中也详细地描绘了皇宫里的衣着服饰和饮食等等，这些繁复的描述表明统治阶级的无比的奢汰豪华，表明只有剥削无数民脂民膏才能达到的。而这些大多是北京工匠制作的，这也反映了北京工匠精巧制作、织绣的才能。可以看出，《酌中志》值得重印的是第十六卷到第二十卷这五卷书，正好，吕毖从《酌中志》选出而改变书名的《明宫史》，也恰恰是这五卷书。虽然次序先后，略有挪移；篇目题名，小作改动，这都无关于内容。所以重印用它作书名，是合适的。

在《明宫史》以后，清人高士奇(1645～1704)又著作《金鳌退食笔记》两卷。高士奇在康熙年间，官翰林院学士。丁巳(1677)，入直内廷，“赐居太液池之西，朝夕策马过金鳌玉蛛桥，望苑中景物”；到甲子(1684)，已“七阅寒暑。退食之顷，偶访曩时旧制，约略得之传闻，又仿佛寻其故址，……率笔记之。详于西而略于东”，那是因为他“所居在西苑也”。

这本书，其中许多地方，都是根据《酌中志》的材料加以叙述的。但是，因为时代已和《酌中志》的作者相差一个多世纪；而且改朝换代之时，经过一些兵燹，所以将本书和《酌中志》对着看，可以发现其中的变化。书中有些颂扬圣德的诗篇，不免令人生厌，但对研究明清宫廷也有参考价值。

本文原载《明宫史·金鳌退食笔记》，北京出版社1962年版

《昌平山水记》出版说明

《昌平山水记》和《京东考古录》是明末清初著名学者顾炎武有关北京的著作。

顾炎武(1613～1682)，江苏昆山人，今年(1962)正是他逝世二百八十周年。他生的时候(明万历四十一年)，满洲已经崛起于东北。十六岁时(崇祯元年，1628)，陕北农民起义军揭竿而起。三十二岁时(1644)，李自成的大军摧毁了明朝政权，接着，清兵入关。顾炎武的一生处在我国社会阶级矛盾和民族矛盾极其尖锐的时代。

顾炎武正经历着这种“天崩地坼”的时代，他眼见明末社会危机，政权腐朽。所以他“感四国之多虞，耻经生之寡术”，觉得应该研讨实学，凡是政治、经济、哲学、历史、地理、兵农、水利……有关一代兴衰的，有关民生利害的，都一一讲求。他指斥明末知识界“束书不观，游谈无根”，认为是国家衰败原因之一。所以，他特别注意研究“当世之务”(研究现状)和“六经之指”(研究历史)。

1645 年，顾炎武在家乡昆山参加了抗清的斗争。失败以后，他漫游南北，到过山东、河北、山西、陕西等处。清顺治十六年(1659)，顾炎武四十七岁，他由山东来北京，即北走昌平，谒明十三陵。一直到康熙十六年(1677)，他六十五岁了，还去谒陵。这十九年中，他六谒天寿山，对明朝象征——明陵的拜谒，深深表现了顾炎武的爱国主义的思想。

但是顾炎武并没有把眼光仅仅放在明陵上，他周行边塞，流览山川，成年累月在外边跑，他说他“频年足迹所至，无三月之淹，一年之中，半宿旅店”。这些旅行，他用以“纪政事，察民隐”，即从具体历史地理、民间疾苦的研讨中，寻求经世致用有补国计民生的道理。他的足迹走遍了北京郊区各地，他用两个骡子驮着书，到了边塞重地，把实地考察和书本资料参看比较。就这样，他把在北京长期旅行的见闻纪录下来，考证了许多著作的正误，写成《昌平山水记》和《京东考古录》。

《昌平山水记》详细地描述了明十三陵，记述了入葬的帝后、陵寝的建制等等。他还记述了十三陵陵域内，原有数十万株苍松翠柏等等。昌平州在明代还包括顺义、密云、怀柔三县。所以这本书记述了昌平、顺义、密云、怀柔等县的历史地理情况。值得注意的是，作者在这本书里也关心“国家治乱之原，生民根本之计”，他记述后汉张堪在狐奴开稻田八千顷，记述元代丞相脱脱引白河水种稻子等事。他还记述顺义许多土地被皇庄占去，小民失业，无所控诉。

《昌平山水记》记述简洁，次序清楚。它由城区德胜门写到郊区，依路途远近写来，很是严紧。当时，顾炎武的好友，和顾炎武晚年住在一起的陕西华阴王宏撰就在《山史》里写道：“所著《昌平山水记》二卷，巨细咸存，尺寸不爽，凡亲对证，三易其稿，而亭林犹以为未惬，正使博闻强记或当有人，而精详不苟，未是其伦也。”

《京东考古录》则是另一题材，以考证为主。作者把从北京直到山海关一带许多历史地理问题作了考证，如辨明北京和蓟县名称的关系，考察了辽、金陵寝，还考订北京古北口的杨令公祠，说杨业活动于山西雁门，等等。这些考证，辨明了历史记述中的一些错误。

这两本书依“顾亭林先生遗书汇辑”本排印。《昌平山水记》并根据“顾亭林先生遗书十种”本等版本校订。《京东考古录》若干条又见于顾炎武生平精心著作《日知录》，所以又据《日知录》作了校订。

本文原载《昌平山水记·京东考古录》，北京出版社 1962 年版

北京文史的渊薮

——《日下旧闻考》

记述北京历史地理的书，集大成于《钦定日下旧闻考》。

日下就是京都，这里专指北京，王勃《滕王阁序》“望长安于日下”，以后就把日下比作长安，比作京城。

《日下旧闻》是朱彝尊于康熙二十六年(1687)编成，从一千六百多种古书中选录北京的记述和资料，以类相从，加以排比，共分十三门(如星土、世纪、形胜、宫室、城市等)，四十二卷。

到了乾隆三十八年(1773)六月十六日，皇上谕“本朝朱彝尊《日下旧闻》一部，博采史乘，旁及稗官杂说，荟萃而成。视《帝京景物略》、《燕都游览志》诸编较为赅博，数典者多资之。第其书详于考古，而略于核实。每有所稽，率难征据，非所以示传信也”。

这样乾隆要臣下详加考证。其时正当开馆汇编《四库全书》，“典籍大备，订讹衷是之作，正当其时”。乾隆命福隆安(兵部尚书、额驸)、英廉(大学士、刑部尚书)、蒋赐棨(户部侍郎兼管顺天府府尹事)、刘纯炜(光禄寺卿，原顺天府尹)选派人员“将朱彝尊原书所载各条逐一确核，凡方隅不符，记载失实及承袭讹舛、遗漏未登者，悉行分类胪载，编为《日下旧闻考》”。他并命“于敏中总其成，每辑一门，以次进呈，候朕亲加鉴定。使天下万世知皇都宏丽，信而有征，用以广见闻，而供研炼。书成后，并即录入《四库全书》，以垂永久”。

所以这部书是援古证今，由顺天府派出众多人员履勘旧迹，标示实际情况，订妄存真。书中总裁由于敏中领衔，于敏中是乾隆二年(1737)状元，曾为乾隆编辑御制文集。还有英廉、和珅、刘墉、德保等当时的重臣，加上梁国治、钱汝诚两位状元。

督办即上述派人调查、核实的主持人是额驸公福隆安、当时刑部尚书兼管或曾任顺天府府尹事胡季堂、蒋赐棨、刘纯炜。

实际编辑考证注录的应是总纂窦光鼐、朱筠，纂修潘曾起、吴锡麟等。

朱彝尊画像

还应记述朱彝尊。号竹垞，浙江秀水(今嘉兴)人。曾祖朱国祚是明代大学士。甲申明亡，竹垞十六岁。清兵南下，竹垞联络抗清，事泄避居。顺治十三年(1656)随乡人客游南北，诗词写得好，甚有文名。后有词："十年磨剑，五陵结客，把平生涕泪都飘尽。"康熙十八年(1679)开博学鸿儒科以布衣入选，授检讨。康熙二十年(1681)，充日讲起居注官，入值南书房，很得康熙的赏识。康熙称朱彝尊、姜宸英、严绳孙为"海内三布衣”。著有《经籍考》，又编有《词综》，诗与查慎行齐名，词与顾贞观、陈维崧合称词家三绝。和《红楼梦》作者曹雪芹的祖父曹寅很要好，是江宁织造署楝亭的座上客，互相唱和。竹垞的《曝书亭集》是曹寅捐钱刊刻的，而曹寅的《楝亭诗钞》则是竹垞写的序言。

朱是在谪贬时编这本书的。康熙二十三年(1684)，他因带了一个抄书的入皇宫抄书，被人弹劾，降一级。住家也从皇城内的黄化东门迁到宣南海波寺街。庭内有两棵古藤，一棵柽柳，三五太湖石，叫“古藤书屋”。在柽叶绿如伞、藤花紫满檐的日子，朱竹垞编录是十分辛勤的。

当时名士徐元文、徐乾学、姜宸英、张鹏、冯溥、唐梦赉、高士奇都为《日下旧闻》写了序。他们说朱彝尊“精心搜讨，所至访求”，白天到郊野去访摹残碣古碑，访问山僧野老。晚上点灯，对照古籍，必定使访求的和书上的对照没有遗憾才惬意。还对照实际情况，写成“按语”，是很好的。

《日下旧闻》刊刻以后，清廷在北京开始大兴土木——尤其大规模地兴建园林。康熙四十八年(1709)开始修建圆明园。雍正年间更大事兴建圆明园和雍和宫。乾隆十年(1745)修静宜园(今天香山公园)，十三年(1748)修碧云寺，十六年(1751)修清漪园，建大报恩延寿寺于瓮山，又拓瓮山泊，定名万寿山、昆明湖(今天的颐和园)，十八年(1753)重修静明园，在城内又大修三海(北海、中海、南海)，修景山五亭……兴建工程在乾隆时达到了高峰，皇家内务府年年兴建工程。乾隆三十多年上距《日下旧闻》的成书已及百年，北京城池、宫殿，尤其是皇家园苑已有很大变化。朱彝尊所选录的已远远不够了。而且朱彝尊以“布衣”著述，除唐、辽、金、元、明的旧迹外，很少著录宫殿御苑的建置设施，这些在弘历看来是很不够的。弘历在题词书缘起的诗中就说：“百年熙皞繁文物，似胜三都及两京。”这百年中改置添建的，着实不少，尤其弘历对宫殿坛宇、名胜古迹……题过不少诗，作过一些考证，需要著录下来。须知乾隆是一位诗家，一生写了八千多首诗，数量之多，诗人中少见，有不少诗是写北京宫殿园林景色的。他曾说：“曾赋皇都与帝都，若兹形胜古今无。”于是命臣子收录清代新建的、改建的建筑，加上康熙、雍正和乾隆自己的诗文，成为《日下旧闻考》。

这本书收集保存了许多史料，由于辑录古碑残碣，许多文献可资考证。如周秦的石鼓文、唐代悯忠寺的苏灵芝行书宝塔颂碑、辽御史大夫李内贞的墓志、宣和七年(1125)燕山府清胜寺慈慧大师碑、金大定中礼部令史题名记略碑等等，都是少见的珍贵资料。另外，不少古籍残失，也赖此书保留了史实。如元代李洧孙《大都赋》，朱竹垞没有选录。此书从《永乐大典》中录出增补，可证元大都方位制度。其次，可以看到乾隆初、中期北京建筑的情况和康熙中叶以来北京城市的变化，其中主要有城内宫殿、三海、景山，城外圆明园、清漪园、静宜园等等。它记述了这些园苑的建筑名称、建造年代、悬什么匾额、挂什么对联、什么人居住、诗文中题咏这些建筑表现了什么思想，对我们了解这些园苑是有用的。这些皇家园林现在大都开放为公园，成为旅游的好场所。这样，《日下旧闻考》就为历史研究者、旅游者、文物工作者提供了很多有用的知识。

例如八十至八十二卷都是讲圆明园的，比较详细地介绍了整个园子的布局、建置、大宫门前后的府、部、司、院、军机处等衙门，而且记载园内十八门、四十景等等，提供了第一手资料。另外如畅春园、西花园、泉宗庙等卷记录了西郊海淀的地形、水系、园林等等，也是难得的材料。

由于本书是对《日下旧闻》的考证，所以书中很注重历史的变迁。如永定河，弘历在乾隆二十年(1755)写诗："北黄下口屡迁就，惭愧终无永逸方"，可见多次决口。弘历更说"小黄河剧大黄河"，永定河的灾害胜过了黄河。而现在卢沟桥南长辛店的名字也是由于河道变迁得名的"长新店"演变来的。一百二十六卷《东安县》还记载了永定河七十年中六次迁徙。从这里可以了解历史地理的变迁。

书中的按语是值得注意的。它使我们了解一些宫殿坛庙的兴废始末。如今天北京动物园西边的白石桥北，明末有驸马万都尉的白石庄，近郊园亭以这里为第一。按语："白石庄今废。"白石桥前后还有镇国寺、延寿庵均废。按语还对一些有疑难的问题，历史上有争议的论点，这本书这样说，那本书那样说的说法，作出判断，写明缘由。按语大都是可靠的。如德胜门原《日下旧闻》根据《燕都游览志》"镌赵子昂书德胜门三字"。今考"臣等谨按：今德胜门即元史地理志所载健德门也。……明永乐间尚存其旧。至正统十年以旧城内面用土恐易颓废，命成国公朱勇等甃之，始改名德胜。赵子昂乃元初人，安能预书德胜门字也？”

《四库全书总目提要》评论这本书：“因朱彝尊《日下旧闻》删繁补阙，援古证今……详为考核。……履勘遗迹，订妄以存真。千古舆图，当以此本为准绳矣。”清末的李慈铭在《越缦堂读书记》中说，这本书“去取既精，摭实而谈，因视原书远胜”。

这样一本朝廷重视，集众多状元、翰林编辑，又当《四库全书》献书之时编成的书，有没有阙失呢？

20 世纪 90 年代，我参加校订《诗文荟萃什刹海》，原选录有元好问写《临锦堂记》。《日下旧闻考》“臣等谨按”说“临锦堂遗址无可踪迹，据元好问云：御苑之西有地，裁其西北隅为小圃，引金沟之水渠而沼之，是兹堂南背城而北面海。从其地考之，当在今积水潭之南岸以西云”。

但是此记说“癸卯八月，公子觞予此堂，坐客皆天下之选。酒半，公子请予为堂作记，并志雅集”。癸卯是元太宗乃马真后二年公元 1243 年，此时元大都尚未建造。这个御苑应在金中都宫殿的西北。在今宣武区，并不在什刹海南岸。

另外，此书卷三十二“长春真人浴于东溪。越二日，天大雷雨，太液池岸北水入东湖……池遂涸……吾将与之俱乎？遂卒”。此书“臣等谨按”说：“元世祖曾命邱处机居太液池之万安宫。”此书卷九十四“臣等谨按”：“据甘水仙源录，元世祖命邱处机居琼华岛，赐名万安宫。”两次都把邱处机居太液池当作元世祖之命，其实，邱处机是受元太祖成吉思汗之命，到元世祖忽必烈时早已故去。又卷五十四按语说今旧鼓楼大街北城墙有中心台为元大都东西南北之中也。则把中轴线移到旧鼓楼大街，亦误。乾隆命人详加考订，钦定也有误。

本文原载《日下旧闻考》，北京古籍出版社 1981 年版，后增补

1802年日本编绘的北京旅游图集：《唐土名胜图会》

北京的前门，从前就是一块热闹的地方，有城楼，有月城，门前还有护城河，河上有石梁桥三，桥前有牌楼，河边有街道叫东、西河沿，尽是店铺。

金鱼池邻近龙须沟，现在大多建了新房，原来却有很多大池塘。池塘边上种上柳树遮荫，池里养着金鱼。

这是日本浅文贯书肆在文化二年(1802)出版的《唐土名胜图会》中描绘的景象。北京的堂子、先农坛、贡院是什么样子，吏部、翰林院、历代帝王庙有哪些建筑，天安门颁诏、保和殿赐宴、茶楼看戏是怎样的情景，从图上都可以清楚地看到。

“唐土”是日本对我国的称呼。这本书记述我国名胜，为来我国的旅游者作准备，实际是日本出版的中国旅游指南。原拟从京师、直隶开始，陆续出版介绍我国各地州县。现在看到的图集仅京师、直隶部分，所以此书实是描绘北京和河北的版画集。书中除山川名胜、苑囿寺观外，对典章制度、人物故事、器物风俗等也都采集图绘。加上古代诗词，征引日本名人书法，充分表现了我国的文化和生活风貌。

日本和我国是近邻，一衣带水，交通来往不断，来我国旅游者很多，所以编辑出版家通过图画这个比较容易被人了解的形式来表现我国。

这本书于日本文化二年刻成，正当我国清嘉庆七年(1802)，书中说中国四季风调雨顺，人物正直，五谷丰登；说京师左沿沧海，右拥太行，北枕居庸，南临河济，形势属天下第一，诚可谓天府之国，表现了作者对中国的羡慕。同时作者又说古代日本的大内就是仿效唐代的大内营建的，日本派遣学生入唐留学等等，反映了长远的中日文化交流，反映了两国传统的友好关系。

全书共六册，分为六卷。第一卷京师大内，第二卷皇城，第三卷内城，第四卷外城、苑囿郊坰，第五卷顺天府州县，第六卷直隶州县。从前四卷中可以看到，它细致地刻画了大内即紫禁城，逐个介绍了皇城内的府署司院，逐条街巷地介绍了内城、外城。写明坊巷胡同、河道闸桥、宅第祠庙等等。记述是细致入微的。

当时我国很多书籍画册流传到日本。日本京都书肆浅文贯，依据木世肃的建议，由冈田玉山编述，冈田玉山、冈熊岳、大原东野绘画而成《唐土名胜图会》。横塘有则的序说：世肃草创之，玉山讨论之、图会之，熊岳、东野左右之。可见是由冈田等三位老画师仔细摹刻而成。序文说刻画分毫不爽，并非夸大其词。而出版者浅文贯在卷末说："费多年之力，殆倾家资以绣梓，苦心精力之所致。"可见是经过艰苦努力才出书的。如午门朝参图、乾清宫千叟宴图，人物众多，形象生动。又如前门桥图、棋盘街图，摹画细致，连店面字号、幌子都画出，使我们看到乾隆、嘉庆年间北京的景色，是十分难得的。

书中列举了五十多种参考书目，但京师部分主要是依照吴长元《宸垣识略》编写的。图画和礼仪器具则是根据《万寿盛典》、《南巡盛典》和《礼器图式》、《灵台仪象志》等绘成。书中说："地已不可得躬诣，事又不可得亲访。"作者当时可能并没有来过北京，即使来，如大内、苑囿也不得随意进入。所以书中有不少错失的地方，如大内的一些宫殿的方位不对，如鼓楼的形制不合，有的街道位置有误等等。文字也有错误，如故宫苍震门误为苍宸门，又如说李白是唐德宗时人等等。

由于编辑者对我国古代文化的羡慕，把我国古代许多名人名迹加上插图，如画燕王易水上送荆轲，表现出怒发冲冠，萧萧易水寒，壮士一去不复还的诗意。画刘备在屋中织席，门前一株大桑树，这时涿郡楼桑村的刘玄德显然心中正筹划着大计。许多山水名胜也赋予诗情画意，这使这本旅游书带有文学意味了。

这本有趣的历史图册，最近已由北京古籍出版社出版。全书影印，分上、下两册。为了帮助读者阅读，并将书中日文由熟习日本古文的钱端义、周丰一两先生译成中文附在每册之后。

本文原载《唐土名胜图会》，北京古籍出版社 1985 年版

清代神州旅游图集：《鸿雪因缘图记》

我国旅游书中有图的以嘉庆二十四年(1819)到道光十二年(1832)，南京能诗善画的张宝绘图的《泛槎图》最有名，绘有一百零三图，极写我国名山大川、海内名胜。郑振铎评价："烟云缥缈，涉笔成趣。"

后来人学习他的办法，不仅有单纯记游历的作品，而且有了插画。单是道光年间就有两本《鸿雪因缘图记》。

一本是麟庆写汪春泉等画的《鸿雪因缘图记》，另一本也叫《鸿雪因缘图记》，却是陶澍作的。两书不仅同名，还有许多相似的地方。两书差不多同时，而陶澍比麟庆稍早。陶澍于嘉庆七年(1802)，二十五岁中进士；麟庆于嘉庆十四年(1809)，十九岁中进士，两人科考入仕都成为封疆大吏，在各地任布政使、巡抚，最后一个实授、一个兼署两江总督。这都使他们能周游黄河上下，大江东西。加上两人都喜游览，陶澍说自己"而于禹贡之九州，则足迹皆已及之，不止于身行万里半天下矣"，麟庆则"乐水乐山，胜情胜具"，所以两书中都有旅游的见闻，都是古代游览的记录。

可惜《鸿雪因缘图记》只留下麟庆的一种，1984 年北京古籍出版社标点影印此书。而陶澍的《鸿雪因缘图记》一直没有看到，已经失传。

麟庆的《鸿雪因缘图记》是用图画的形式记述身世和经历的作品，分为三集，每集二卷，共图二百四十幅，记二百四十篇。"鸿雪"出于苏东坡诗："人生到处知何似，应似飞鸿踏雪泥。泥上偶然留指爪，鸿飞那复计东西。"麟庆把自己的经历，请画家绘出，自作文字记述，好似飞鸿踏在雪地上，留下一些痕迹。这在没有摄影术的时代，是唯一的办法，使生活的印痕得以保留下来。虽是自述生平，但作者性好山水，不废登临，

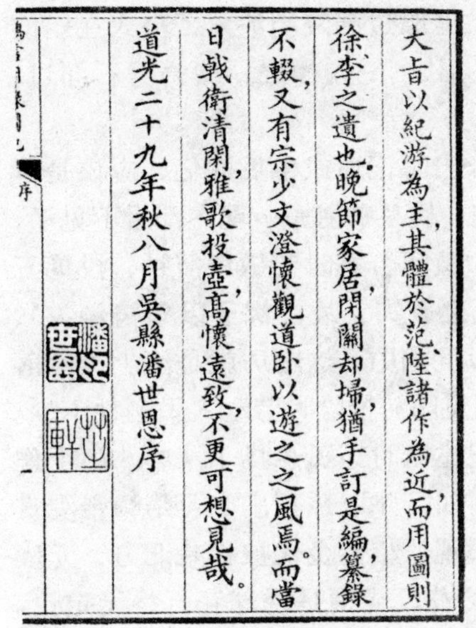

國朝王阮亭皇華紀聞，高澹人松亭行紀，其與圖兼行者，如宋徐兢宣和奉使高麗圖經，元李好文長安志圖，雖體製各别，要皆列於藝文，傳世不朽。見亭博覽能文，早歲登上第，由館閣外簡，宦跡半天下。是編所述，凡道里、山川、形勝、古蹟、風土、民俗、河防、水利，靡不博考見聞，兼綜條貫，生平文章政績，略具於是。而大旨以紀游為主，其體於范、陸諸作為近，而用圖則徐、李之遺也。晚節家居，閉關却埽，猶手訂是編，纂録不輟，又有宗少文澄懷觀道，卧以遊之之風焉。而當日戟衛清閑，雅歌投壺，高懷遠致，不更可想見哉。

道光二十九年秋八月吳縣潘世恩序

《鸿雪因缘图记》潘世恩序言

书中描绘了神州山河大地。

麟庆字见亭，满族人。《清史稿》卷三九〇有传。生于乾隆五十六年(1791)，卒于道光二十六年(1846)，是金代皇室完颜氏的后裔。在满洲八旗中属上三旗的镶黄旗。他的七世祖达齐哈又以军功“从龙入关”，所以被称为“金源世胄，铁券家声”。麟庆以嘉庆十四年(1809)进士，授内阁中书，升兵部主事。道光三年(1823)出守安徽徽州知府，四年调颍州知府，五年迁河南，分巡开归陈许河道，九年升河南按察使，十二年任贵州布政使，十三年升湖北巡抚，十四年擢总督江南河道兼兵部侍郎、都察院右副都御史，十九年兼署两江总督管两淮盐政。可知作者自科举入仕途是一帆风顺的。由于起家科名，职领封圻，这就使他能周游黄河南北、大江东西。兼以性好探历史旧事，搜录名人遗踪，“探二水三山之名胜，搜六朝五季之遗闻”。这些名胜古迹，今天或存留或废弃。有了这部图记，对于旅游、历史、文物等等，都会提供一些有用的参考资料。

作者出游访胜，记录了当年行旅和名胜地情景。过湖南常德府，晓过绿罗山，颓岩蒙翠，秀色扑人。午泊揽船洲，即古桃花源，找到刘禹锡所书“桃源佳致”碑。入贵州龙里县云顶关，写驿路如鸟道一线，比至关，俯视白云，浩如湖海，诸山缥缈。坐船过沅陵清浪滩，舟人在船前置大木如偃月刀，长丈五六，其名曰“招”，一人操之，冲涛劈石而过，篙楫递施，盘旋避险。

书中的记载都是作者亲身的经历，当时记述或事后回忆，应该是真实可靠的。如扬州的文汇阁、梅花书院、桃泉书屋……现在都看不见了，可从书中能看出当时的建筑景象。又如黄河合龙时要敬祭河神，投掷五色粽子以禳浮尼(浮尼状如绿毛鹅，见之有灾，故投粽子以祭祷消灾)，高悬九莲灯(图上画了许多长串灯笼)以度幽厉，这幽厉就是河上抢险落埽没入水中的河工，当时叫做内桩。可见防河抢险时劳动人民牺牲不少。镇江的金山现在已连在陆地上，书中记述当时还孤悬扬子江中。由于作者见多识广，书中保留不少传闻逸事，如扬州以琼花出名，隋炀帝观赏的琼花，据阮元说，从前在城内的蕃厘观。相传金代被移栽北方，元代干枯了，或以聚八仙代之，或谓是玉蕊花，或谓是绣球花，终无定论。由于作者任江南河道总督十年，所以对扬州、淮南、镇江一带记述更较详细，对漕运、运河也有第一手的材料。

作者另一个熟悉并用力抒写的是北京，这是因为他家老宅在鼓楼东，祖茔在安定门外，童年、青年和晚年都在京都度过。道光二十二年(1842)，南河在桃北崔镇汛决口，麟庆未能先事预防，被革职后即住北京。其间除道光二十三年(1843)在中牟黄河工地上效力并充库伦办事大臣(未赴任)外，都在京养病游览。所以第三集自《金鳌归里》后，大多是有关北京的记述。他写西山宝藏寺的桂花、房山金代的陵寝、城里夕照寺的飞铙，都写得很有味道，保留了不易得的材料。1843 年作者到宝藏寺去，满院桂花，纵横成列，有六百多盎。因为北京冬天冷，桂花经冬凋零，只有在香山玉华岫和宝藏寺幽深的山谷里才能收养得好。1845 年作者到房山云峰山去拜祭金陵，“大风忽至；木叶簌簌有声，陵户呼曰虎至。果见一羚羊窜过西岭，一虎下饮于溪。……”他写圆明园南宫门外前湖中间夹了辇道，左右如两扇，俗称扇子湖。其水南入菱角泡，即丹棱沜，这个湖是乾隆二十八年(1763)浚治而成。湖南边还有一个茶肆，叫平安园，是一个两层楼的茶馆，可惜早已看不见了。还写了什刹海的烟波景色，写什刹海古寺房舍三十多间相比如号舍，佛殿亦分为一舍，引用法式善的诗：“梵宇俨号舍，而名什刹海。”图中更绘出庙宇房舍鳞比的状况。书中又写积水潭夏日盛开荷花，北岸有净业寺，南岸土阜隆然，有华陀庙建其上，俗称高庙，面临曲巷，背枕全湖。寺僧在庙后营广榭，缭以短垣，洞启北窗，城楼山寺，俨然图画。这些描述使我们增加了对道光年间北京情况的了解。

麟庆还用细致的文笔来描述自己的住宅——东城弓弦胡同的半亩园，其地本是清初贾汉复的园子，园艺家李笠翁(渔)作贾的幕僚时，帮助叠石成山，引水作沼。麟庆购得此园，更命大儿崇实倩工修复，绘图烫样，皆亲自设计。除正房轩堂斋阁外，还有嫏嬛妙境、玲珑池馆、潇湘小影、云容石态、罨秀山房等建筑。我们从图中可以看到，这是一处建造得很幽雅的有多处四合院外带庭园的宅子。其中的拜石轩除了原有的叠石外，还罗列了麟庆从四方收集的各种奇石，轩中又陈设石屏、石径、石牌、壁悬石笛、石箫，这个石室的摆设是富有艺术意境的。

这部书的文字是清新可喜的，流畅简练，美妙自然。如由河南、湘西入贵州，一路奇山异水，写得很有风趣。写洪泽归帆：“雨则时洒时止，云则载阴载阳……”在扬州时，坐船经瘦西湖到平山堂：“打桨沿溯而西，夹岸园林，水木明瑟，一转至红桥冶春诗社，再转至白塔晴云……寻回舟，纵棹保障湖，晴波渲碧，烟柳濛青，水面风来，尘意俱散……”作者对山水很少用重复的描写，故有许多新意。只是很多篇幅写皇上恩典、科考的得意、生活的豪奢和对劳动人民如对西山煤矿工人的轻视，反映了作者的封建意识，读来使人生厌。

道光末年，我国一步一步地变成了一个半殖民地半封建的社会，外则资本主义入侵，内则官贪吏坏，一片衰败景色，作者却为之粉饰太平。但从中也可以看到一些真实的描写，如作者在河南上南核园抢险时，十三昼夜坐危堤，“有‘眼前都是倾危地，身外全成浩渺天’句，至今思之，犹深懔懔”，说明黄河秋汛时的险情。又如两淮盐政在仪征设局，有“八开”之名，即要经过八道手续，这些繁苛的关卡，大大加重了盐的成本，作者也不得不承认：“其初原以杜弊，奈日久费增，几半盐本。”官僚手续的用费，达到盐本钱的一半，这些弊病积重难返。书中还透露出道光年间，病河、病漕、病盐，种种弊政。连繁华的扬州也渐衰落，而文汇阁前亭榭已半就倾圮。

《清史稿》上说，河患至道光而愈亟。南河为漕运所累，愈治愈坏，麟庆循其成法，幸无大败而已。鸦片战争中，在浙抗英的裕谦请麟庆援兵，麟庆未作支援，这是不好的。

还值得一说的，作者在科考、升官、祈雨时，往往拜神求签，图记中的许多仙踪异迹，近乎神奇。封建文人迷信附会，本是常事。作者后来病重吃药也要向吕祖求签，得木耳五钱重，即断定木即桂，耳即附，木耳即桂附。作者的腿疾或是血压高半身不遂，吃补药桂附并不好，无怪过了一年即死去了。可见作者中迷信毒害之深。

本书的图画由汪春泉(名英福)、陈朗斋(名鉴)、汪惕斋(名圻)所绘。汪春泉从道光七年(1827)作麟庆的幕僚，就为他作画。第一、二集是他的作品。第三集为陈朗斋、汪惕斋所绘。麟庆在京郊游览，陈朗斋也常随往。所以书中所述许多事，画家曾亲身经历或听麟庆述说，熟悉当时情况，应该是写实的作品。还有画小照的贺焕文(名世魁)、胡芑香(名骏声)都是当时有名的画家。

《鸿雪因缘图记》有道光二十九年(1849)扬州刻本，光绪十年(1884)上海点石斋石印本。图画原作现藏中国历史博物馆。

本文原载《鸿雪因缘图记》，北京古籍出版社 1984 年版

附：

《鸿雪因缘图记》和麟庆生平
——读北京晚报的三篇文章

《鸿雪因缘图记》出版不久，北京晚报刊出了《麟庆与半亩园》一文，介绍北京古籍出版社出版了这本书，并着重谈到此书作者麟庆的住宅、花园半亩园(在今中国美术馆北黄米胡同内)。

今年二月十日，晚报又发表了《麟庆其人》的文章，指出上文有两处不妥。现摘引如下：

晚报《麟庆与半亩园》一文说，麟庆“是金代皇族后代，在清代曾任过两江总督管两淮盐政等要职”。这种说法欠妥。

一、麟庆不是金代皇族后代。金代皇族起源于北宋时松花江下游的

完颜部，元朝灭金后，皇族全被杀掉，绝没有再回东北去的。麟庆虽然也姓完颜，但源于明代建州女真的王甲部(又称完颜部)。王甲部分布在今辽宁省新宾县东北，与建立金朝的完颜氏没有直接血缘关系。

二、麟庆是清朝道光年间的显臣，曾历任内阁中书、……江南河道总督、库伦办事大臣等职，并未实任过“两江总督管两淮盐政”。

《麟庆与半亩园》的说法和本书出版说明的讲法很相似。出版说明里也说麟庆是金皇族的后人，是否也错了呢？但原书第三册《房山拜陵》写道：“麟庆为世宗旁支二十四代孙”，又说“凡我金裔”，可见说麟庆是金代皇族的后裔是不错的。说“元代灭金后，皇族全被杀掉，绝没有再回东北去的”。也说得绝对了一点。

果然，麟庆的后人参加讨论了，二月二十五日晚报又发表一二九中学王春万一文：

《麟庆确系金皇族后裔》，摘引如下：

麟庆是我的先高祖，确系金代皇族后裔。

我家原有一老祠堂在宽街北兵马司胡同路北，匾书完颜宗祠。祖父、父亲逢年过节总是要去上供祭祖。据父亲讲，祠堂内神主牌位是历代相传，第一代供的是完颜守祥公，是金世宗完颜雍嫡系子孙和金哀宗(完颜守绪)的堂兄弟。

先高祖所著《鸿雪因缘图记》一书在第三集中有《房山拜陵》一章，系乾隆十八年皇帝亲至睿陵展谒，同时派大学士阿克敦代祭兴陵，并令金裔完颜氏子孙五十九支共九十六人陪祀，麟庆之曾祖完颜勉斋公就是九十六个代表之一。完颜勉斋公(期成额)清史有传。在《鸿雪因缘图记》中赵廷熙写的序中说：“麟庆是金源世胄，铁券家声。”

但是，《麟庆其人》所提第二个问题是讲对了。原来麟庆并未实授两江总督管两淮盐政，而是兼署，兼署是代理、试用的意思。此书第二册中说：道光十九年“十二月初一日，奉上谕邓廷桢调补两江总督，未到任以前，著麟庆兼署。”到了第二年三月，伊里布调任两江，麟庆代理了三四个月。

晚报的讨论，介绍了这本书，使读者更多地了解麟庆生平，是有益于读书的。(下记仁)

本文原载《北京书讯》1985 年 8 月

《梦蕉亭杂记》出版说明

《梦蕉亭杂记》是陈夔龙于 1924 年他六十七岁时写的一本回忆录，主要写他自己和荣禄的。

作者写自己悲欢枯荣的历史，说八岁死了父亲，茕茕孤独，十分孤苦。年轻时科考累次不取，幸已中进士，竟以一字之误置于三甲，不能入翰林。而抽签分兵部作主事，京师习惯以吏、户两部为优选，刑、工部也还容易补缺，只有兵部员司，以常年测之，没有二十年，不能补缺。友朋叹惜，认为他有才不遇。想不到事出意外，仅仅十年即补缺，而且升迁任京兆尹，以后作漕运总督，河南、江苏巡抚，直隶总督，比起丙戌(光绪十二年)的同年都要升迁得快，作者说其中殆有天意，不是人世常情所能揣测的。

实际由于作者丙申(光绪二十二年)随荣禄到天津查办事件，得到荣禄的赏识。荣禄说看君骨相气色，五年内必有非常之遇，以后果然。所以作者把荣禄认作是恩师，荣禄向他说了许多话，有许多是不向别人说的，作者都记录下来，并且说："以上所言，半系亲闻之文忠者，不敢一字假托也。"可见，本书保存了很多光绪朝的真实史料。

庚子年(1900)作者调来北京，正好遇上义和团起义。不久，八国联军进攻，慈禧逃跑，作者由鼓楼东大街东头的顺天府署搬迁到黑芝麻胡同，"所见沿途平民，万人如蚁，均往西行，鸦雀无声，景象极为凄惨"。作者记粮食、蔬菜不能进城，侵略军强占民房、抢掠奸淫。而炮击天安门、午门更是伤痕累累。作者记破坏情景："初次入东华门，蓬蒿满地，弥望无际。午门、天安门、太庙、社稷坛等处，为炮弹伤毁，中炮处所，密如蜂巢。”

书中还写联军入京前，慈禧带了光绪狼狈逃走的情况，事先就准备逃跑：“衅端已成，成败未定，特命府尹筹备大车二百辆”，当时陈夔龙果真筹足二百辆大车。因前敌各军转运等，到七月十五、十六要走时，已无车马，后任顺天府尹“惊惧之下，手足竟无所措，但有涕泣”。可见慌乱之亟。可是，到了第二年五月，和约签字，洋兵撤退，十月还宫就要大修跸路工程，并下旨派了四个大臣分期率同司员督理工作，历经三月，然后慈禧才浩浩荡荡地回京。只是要经过前门，这正阳门城楼已化为灰烬，一时缺少木料，无法兴工，却想出主意令厂商先搭起席棚，缭以五色绸绫，一切如门楼之式，藉壮观瞻，就这样已费了数万金了。以后陈夔龙又用漕督岁支养廉银和公费一万两，作为报效重修正阳门城楼之需，以为各疆吏倡。计全国二十一行省，各省都报效，可凑集数十万，何难剋日兴修。哪知道各省都置若罔闻。迟了很久，某总督入觐，慈禧说：“门楼是中外观瞻所系，急须修建。漕督报效银一万两，各省督抚竟置之不理，不知是何居心。”慈禧太息久之。某总督领会慈禧的旨意，电商各省凑集三十余万两银子，经过一年才修复。

作者长期任京官，记述京中官场情况，是很有趣味的。如“京师为官产地……三种人不易浃洽，余敬而远之。一曰翰林院，敝貂一著，目中无人，是谓自命太高。二曰都察院，风闻言事，假公济私，是谓出言太易。三曰刑部，秋审处司员满口例案，刺刺不休，是谓自信太深。”书中写光绪初年，吴江(沈桂芬)病逝，高阳(李鸿藻)柄政，“意在延纳清流，以树羽翼。南皮张香涛阁学、丰润张幼樵侍讲、宗室宝竹坡学士、瑞安黄漱兰侍读均以清流自居。当时清流横甚，其中张幼樵遇事敢言，命往陕西查办事件，于原参之外，复论列多人。学士有诗句：‘往还五千里，咒骂十三家。’”

书中记大凌河马厂舞弊一案，作者为随带司员到刑部会讯，可是刑部司员只讲案例，不管实际情况，拖累不下数十人，锒铛满庭，景象极惨。只因为佛节日放假，避开刑部官员，才讯出真情。作者结论：“刑部积习，于此可见。”于此可看到晚清的腐败。

书中记述了载漪、荣禄、李鸿章、翁同龢、那桐、李端棻、袁世凯、刘坤一等等。这些都是作者直接接触的，所记应是可靠的。尤其作者和荣禄关系更深，荣禄死后，作者还往墓上哭拜，过荣禄故宅都有诗。本书保存许多荣禄等人第一手资料，所以弥足珍贵。

作者思想保守，反对戊戌变法、义和团运动、辛亥革命。反对新学堂。辛亥年八月，武昌举行革命义旗，作者“以鄂系归治，深悉彼中情势，密电枢垣”，提供反动谋略，只是无济于事。

本文原载《梦蕉亭杂记》，北京古籍出版社 1985 年版

可靠的《光绪顺天府志》

修府、县志是我国保存地方文化的好传统。晋代常璩的《华阳国志》就是一部修得早而有价值的地方志。但有些地方志萧规曹随，因陈相袭，甚至记一些道听途说的材料而不核实，使可靠性成了问题。

光绪初年，顺天府官方延请名家缪荃孙等修纂的三百五十万字的《顺天府志》，体例精心筹划，内容仔细选择，资料多方核实，是一部较大而有价值的地方志，尤其此书注意真实可靠，在方志中值得一说。

同治十一年(1872)，直隶总督李鸿章重修《畿辅通志》，调取各府州县志书，顺天独缺。所以光绪三年(1877)就商修这部书，延请张之洞任总纂，张之洞起草了一个“修书略例”，有通例二十七条，如：宜典核；宜征实；以地为主，古书宜备；今事有关土地、人民者详，余略；纪事须具首尾，具年月等等。具体三十二条，如：增方言一目；河渠立专门；其地理门内山川，止具大略。此书的修纂很多方面是依据这一例则的。后因张之洞别处做官，就由缪荃孙任总裁。缪荃孙，江苏江阴人，道光二十四年(1844)生，民国八年(1919)死，是晚清著名目录、历史、金石学家。早年曾帮助张之洞编著《书目答问》。光绪二年(1876)中进士，入为庶吉士，三年散馆为翰林院编修。光绪五年(1879)府尹万青藜延请缪荃孙修府志，他三十六岁，正是中年有为的时候。他不仅编写了疆域、乡贤、艺文、金石等卷，而且复审了全书(傅云龙辅佐复审)。缪还把研究成果写成单篇文章，如辽、金、元、明故城考，收录在《艺风堂文集》中。

缪又延请当时名儒硕彦担任各门分纂。有鲍恩绶、廖廷相、陈翥、汪凤藻、刘恩溥、洪良品、朱一新、傅云龙、潘遹、蔡赓年等等。他们和缪志同道合，晨夕搜讨。其中朱一新编纂的坊巷志由于材料充实，一再以《京师坊巷志稿》单行本问世。朱作御史曾上书论劾李莲英，以语侵慈禧论罪。朱一新编此稿时白天步行大街小巷，询问胡同居民；晚上验查古书，叙列文人名士住宅，是花了心力的。

《光绪顺天府志》扉页标示百卌卷

《光绪顺天府志》记述清代以北京为中心的顺天府(包括五州十九县)的各个方面。有京师、地理、河渠、食货、经政、故事、官师、人物、艺文、金石等十志。计一百三十卷，三百五十万字。光绪五年(1879)设局修纂，十二年(1886)成书。当年的顺天府尹沈秉成在序言中说，修这本书不转贩、沿讹，而是创纂，就有六难：从各种书籍、图经、志谱、

公牍、访册古今数十万卷中，探讨而出，难一；征引时必注明原书，列出异同后，力求一是，难二；畿辅五大河五百余条水道，沿流探源，脉络毕见，难三；方言参之古语，证以殊音，难四；人物、官宦兴何利，除何害，语语征实，难五；田赋准今，金石证古，难六。

除了历史典籍外，这本书对于当时的公文、访册也留心访求，所以书中有大量咸丰、同治、光绪年间的文献资料。从古今数十万卷资料中探讨而出，确实是下了一番工夫。

对于收录的资料，还要鉴别真伪，核实各家之言。这本书征引时，每篇文章、每段话必注明出自何书，列出异同，并加按语注解分析鉴别，力求一是，这自然也是要花气力的。如大城县东北四十里西有子牙镇，旧有钓台。《大清一统志》说相传姜太公钓鱼于此，而此书以为是附会。姜太公钓鱼于宝鸡的磻溪，而不在这里。又如北京南城的张相公庙，纪晓岚在《滦阳消夏录》中以为是祭祀唐代张仲武的。本书由庙的碑记证明是祀宋人张夏的。这就避免了讹误。

要核实材料，就要访问征询、调查研究。所以缪荃孙说："考古难，证今尤难。一字未确，一节未稳，往往搁笔。至是乃条征件采，书牍并发，舟车踵接，日下耆旧，敦请考证，务尽所能。"可见本书是经过实地采访征询故老而后成书的。如郊区各县历代建城，这些城址在哪里？书中"由今溯昔"，"证今考古"，追溯过去的历史。燕昭王的碣石宫，《史记》注上说在幽州蓟县西三十里。本书地理志"村镇"条中则写明，今石景山区衙门口村"旧有碣石宫，近此"，指出了碣石宫的确切地址，有益于古代蓟城的探索。又如陈胜、吴广戍守渔阳，渔阳在哪里？本书写明密云县城西南二十里两河庄，"或曰庄之西南数里为渔阳故城"。汉白檀故城，曹操讨乌桓经过这里。有人以为位于古北口外承德界，此书则曰白檀故城或在密云县的南台村，列出四种资料供探索。又如顺义东北二十里的北府村是汉代孤奴故城址。把古城地址说得这样具体，当是对照文献实地考察而得来。这种探索考证，帮助我们了解历史地理，对于编写北京史、北京历史地图，都很有用处。人称本书"古城故渎，纤悉具陈"，并非虚语。

本书用很大篇幅记述顺天府水道、水利，计有河渠志十三卷(水道四卷，河工七卷，津梁一卷，水利一卷)。这是由于当时形势要求的。元明清以来，每年需漕运三四百万石粮食供应北京，假如北京地区修好水利，多打粮食，就不需要从江南运粮来。所以本书很重视京畿的水道和水利。书中不仅对畿辅五大河五百余条水道，沿流探源，脉络毕见，而且记述历代在畿辅修水利的人物和事迹，记述对河患的治理。如永定河从顺治九年(1652)修堤开始，按年记载，可知哪年大水决堤。它收录河臣向朝廷报险的奏折，如道光三年(1823)，卢沟桥水涨到一丈九尺，处处出槽漫滩，其中虽沿河建排洪泄涨金门闸石坝、郭家务草堤、求贤村灰坝共十八所，但“全河受病日久，下口太高，无尾闾可以宣泄”，“上壅下溃，此塞彼决”。从书中可见泛滥破堤的，隔二三年即有。著名训诂学家王念孙曾两次作永定河道台，遇水灾竟两次夺职摘去顶戴，并令倾家赔偿。从同治八年(1869)五月直隶总督曾国藩的奏疏可知，当时治河并无专款，“岁修等银，久经裁减”，堤溃抢险则用摊捐，所以他总结说：“河务所以日坏，皆在于此。”可见，晚清腐败，老百姓只有等着被水淹。

这本书表现了褒扬好人、抑贬坏人的善恶观念。官师的传中说“官斯土者，凡有美政，靡不甄录”。对不受贿的廉吏，能雪冤屈善折狱的官守，不怕权势减免徭役、奋力救灾抢险的清官都一一记载。如乾隆元年(1736)，陈惕知武清县“初，河工秫秸，临时采之村落，差至如虎，弊窦乃滋。穷黎且有焚秫秸求免累者。惕备陈厥状，请先发价买交之工”。又如康熙年间，程璇知宝坻县，“己亥大水，诏赈，璇绝不假手吏胥，按户亲给，民以安堵”。这正是前面所说人物、官宦兴何利，除何害，语语征实，也是不容易的。

先贤传中记述历代出生或籍贯隶属顺天府的有德、有功、有职之士。如康熙时的李炜，有人以千金请托，炜曰此民间脂膏也！奈何欲污我！因斥谴之。炜以为思安民莫如察吏，察吏莫若洁躬。明代的张钦不让正德皇帝私自出关，书中一再誉其清德。乾隆时，敢于惩治把持官府恶吏的黄叔琳，提拔人才扶植正气的朱筠，书中多方征引，一再延誉。这些反映当时的社会舆论，是对良好风气的表彰。

封建时代重视祭祀，本书也很重视祠祀(京师志一卷，地理志两卷)，详细地记载京城和各州县的社稷坛、山川坛、城隍庙、八蜡庙等等。乾隆祭淀神祠中说：“盖淀之有神昭昭矣。”当时是迷信神鬼的。书中记良乡、涿县等处有八蜡庙、刘猛将军庙，反映这里从前蝗灾严重。书中记大城县有右军庙纪念大书法家王羲之，仓颉庙纪念发明文字的仓颉，药王庙纪念名医扁鹊、仓公、华佗、孙思邈等。可以说，这些庙当时起了博物馆、纪念馆的作用。

这本书的重要特色是提供了较系统完备的资料。沿革、官守等都从周代一直记载到清末。另如顺天人著作收录了顺天府属各州县人著作共八百多部，记下了韩婴、卢植、高诱、张华、高闾、郦道元、阳休之、卢照邻、卢纶、卢仝、贾岛、韩昉、王郁、耶律楚材、耶律铸、鲜于枢、宋本、高彦敬、李贽、李三才、王嘉谟、米万钟、于奕正、史可法、孙承泽、王崇简、刘献廷、王源、黄叔琳、纪迈宜、朱珪、翁方纲、刘锡信、舒位、徐松等等作家的重要著作。金石志收录历代碑刻一千五百多方，网罗佚失，努力搜求。

这本书的另一特色是注重实用性。除了上面说的畿辅水利关系漕运、京城安危之外，诸如煤铁要需，尤宜筹划。缪荃孙在此书最后的《序志》上说："次之曰经政志。官吏之废置，仓储之虚实，漕运之更变，典礼学校之制，钱法盐法之章，兵讯驿传之籍，编辑公牍，搜访故事，使人观其得失而补敝救偏。至若西北丛山拥卫合沓，金铁之利，见于前史；硝磺之产，访诸土人。而今仅以煤著，无亦地利之未尽，人谋之未臧乎?"

可见，修纂者是讲求实用的，是想有益于经济发展的。其他"夫兵事之成败，形势不可不讲也。天时之祥异，政令不可不洽也"。所以志故事，由今溯昔，借古阅今，希望历史的教训能够裨益于今天。

这本书由顺天府尹万青黎、彭祖贤、周家楣、沈秉成等筹划主持。光绪八年(1882)写成三分之一，光绪十一年(1885)全部纂校完成。其中经费久绌，一再追加款项。所以筹划始终阅历甘苦的周家楣说："盖筹款之难如彼，成书之难如此，宜此志之前未有著，及频谋辍以至于今也。岂果因循哉!"在晚清衰败、经济困难的时日，编纂出版了这一部地方巨著，的确是不容易的。

本文原载《光绪顺天府志》，北京古籍出版社 1987 年版

叁　记

图书绍介

为农民喜爱的新历书

新历书已经成为广大人民，尤其是农民群众最喜爱的书籍之一。它是农民生产、学习和生活日用的手册。

1952 年新历书，据不完全的统计，销售达三千万册。今年，华北人民出版社和北京人民出版社联合编辑出版了 1953 年新历书，它的初版就印刷了三百万册；随着速成识字运动的开展，文盲的减少，新历书的销数将大大地增加。

历书在我国农村中有着较深、较远的影响。因为我国过去是以农业为主的国家，每一个农家都必须掌握寒暑的季节，按时播种收割。人们可以从历书上查季节，计算生产的日子。而历书的重要材料——二十四节气，更把农业生产和季节作了十分完满的安排(如清明下种、谷雨插秧；小满花，不回家等)。历书中的春牛图，治水图也表现了农民对于生产和丰收的感情和希望，所以它反映着农民的要求和适合农民的需要。

还有，由于我国历学老早就有了很大的成就(如殷周就有了分月置闰，秦汉就有了完备的二十四节气)，而历代的历学又有不少贡献，给历书的发展提供了条件。所以，历书在我国有广大、深入的影响，并不是偶然的。

可是，在封建帝王的长期统治和影响下，历书被封建帝王利用了。历书必须由帝王“钦定”，或遵照“钦定”的“历象考成”之类的书去编排，历书成为“皇历”了，于是什么“凶星图”、“推背图”、“九宫合婚”、“天师祛病”都上了历书。就这样，有用的历象知识就和阴阳五行、迷信神怪的传说混淆起来了；丰收、婚姻等朴素愿望被引入“天定”宿命的歧途。历书愈来愈荒唐，而含有毒素了。

更坏的是，连历书的日志也被加上“宜什么”、“忌什么”，想把人民日常生活也加以限制。而旧社会制度所造成的腐朽的寄生者——医卜星相之流等，更利用人民不知道历象知识，用黄道、九宫(原历象名称)来牵强附会，胡说八道。这样，旧社会的坏习惯——出门看日子，合婚对八字，有病烧符等都依据历书了，历书成为迷信、宿命的重要根据之一。

三年来，人民的出版机关改造了旧历书，把旧历书中的垃圾和封建迷信的毒素清除出去，让它为农民服务，适合农业生产的要求。这首先由于农民翻身了，他们的觉悟提高了。他们说：“旧历书再也看不得了”，“不是看皇历的时候了”。他们讽刺了旧历书，说：“今天动土，明天起灶，饿的咕咕叫!”对于新历书他们称赞说：“政治、生产来宣扬，家家丰收喜洋洋。”无怪乎新历书有了这样大的发行数字。

新历书有政治常识、农业生产科学知识、生活和日历等部分。而把政治内容放在历书里面，也是新历书的特点之一，旧历书是从来没有过的。一九五二年新历书的“爱我们伟大的祖国”、“中国共产党光荣奋斗三十年”，一九五三年新历书的“我们祖国三年来伟大的成就”、“我们的朋友遍于全世界”，都宣传了爱国主义和国际主义。由于内容的集中、精练，它给读者以很深的影响。新历书还编有许多重要法令，这不仅可以宣传人民政府的各种政策、法令，而且便于人们的查考。

农业生产方面的内容有组织起来、互助合作、丰产爱国、提高单位面积产量等，还介绍了丰产经验、生产技术方法、防治病虫害等生产知识。科学知识注意配合卫生运动；妇幼卫生也着重介绍了。此外，还根据中国科学院南京紫金山天文台的观测，修正了万年历推算 1953 年“六月小、七月大”的错误(明年应为“六月大、七月小”)，科学地说明了“日蚀与月蚀”的自然现象。

生活部分如新春联、年龄对照表都依据习惯保留了。

新历书是给农民群众看的，因此必须尽量作到通俗，字体要大，图要多，目前在这方面还做得不够。但要编好一本新历书，不是一件容易的事，光靠出版部门的力量是不够的，还应当取得有关部门如农业部门、天文研究部门、卫生宣传部门的帮助和合作。

本文原载《人民日报》1952 年 10 月

难得一见的珍本

“兰亭茧纸入昭陵，世间遗迹犹龙腾。”这是苏东坡写王羲之书《兰亭序》的诗，说兰亭真本从葬入唐太宗的昭陵，但唐太宗叫许多书法家临摹的本子遗留了下来，世上还可以看到龙腾虎跃的兰亭墨迹。

从唐代重视《兰亭序》以来，唐宋摹本很多，流传甚广，书法家认为它是“神品”、“超绝”，推崇为“行书之宗”、“法帖第一”，王羲之被誉之为“书圣”。于是临摹收藏兰亭墨迹成了风气，研究兰亭、议论好坏还有专门著作。“前人爱兰亭，一纸可千金”，“翰墨风流冠古今，鹅池谁不赏山阴”。到了乾隆时，乾隆帝把内府收藏的兰亭善本刻石为兰亭八柱，柱上刻各临本，唐摹宋拓的最好本子都汇集了，八柱亭原建于圆明园，后移中山公园。

可是，清代李文田等人曾说《兰亭序》并不是东晋的王羲之写的。1965 年郭沫若同志从南京出土王兴之夫妇的墓志进一步论证《兰亭序》不仅书法不是王羲之写的，连这篇序文的后一半也是伪造的。他说东晋的书法带有隶书笔意，而流畅妩媚的行书《兰亭序》不是东晋人的作品。郭沫若同志以为真正写《兰亭序》的是陈代永兴寺的僧人智永。这篇文章的发表，引起了学术界的震动，有人说是帖学上的一次大翻身，够“惊心动魄”的(章士钊已对李文田说兰亭可能为赝书是书法史上的一次大爆炸)。不少专家学者参加了兰亭真伪的论辨。

当然，真伪是一时不易最后确定的。有趣的是，大家并不否认《兰亭序》的价值，连郭沫若同志也说：“我也承认《兰亭序》是佳书，是行书的楷模，这是不能否认的。”

最近北京出版社再版了《兰亭墨迹汇编》(1963年曾出过)，这是故宫博物院珍藏《兰亭序》最好本子的汇集，包括乾隆帝搜集的虞世南、褚遂良、冯承素的临摹本(即兰亭八柱之一、二、三)和柳公权书兰亭诗(即兰亭八柱之四)以及褚遂良另外两个摹本和赵孟頫、俞和临定武本。还有附录敦煌千佛洞藏唐人写《兰亭序》等。由于从前看重兰亭，多由宫廷内府收藏，如宋内帑藏有一百十七刻。清代亦皇宫秘藏，奉为珍品上上，一般人自是看不见的，现在有了汇集本，可使我们看到系列摹写兰亭墨迹原貌。

汇集中的冯承素临本中有“神龙”(唐中宗年号)二字长方印，所以被称为神龙本，据郭沫若同志考证，这个神龙本就是《兰亭序》的真本，这个墨迹本应该就是智永所写的稿本。郭沫若同志注意到此本的浓笔、淡笔、半浓半淡笔，用它来考证。现在出版的汇编中印出的这个临本仍可分辨出墨色的浓淡，这是有助于辨识兰亭的。

汇编的出版不仅使爱好书法的人喜悦，有了临摹的善本，而且是我国文化史的大事。

本文原载《人民日报》1986年1月30日

蘭亭墨蹟彙編

趙樸初題

《兰亭墨迹汇编》

赵朴初题写书名

《清宫词》不少珍闻秘录

1983年，著名学者李一氓同志赠送一册他珍藏的《启祯宫词》给北京古籍出版社，希望出版。出版宫词，这是一个好主意！自五代王建写宫词以来，历代诗人写作不断。由于皇宫包括外朝(国家政务、礼仪活动处所)和内廷(帝后生活起居处所)，所以宫词不仅写帝王后妃的宫闱秘事逸闻，而且记叙朝廷的政治风云，反映一代兴亡。

北京是五朝建都的地方。我们根据李老建议，觉得只编辑出版一本明代天启、崇祯的《启祯宫词》显得单薄，就编辑《辽金元宫词》、《明宫词》和《清宫词》。现在《清宫词》已经出版。感谢琉璃厂中国书店雷梦水同志多方面寻找资料，石继昌同志整理标点。现在的《清宫词》收有吴士鉴写的《清宫词》八十四首，魏息园《清宫词》一百零一首，从满洲发祥一直写到清末。高树的《金銮琐记》，专写义和团运动。胡延的《长安宫词》写慈禧、光绪出逃等。附录有王闿运的《圆明园诗》，王国维、张怀奇、邓镕的《颐和园词》等。

值得一说的是王小航的《方家园杂咏纪事》。方家园是朝阳门里一条小胡同，慈禧、隆裕两位皇后母家的所在。这纪事开头说：奕䜣曾言："我大清宗社乃亡于方家园。"第二首又记贝子奕谟的话："我有两语赅括十年之事，因夫妻反目而母子不和，因母子不和而载漪谋篡。"这些话对不对？这篇纪事有江叔海题词："深宫秘密分明在，长使累臣涕泗流。"伦哲如题词："野史犹存南董笔，分明诛逆与褒忠。"本书还有《宫井词》(王景禧作)，写光绪十五年，皇帝大婚预以三人充选，光绪属意珍妃，而慈禧硬令光绪选隆裕为皇后。由于光绪个人感情不喜爱隆裕，而慈禧袒护隆裕。这导致王小航写下："帝后辄望影互避。""隆裕自甲午以前即不礼皇上，虽年节亦无虚文，十五六年中，从未改行。"可见，这些个人感情的因素对政治风云(如戊戌政变、义和团运动)也产生影响，影响到以后的历史进程。

有人说王国维写《颐和园词》歌赞慈禧，从开头看，这话有道理。但王国维也按实情写慈禧贪婪："别启琼林贮羡余，更营玉府搜珍异。"这本书用边敷文的注释说，慈禧好货，晚年设玉器店于北京，凡司道以下官缺皆可贿买，如玉铭以报效颐和园经费放四川盐茶道。慈禧于大内贮积金银，积至三千万。又于园中设珠宝房命亲信掌之，凡内外所供献者，皆贮于中。这是王诗最好的注脚。

《方家园杂咏纪事》还写慈禧的迷信。她听信英年的谗言，一定要砍光绪父亲醇王园陵上的一棵大白果树。光绪不允说："尔等谁敢伐此树者，请先砍我头。"慈禧坚持要砍树，相持月余。一天慈禧亲自带人去砍，她亲执斧先砍三下，再叫人伐，下挖出十余丈大池，再用千余袋石灰沃水灌根部，怕它生芽再长。光绪只有顿足痛哭。

这些有些离奇可笑的故事，却在一百年前真的发生过。还要感谢有心的诗人记下这些珍秘的故事，为今天研究清史和北京风土提供了可贵的材料。

本文原载《北京日报》1986 年 12 月 12 日

陈师曾的《北京风俗图》

博学的李一氓同志送来一本《北京风俗图》，这是陈师曾画的，上个世纪 20 年代琉璃厂印黑白珂罗版本。

正当找厂印制的时候，一位编辑发现一本美术杂志刊文说，《北京风俗图》的原作还在，现藏于中国美术馆，原作是彩画。这就是姜德明同志 1987 年在人民日报写《读“北京风俗图”》所写：

北京古籍出版社编辑们的事业心也真强，他们千方百计地觅得了陈师曾的原作，竟然发现《北京风俗图》是彩笔。他们破釜沉舟地决定以原貌同世人见面。这种魄力令人感动。诞生于七十年前的风俗画卷，重新活在大众的面前。

在探寻原作的同时，也了解到这作品竟有过辛酸曲折的经历。先由梁启超以七百金购藏，识货的日本人以千金求让。有骨气的中国人不售，以后辗转流传，解放后为国家珍藏。当我和摄影同志初见时，神灵为之一振。

后因此书认识师曾先生的哲嗣陈封雄，他对我说，词林嘉话，有四代翰林。可我家四人都上了《辞海》。我一查，《辞海》有：

陈衡恪(1876～1923)，字师曾，别号槐堂、朽道人，江西修水人。曾留学日本，善诗文、书法，尤长绘画、篆刻，曾得吴昌硕指授。著有《中国绘画史》等。

陈寅恪，著名历史学家，是师曾的六弟。

陈三立，著名诗人，同光体主要作家，师曾的父亲。

陈宝箴，清末维新派，1895～1898 年在湖南巡抚任内，提倡新政，奏荐杨锐、刘光第、谭嗣同、林旭佐新政。师曾的祖父。

在《鲁迅日记》中常见陈师曾的名字。他们一起到矿物铁路学堂上学，一起到日本弘文学院学习，后来一起在教育部共事。鲁迅称赞陈师曾的作品："才华蓬勃，笔简意饶。"

1902年陈师曾去日本，后来还结识了1905年去日本的李叔同，两人都醉心美术，成为知交。回国后，师曾最早赏识齐白石的画，把白石画推荐到日本，才使齐白石成为第一流画家。

陈师曾用简练的笔意，描绘首善之区市井芸芸众生的形象：收破烂的、磨刀人、卖烤白薯的、拉骆驼的……每画一两个人，却显现伤心而又苦难的现实生活。粗线条大胆泼墨，略为点画而情态宛然。

《北京风俗图》共三十四幅，画于1914到1915年间，当时辛亥革命才四五年，正是袁世凯篡权的时代，是人民苦难深重、反动高压透不出气的时代。陈师曾画出了民间的苦难和辛酸。《乞婆》画一个衣裳破烂、头发散乱的老婆婆点了一根香举着掸子追着乘人力车戴礼帽的男子，只见回首怒目。画上题词："师曾极重此幅，能曲尽贫民情状。"凝结了师曾的伤心和同情。《拉骆驼》画一穿老羊皮的拉了笨重的骆驼，题诗："驼夫踏遍六街尘，倚炕围炉万户春。借问长生行路客，雪中送炭有何人。"对劳动者在冬天冒着严寒拉煤，送来温暖，倾注了热爱。

北京长期建都有着浓郁独特的风俗民情，也被摄入画卷。《旱龙船》画穿田家服装，打鼓唱曲，驾着龙头竹子摇船，回旋舞跃，"迎年报赛风俗存"。《菊花担》画一条扁担挑了两筐无盆只有土疙瘩的菊花枝，一个买花的，一个卖花的。北京人爱菊的生活情趣充溢纸上。

陈师曾从画花果、园林小景到清高的隐士、仕女转到描摹市井贫民，师法自然，走向现实，这是可贵的。在艺术手法——融会古代名家和近代西洋笔意，别开生面，为北京留下了本世纪初的剪影，成为北京画库中少有的珍品。

遐道人(叶恭绰)的跋把这些画比作《清明上河图》，"独此作留存天壤间，将永不能灭。吾昔题师曾画云：朽道人将终不朽。可以移题此册。"

北京人是不会忘掉陈师曾的。

本文原载《北京晚报》1987年1月6日

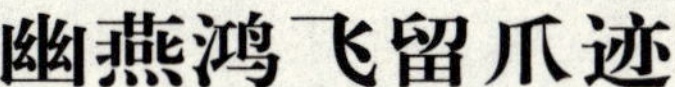

幽燕鸿飞留爪迹

——绍介《北京历史地图集》

现在北京的顺义，从前叫怀柔。是吗？

是的。现在的顺义县，唐代叫旧顺州，领县怀柔。直到明洪武元年才改称顺义。所以顾炎武《昌平山水记》写：“今之顺义，昔之怀柔也。”而现在的怀柔县是洪武十三年析密云、昌平二县地而立的。

假如要有一本历史地图集，那会看得很清楚。早在1965年，北京市副市长万里同志传达周总理的意见说：“像北京这样历史悠久的古城，历代变迁十分复杂，只是用文字说明，难以使人看得清楚，能不能用绘制不同时代地图的办法，把前后变迁的情况尽可能地表示出来？”

二十二年过去，周总理的遗愿终于实现了。由著名地理学家侯仁之教授主编的《北京历史地图集》，在众多单位和学者协助下，已经定稿，由北京出版社出版。

这本书的前言说，为编此图，编辑人员数年间共进行野外考察五十余次，行程共五千余公里，真是行万里路了！这使我想到编《日下旧闻》的朱彝尊到郊野去访摹残碣古碑，访问山僧野老；修《光绪顺天府志》的缪荃孙敦请日下耆旧考证，书牍并发，舟车踵接。今天编此图作更大规模的实地考核，可谓鼎立而三了。

前言又说，通过实地考察，解决了大小疑难多处。如通县有两处古城，据《水经注·鲍丘水》，一个叫潞县故城，一个叫潞城。今通县东八里古城村有潞县故城即西汉的路城。而今三河县西南潮白河东侧城子村，发现一处较大古城遗址，地面多汉代瓦砾。《水经注》谓“潞城西三十里有潞河”，从方位看，应是东汉到北魏的潞城。

《地图集》有主图五十七幅，附图二十四幅。有历代政区图，可见历史沿革及区域四至。有金代以来北京城区图，可见金中都以来城市的变化。这使我们看到北京历史的脚印，正像一只大雁高飞留下爪迹。

中国至少在春秋战国时期就已有了地图。《史记》记载荆轲刺秦王，荆轲就带有燕督亢地图。但较精确详细的全国历史地图还是在清朝末年、民国初年杨守敬时才出现的。

编纂历史地图集这不是件容易的事。岁月流逝，自然变异很大，许多湖沼消失了，河流改道了。由于战乱频繁，朝代递换，使疆界区划经常变换。史书记载又常简略，要绘制地图，就不能有一丝含糊。

绘制《北京历史地图集》是一项艰巨的学术研究。它能够在八年内完成，一方面是由于编辑组内聚集了不少对北京历史地理研究有素的专家，他们坚持野外考察，并结合文献资料实地勘查，取得了不少前人没有掌握的资料。更重要的是主编侯仁之教授将毕生心血灌注在北京历史地理的研究中。

关于侯先生则应多讲几句话。侯先生说他爱旅行，从小学时起，在华北平原上，从家里到八公里外沙丘上去远足，站在沙丘顶上，看到一个更大的世界，欢呼跳跃。青年时代在一次倾盆大雨后游泳泅过暴发了水的大河，这又该多高兴啊！以后终于在一个初秋的傍晚来到文化古都北平，走出前门火车站，巍峨的正阳门城楼和浑厚的城墙，使他忽然感受到一种历史的真实。一粒微小的种子埋在他的心田中，就是他终生研究描叙的北京的历史地理、河湖(包括今天的改造)。也是适逢其会，历史学家顾颉刚创办《禹贡》杂志、老师洪业收辑北京资料，这对于那刚栽下去的种子提供了沃土，慢慢地生长发芽，以后到英国留学或是沦陷时被日本宪兵逮捕押在东直门内炮局三条日本陆军监狱，都始终没有一刻忘记深深注灌中华悠久文化的北京的历史地理。《周礼・考工记》是儒家关于京城建筑规划的理想，不想拥有无比权力的帝王竟把它变成建筑实体，造成了举世少有的北京城：方的、对称的城，长长的中轴线，高大的宫殿，整齐如棋盘的街坊，幻奇神灵的坛庙……

还有美丽的西郊，侯先生从青年时代就呼吸起居的未名湖，紧相毗连的原是明代艺术家米万钟的勺园，后又成为乾隆的宠臣和珅的别业，邻近还有这么多园子。其中对面是康熙居住的畅春园，北边是清代帝王经营了六代把全国佳丽景点都移来了的圆明园……三山五园，殿阁绿树一直连接到西山，这些连云胜景、辉煌而又伤心的历史，难道不叫人心醉又心碎吗?

侯先生从学生时就在西山道上徘徊、探寻，他曾和笔者谈及，西郊这么多园林，在于有水。为了寻探水的踪迹，有一天早起从海淀步行，经蓝靛厂到西山八大处，翻山到香山鬼见愁，又东行过卧佛寺山梁到红山口，转而沿山脊北行，却遇上了汪汪叫唤的大洋狗，原是黑山扈天主堂修道院养的。最后在半夜爬上了望儿山。多年的奔走探求，才使他写出海淀水系聚落的论文，搞清楚西郊园林河湖水系。从地图集《清西郊园林》清楚地看到这些水系走向，还画有旱河，引水石漕、地下引水石漕等等。西郊园林之盛在于有一溪碧波，而人工调整河湖水系(包括昆明湖的改建)才提供了充足的水源。西郊园林蕴藏了巨大的水系工程，是人工改造自然的结果。侯先生多年的探求存留在《北京历史地图集》中，这是不会被人忘记的。

一、鸣泽在哪里

汉武帝是我国古代大旅行家，元封四年(公元前107年)，汉武帝从今陕西凤翔县北的回中宫出发，出肖关(今宁夏固原县东南)，历独鹿、鸣泽，自西河还。《史记·孝武本纪》写:“其明年上郊雍，通回中道，巡之。春至鸣泽，从西河还。”《汉书》记载差不多，只是多了一个独鹿。《汉书》服虔的注解:“独鹿，山名也。鸣泽，泽名也。皆在涿郡遒县北界也。”

偌大的华北，司马迁、班固为什么仅仅写独鹿、鸣泽，看来这里自有奇异独特的地方，可供汉武帝游赏徘徊不忍去。它在哪儿呢?

北魏郦道元《水经注·圣水》写“(洹水)又东，洛水注之，水上承鸣泽渚，渚方十五里。汉武帝元封四年，行幸鸣泽者也。服虔曰泽名，在遒县北界，则此泽矣。西则独树水注之。水出遒县北山，东入渚。北有甘泉水注之，水出良乡西山，东南经西乡城西，而南注鸣泽渚。”

汉西乡城在今房山长沟镇，甘泉水即今天北泉水河，今天留下地名还有东、南、西、北甘泉村。《地图集》把鸣泽渚一个不小的湖画在房山长沟南和河北涿县交界处。把独鹿山画在上方山云水洞附近，是不错的。

云水洞是个大的石灰石岩洞，深邃奇特。从前相传是神仙洞。康熙年间重修上方山文殊殿长明灯碑记就这样说，“门隘中涧，入则必灯必火，景则希见希闻。石色如玉，众巧天然。”这样从汉代起，唐宋元明历代莫不探奇标异。被称为“真仙之所宅，震旦之伟观”。和尚超永诗：“名山多洞穴，云水奇难状。鬼斧效其灵，施设同良匠。”由于石灰石积成各种式样，千态万状，古人以为鬼斧神工，难遭难遇。汉武帝好奇，是否深入洞中？加上山上云气往来，雾霭飘荡，古人又以为有灵气、紫气，真是仙人飘飘凌虚御风。再加上林苍树老，青嶂翠壁，长了使人长寿的瑶草灵芝。

中间还有地名天开，说山谷天然开辟成，还有鸣泽——当时泉流激荡或发出琴音？种种奇异，自为好奇又好长生不老的汉武帝所追逐。可见，房山风物佳丽，上方山奇特胜境，在汉代即已著名。以后辽代寺庙勃起，经久不衰，致有七十二庵，并不奇怪了。

二、充满生机的地方

南苑从前是专供帝王打猎的园囿，元代叫下马飞放泊，“下马”是说离京城近。“飞放”是说用玉海青等鹰鹞猎擒。元代大都八十里内禁捕猎，而苑里却生物多多繁殖。明代扩充到了一百二十里，鹿、獐、雉、兔；天鹅、仙鹤、鸦鹘……养育成群。清初诗人吴梅村写《海户曲》说：“驾鹅鹏鹈满烟汀，不枉人呼飞放泊。”康熙时诗人查慎行诗：“文囿如山百物驯，黄羊趯趯鹿甡甡。”乾隆诗：“麋鹿相为友”，飞的、走的，有蹄的，有角的，充满林间，与人为发，多么生机活泼的园苑！

吴梅村诗还写：“芳林别馆百花残，廿四园中烂漫看。”原注南海子有二十四园，系明时制。乾隆说没有二十四园，“岂有二十四处澌灭无存若此，且不能一举其名耶?”但据《扈从西巡日录》，这里是有二十四园的，只是花果园。吴诗：“葡萄满摘倾筠笼，苹果新尝捧玉盘。赐出宫中公主谢，分遗阙下侍臣餐。”所以碧翠丛中，锦绣千堆，飘香十里，又是花果满园。

北京东南低凹，一向称作涝洼地。吴诗：“家近龙池海眼穿，七十二泉长不竭。”《地图集》画南苑流泉不辍，东部头、二、三海子终年水盛，四、五海子夏秋有水。中部小海子有南、北饮鹿池连接眼镜泡子，水流南入凤河。西部新衙门不远有苇塘泡子，而团河行宫中还有西湖。众多湖沼比照北海呼海子，一向叫南海子，这种涓涓泉流，漠漠水网给动植物繁衍提供了良好的环境，乾隆自夸一天射中十只兔子，正由于禽兽繁殖众多。

三、西郊园林和水

1860年(咸丰十年)，火烧圆明园之前，西郊遍布园林。《地图集》有《清西郊园林》、《清圆明园长春园绮春园》两幅图，可见西郊密集园苑的盛况。道光年间魏源写《游别海淀》诗：“镜中鱼鸟文王囿，画里楼台汉苑峦。”只见朱门碧瓦相接，绿荫亭台衔连，是别处看不到的。

园林建筑第一要素是水。翰林吴锡麒写澄怀园：“烟苍水白倚风前，脉脉荷花无语。……鱼戏东西，鹭飞上下，同在香中住。”这种烟水池台，荷花淡脉，鱼跃鹭飞正是传统园林的佳境。从图上见到的正是数不清的殿宇台榭泡在湾环的水网里。

翻开图，看到紧邻海淀镇的是畅春园。这是清代最早兴建的园林，西郊许多园林可说都由它衍生出的。它原是明神宗外祖父李伟的别墅，名清华园。前后重湖，江淮以北，以水称著的园子要数这里第一。康熙帝多年居此也死于此园中。清畅春园比明李园水势加胜。当时人诗：“湖映千林绿，山围一苑青。”“芗林不断通三岛，花海无边际十洲。”康熙自己说：“其鹢其舟，其虹其梁，可帆可涉，于焉徜徉。”重湖加上大小溪流萦绕苑内，成了鸥波桥虹里的“瑶池”。

进北京大学大门就过桥，河溪通向以水光塔影称著的未名湖。这片校园内旧有淑春园、集贤院、鸣鹤园、镜春园、朗润园。未名湖畔的岛亭和石舫曾是乾隆宠臣和珅的遗物。淑春园就是和珅的十笏园。洪煨莲先生《和珅及淑春园史料札记》中说，十笏园以临风待月楼、石舫、巨石和孤屿(即今天的岛亭)著名。集贤院在今北大校园西南隅，原是明代米万钟的勺园。米万钟是很有艺术修养的奇人，米园有奇妙幽窅的造型艺术，也是林峦遍水。当时人诗：“梦到江南深树底，吴儿歌板放秋船。”乾隆年间成为郑亲王的园邸，叫洪雅园。侯先生考证，嘉庆六年改称集贤院，是汉满文职各衙门堂官的公寓。

从未名湖向北走，碧湖流水，旧有亭台是朗润园。咸丰元年，奕䜣分藩赐园，咸丰题名朗润园。朗润园西鸣鹤园是道光五弟惠王绵愉的园子。北大校门对面的是蔚秀园，是奕譞的园子。这三园旧称“六爷园”、“五爷园”、“七爷园”(参看西郊园苑图)。

走进清华园也沿溪河前行，静静的小溪连着湖，我们记起朱自清先生写的荷塘月色。这荷塘原是贵族奕誴的园景。清华大学工字厅、古月堂一带原先叫熙春园。这奕誴是咸丰的五弟，咸丰取名叫清华园。因区别于惠王五叔，旧时叫“小五爷园”。纪念吴晗的晗亭一带，旧名近春园。

熙春园西北，康熙年间有一名园——明珠的自怡园。明珠的幕宾查初白写自怡园：“君家近水园，一溪绿泱泱。”“水转桥回路几层，此中真可避炎蒸。”明珠的另一幕友唐东江哭恺功诗：“犹有高斋旧宾客，可怜水磨好园林。”可知自怡园在水磨村，即后来的长春园。长春园西边的圆明园更泡在水里。众多景点建在岛上，水面占全园十分之四。无怪人说它：“最宜人似水晶宫，桂棹兰桡处处通。”

自得园是颐和园的附园，颐和园乾隆年间叫清漪园，它是扩建昆明湖形成的。今天去游览前湖，后山弯曲小河，富有山水佳趣。

水润饰了西郊园林，有这么多水吗？水又是从哪儿来的？《地图集》不仅描绘了西郊园林，而且画出河湖水系。

四、海淀的南北两条河

北京的西郊，一向叫人夸。

一出西直门，长河流潴的乐善园(今北京动物园)、白石桥、紫竹院，一片水乡景色。这一带从明代起就是春游胜地，夹岸杨柳，酒旗亭台，春游日有上万人。清代从高梁桥沿长河到万寿寺，亭榭仿扬州瘦西湖平山堂，景物自有动人处。再向前走，一出海淀，更出现典型的江南风物，侯先生描述：“一出海淀镇北口，即见地形突然下降，如在釜底，田塍错列，溪流萦回，顿呈江南景象。”

《地图集》不仅清楚地绘出西郊园林中的水系，而且画出这些园林中的水主要从南北两条河流来的。

这两条河，一个南来，一个北去。但从前写北京的专书如《春明梦余录》、《日下旧闻》等书都弄错了，把两条河当作一条河。

一条河是从玉泉山发源流到昆明湖向南流的长河，它经麦庄桥、广源闸到紫竹院、白石桥、乐善园，形成了上面写的一出西直门所见的水网区。从元代在河边建大承天护圣寺(明、清的功德寺)，大护国仁王寺(紫竹院今北京图书馆附近)，明清更建有万寿寺、法华寺、大慧寺、五塔寺等，沿河所见碧水红墙，伽蓝相邻，佛塔林立。

另一条河是从万泉庄向北流的万泉河。在今万泉庄附近平地涌泉，大的有大沙泉、小沙泉等二十八泉，小的淙淙涌流如乳穴，就更多了。康熙的《畅春园记》写："自万泉庄平地涌泉，奔流濊濊，汇于丹棱沜。沜之大，以百顷，沃野平畴，澄波远岫。"这个丹棱沜正是畅春园前的大湖沼。所以万泉庄的涌泉给畅春园提供了充分的水源。由畅春园而建圆明三园，而近旁翰林花园、诸王园子、贵戚重臣诸园，万泉河为近代政治园苑建造提供了重要的水源条件。

由于万泉庄高于北边的巴沟一带，侯先生名之曰海淀台地，所以水向北流。乾隆诗："泉出万泉原泻北，石桥惟䐶说巴沟。春明日下胥差记，安得高梁有逆流。"乾隆指摘《春明梦余录》、《日下旧闻》诸书都记错了。把丹棱沜的水说成从巴沟达于高梁河，这就把万泉河和长河两条北南相向对流的河混为一谈了。

《地图集》更深入探讨：西郊园苑除利用天然的泉水河湖外，还有人工导引的作用。这个调整西郊河湖水系的计划，到乾隆十五年(1750)基本完成。计一、利用引水石漕引西山卧佛寺、香山诸泉水；二、架引水石漕、跨河跳漕；三、疏浚玉泉山水注入瓮山泊；四、扩建昆明湖，新建澪桥闸，使昆明湖成为京郊第一个人工水库。

前面说到侯先生从中青年时代就应用近代地理理论研究北京历史地理，尤其留意他多年读书教学的海甸地区。在这一带探求调查，经过多年努力，才写出《北京海甸附近的地形、水系与聚落》的论文，用科学方法从海拔高低论述这两条不同走向的河流，这自然比乾隆皇帝的见解大大进了一步。而且，我们还从《地图集》中看到引水石漕、南北旱河等，使我们看到假如不对西郊河湖水系作大规模的调整，就不会有这么多的水，西郊园林也不会出现这么出色的景观的。畅春、圆明、颐和诸园盛极一时，在于潺潺溪水，一湖碧波，而人工调整河湖水系才有充足的水源，这是人工改造自然的结果。

五、北京北上的三条大路

路是人走出来的。我们今天到东北平原、蒙古高原走的路——大道如公路、铁路，是否依循前人开辟的路，是很早很早甚至原始社会就走出来的路?

这是一个饶有兴味的问题。先让我们看：北京的地理形势。古书上说北京重冈叠阜，万山拱护。其东汪洋大海，稍南九河故道，平原千里，山水一大交会，是天造地设的。《地图集》中说："北京小平原又称北京湾，西南至东北三面环山，南接华北大平原。"

北京小平原北边是东北平原，西北是蒙古高原，使北京自古以来就成为北方的交通枢纽。《史记》写燕是勃碣之间一都会，说明它是北方重镇，北方交通中心。

《地图集·原始社会》写"当时从华北大平原北上，仅能沿太行山东麓高地通行……最后通过今永定河上的古渡口，即今卢沟桥所在处，进入北京小平原。继续北上，则需分道前进，主要大路有三：

"一出今北京西北的南口径上蒙古高原。"这正是今天京张铁道所经行的路线。从南口以北，两山壁立，一水旁流。四十里山谷，旁边重崖叠嶂。只有沿着峪谷走，似乎没有别的选择。《水经注》所写山岫层深，侧道褊狭，晓禽暮兽，寒鸣相和，羁官游子，聆之者莫不伤思，正是写这条路的感受。南边的南口，北边的居庸关、八达岭从汉代就成为险关，汉和匈奴、鲜卑、魏与杜洛周，辽与金，金与元都大战于此。

"一出今北京东北的古北口，穿越丘陵山地以入东北大平原"。这是历代入东北的捷径。出使辽、金使臣留下不少记叙。如沈括《使辽图抄》记的幽州永平馆、孙侯村的望京馆(今朝阳区温榆河旁的孙河)、顺州(今顺义县)、檀州(今密云县)、金沟馆(在今密云水库中，石匣西南十五里)。清查慎行诗："已废金沟馆，犹存石匣营"，再北即到古北口。《地图集》辽、金图均明显画出，今天北京到承德的公路即沿此线。

“一沿燕山南麓东行，出今山海关所在，再沿滨海走廊东北行，直抵辽河下游三角洲。”

这条路走通县、烟郊、三河、蓟县、玉田、丰润、滦县。即今天公路、铁道从北京去山海关、北戴河走的路。从《地图集》可见，这道正处于燕山南麓，北边大山，只有这条路好走。曹操征乌桓，唐太宗东征，辽、金、清入京都走这条路。

由于北京西南到东北三面环山，这样险要的地理形胜，加上北邻的东北平原，蒙古高原，近千年有辽、金、元、清陆续兴起，使北京北上的三条大路日益重要，也使北京的历史地位日益升起，从北方的重镇上升成为首都。

本文原载《瞭望·海外版》1988 年 9 月，《北京晚报》
1988 年 1 月 11 日、14 日、25 日

听“九老”讲北京

北京出版社新近推出《“北京通”丛书》，老舍、金受申、张中行、侯仁之、朱家溍、刘叶秋、邓云乡、赵洛、叶祖孚“九老”每人一册。该书图文并茂，是近年来难得的关于北京的一套书。下面从这九册书中摘取若干短片，以让读者一享“尝鼎一脔”之妙。

北京，我爱你

老舍　北京是块宝地

也许有人以为我之所以热爱北京，是因为我生在北京。是的，谁能对生身之地毫无感情呢。不过，要以此为我热爱北京的全部原因，也并不正确。首先是：我不应把今天所享受的幸福，简单地归功于我生在北京，说北京是宝地。想想看，就凭当年金銮殿上也坐着过胡涂天子，我就不能轻易相信“人杰地灵”这个说法。

只有人民当了家，到处才都会变成宝地，这是一条真理。就是这种变化，使我热爱北京。在我的记忆中的是垃圾污水，在我眼前的却是楼宇与鲜花。我怎能不热爱北京，今天的北京呢？有什么比看到故乡天天美化，更兴奋更快活的呢？

张中行　北京的痴梦

我自 1931 年暑后到北京住，减去离开的三四年，时间也转完了干支纪年的一周。有什么可以称为爱或恶的感触吗？再思三思，就觉得可留恋的事物不少。此情是昔年早已有之。20 年代后半期，我在通县念师范，曾来北京，走的是林黛玉进京那条路，入朝阳门一直往西。更前行，穿过东四牌楼和猪市大街，进翠花胡同。出西口，往西北看，北京大学红楼的宏伟使我一惊。另一次的一惊是由银锭桥往西走，远望，水无边，想不到城市里竟有这样近于山水画的地方。念师范，常规是毕业后到外县甚至乡镇去当孩子王，所以其时看北京就如在天上，出入北大红楼，定居后海沿岸是梦中也不敢想的。

邓云乡　老北京的四合院

四合院之好，在于它有房子、有院子、有大门、有房门。关上大门，自成一统；走出房门，顶天立地；四顾环绕，中间舒展；廊栏曲折，有露有藏。如果条件好，几个四合院连在一起，那除去合之外，又多了一个深字；“庭院深深深几许”，“一场愁梦酒醒时，斜阳却照深深院”……这样纯中国式的诗境，其感人深处，是和古老的四合院建筑分不开的。

北京的四合院好在其合，贵在其敞。合便于保存自我的天地；敞则更容易观赏广阔的天空，视野更大，无坐井观天之弊。这样的居住条件，似乎也影响到居住者的素养气质。一方面是不干扰别人，自然也不愿别人干扰。二方面很畅快、较达观，不拘谨、较坦然，但也缺少竞争性，自然也不斤斤计较。三方面对自然界很敏感，对春夏秋冬岁时的变化有深厚情致。

古都风貌

侯仁之　北京建城记

北京建城之始，其名曰蓟。《礼记·乐记》载，孔子授徒曰：“武王克殷反商，未及下车而封黄帝之后于蓟。”《史记·燕召公世家》称：“周武王之灭纣，封召公于北燕。”燕在蓟之西。春秋时期，燕并蓟，移治蓟城。蓟城核心部位在今宣武区，地近华北大平原北端，系中原与塞上来往交通之枢纽。

蓟之得名源于蓟丘，北魏郦道元《水经注》有记曰：“今城内西北隅有蓟丘，因丘以名邑也，犹鲁之曲阜、齐之营丘矣。”证以同书所记蓟城之河湖水系，其中心位置适在今宣武区广安门内外。

蓟城四界，初见于《太平寰宇记》所引《郡国志》，其书不晚于唐代，所记幽州蓟城“南北九里，东西七里”，呈长方形。有可资考证者，即其西南两墙外，为今莲花河故道所经；其东墙内有唐代悯忠寺，即今法源寺。

时至辽代，初设五京，以蓟城为南京，实系陪都。今之天宁寺塔，即当时城中巨构。金朝继起，扩建其东西南三面，迁都于燕，改称中都，是为北京正式建都之始。惜其宫阙苑囿湮废已久，残留到今者唯鱼藻池一处，即今宣武区之青年湖。

金元易代之际，于中都东北郊外更建大都。明初缩减大都北部，改称北平；永乐登基，始称北京。其后展筑南墙，是为内城。及至明中叶，加筑外城，复将古代蓟城之东部纳入城中。历明及清，相沿至今，遂为我人民首都之规划建设奠定基础。

综上所述，今京城起源于蓟，蓟城之中心在宣武区。其地承前启后，源远流长。立石为记，永志不忘。时在纪念北京建城之三千又四十年。

赵洛　北京的中轴线

虽然北京的古书没有明确说过北京的中轴线，但北京城的对称，北京城的规划，古书还是说得很多，如明代盛时泰《北京赋》写：

列御道以中敞，纷左右以为墀；

太庙斋宫，对联社稷；

列六卿于左省，建五军于右隅；

前列其奇，后峙以偶；

左右并联，各互为耦。

并联为偶，即左右对称。凸现对称，也就凸现出中轴线。只是那时候没有中轴线这个名称，大概这是近代科学的名称。

但这种对称，今天看得很清楚。紫禁城东边东华门，西边西华门；东边文华殿，西边武英殿；东边左掖门，西边右掖门等。而午门五凤楼五座城楼，东西两侧各有翅楼翼出雁翅来表现左右对称，紫禁城四角各设九梁十八柱的角楼。皇城东边东安门，西边西安门；东边太庙，西边社稷坛。天安门前的华表、石狮子也左右成双。

这样的对偶并联，只是为了凸现其“奇”。从前帝王称孤道寡，正是奇。把人间看作最尊贵帝王宝座安排在中轴线正当中，也正是用对偶来突出奇。

沧桑世事

老舍　我小的时候

义和团起义的那一年，我还不满两岁，当然无从记得当时风狂火烈，杀声震天的声势和光景。可是，自从我开始记事，直到老母病逝，我听过多少多少次她的关于八国联军罪行的含泪追述。对于集合到北京来的各路团民的形象，她述说的不多，因为她，正像当日的一般妇女那样，是不敢轻易走出街门的。她可是深恨，因而也就牢牢记住洋兵的罪行——他们找上门来行凶打抢。母亲的述说，深深印在我的心中，难以磨灭。在我的童年时期，我几乎不需要听什么吞吃孩子的恶魔等等故事。母亲口中的洋兵是比童话中巨口獠牙的恶魔更为凶暴的。况且，童话只是童话，母亲讲的是千真万确的事实，是直接与我们一家人有关的事实。

我不记得父亲的音容，他是在哪一年与联军巷战时阵亡的。他是每月关三两饷银的护军，任务是保卫皇城。联军攻入了地安门，父亲死在北长街的一家粮店里。

刘叶秋　思痛琐记

“七七”事变，二十九军奋起抗日，卢沟桥畔炮声不绝。不料，在看到丰台大捷的号外这一天夜间反而沉寂，原来二十九军已连夜撤退，日本侵略军就在次日进城了。于是北平城里人们的振奋喜悦之情，一下子烟消云散，像有一个大铅饼子压上了心头。

当时我家住在虎坊桥大街路北的一个大院内，那天日军入城，我事先并不知道，吃过午饭，我要上前门买东西。出门东行，走了没多远，听到身后大皮靴的声音，响成一片。回头一看，原来是一队队的日本兵，由广安门进来。正走到这里，举着太阳旗，扛着刺刀，耀武扬威，趾高气扬，有如凶神恶煞。附近居民，早已躲藏净尽，街头寂无一人。我既不敢后退，也不敢快跑，只好贴着便道上的墙根缓缓前行，幸好到了西柳树井的第一舞台门口，正巧白天有戏，是张君秋唱《玉堂春》，我就闪入院内暂避凶锋。场中顾客寥寥，座位大半空着。我也心不在戏，如坐针毡地呆了一个多钟头，等日本兵过完，才一口气跑回家。一看邻居的青年妇女，有的上了房，趴在后坡；有的蹲在存放杂物小屋的煤堆后面，用麻包袋盖着。在日本兵过后，半天还不敢回屋。紧张恐怖的气氛，笼罩着全城的人们，大家都明白，已经面临“人为刀俎，我为鱼肉”的处境了。

名胜踪影

朱家溍　太和殿的宝座

太和殿，正中设须弥座形式的宝座。宝座的正面和左右都有陛(即上下用的木台阶，俗称“塔垛”)，宝座上设雕龙髹金大椅，这就是皇帝的御座……

1915 年，窃国大盗袁世凯篡权称帝的时候，……把雕龙髹金的大椅不知挪到何处去了。椅后的雕龙髹金屏风还保留下来，在屏风前面安设一个特制的中西结合、不伦不类的大椅，椅背极高，座面很矮。据说是因为袁世凯的腿短，但又要表现帝王气派，所以采用西式高背大椅的样式……

1959 年，我在一张光绪二十六年(1900 年)的旧照片上，看到了从前太和殿的原状，于是根据这张照片进一步查找，终于在一处存放残破家具的库房中，发现了一个残破的雕龙髹金大椅……

这件龙椅修复后，陈列在太和殿的宝座上，便与雕龙髹金屏风浑然一体。

侯仁之　踪迹高梁河

想了解北京城古今水系的演变，高梁河是个关键。

在地理上，高梁河是条微不足道的小水，但是一千七百年来，史不绝书。简单说来，它和旧日北京城址的迁移很有关系，也是解放以前几百年间北京城地表供水的惟一来源。比如，往大里讲，元、明、清三代南北大运河的上源就是高梁河，凭了高梁河的给水，每年数百万石的漕粮，才有可能从江南一直水运到北京城下，借以巩固北京作为全国统治中心的经济基础；往小里说，旧日北京城内皇家苑林的点缀、内外护城河的环流，以及主要下水道的洗涤，也无不取水于高梁河。即使远在北京未成为全国政治中心以前，高梁河已是近郊农田水利的凭借。总之，根据现有文字的记载，自魏、晋以降，北京城市的发展，都和高梁河有着血肉相联的关系。

叶祖孚　琉璃厂的匾额

北京商店的牌匾有个规律，老年间前门大街一带讲究“无匾不是𡋾，无匾不是恕”。王𡋾，字爵生，善写欧体字。冯恕，字公度，善写颜体字。琉璃厂商店的牌匾要高出于王𡋾、冯恕等人的手笔。这里专有文人、雅士、名流为他们题匾。清朝的王公大臣不少是著名书法家，他们下朝以后来到琉璃厂翻阅古书，欣赏古玩，有时高兴了，就铺纸舒腕为店写一块匾。我记得起来的著名牌匾，如翰文斋旧书店的牌匾是光绪时曾任户部左侍郎的孙贻经写的。咸丰时曾任体仁阁大学士的祁俊藻为隶古斋法帖铺写过匾。道光时的大书法家何绍基为富文堂等书店写过不少块匾。同治时状元、宣统时曾任东阁大学士的陆润庠为荣宝斋写过匾。北洋政府时期当过内阁总署的华世奎写得一手好颜体字，传说他应人写字，必须要两刀毛边纸，写完后，从中选张最好的。一般人求他写字很难，和平门城门上的“和平门”三字，就是北洋政府花了 300 块大洋求他才答应写的。但是他却不要一文替琉璃厂虹光阁古书店写了牌匾。梁启超用小欧体为藻玉堂古书店写了“藻玉堂”三字，后来沈尹默又为藻玉堂续写了“藏书处”三字，写的是魏碑，方整中微见挣扎。两块匾左右相对地挂在藻玉堂门脸上面，在琉璃厂传为美谈。

四时伏腊

金受申　夏令游赏

北方土多水少，风沙扬尘，呛得口干鼻燥，偶有水木清华之乡定能引起人的兴趣。……后海东端为银锭桥，俗称“银锭观山”，不仅能观山，而且海中风景，海面平林落照，都很有诗意。银锭桥以东算是前海，呈月牙状的弧形，北、东都是市肆。

北岸是一溜河沿，有集香居酒楼，因建在河边，所以又名“临河第一楼”，开市已四十年，建楼却只二十八年，近人庆博如曾为之题联“小楼春雨龙华寺，野水秋风虾菜亭”。虽只区区一间小楼，因主人原为内务府世家，所制酒肴饮馔，都是别有味道，为一般饭肆所不能求得的。以前旁边有闻名遐迩的“一溜胡同刘家杂面”，现在有四季售卖烤羊肉的“烤肉季”和“爆肚王”。东边还有清音桌的过排清唱和围弈国手崔云君等组织的

“弈会”，不时还有“迷会”，真是夏季吃唱游赏的好所在。前海集香居前，满植荷花。到南端折而西，即为前海正面。海中有虾菜亭旧址，苇蒲丛生。

叶祖孚　菊香时节忆契园

北京的十月，秋高气爽，又到了帘卷西风、持蟹赏菊的季节了。这使我想起京华一位艺菊专家刘契园先生，他与苏州的周瘦鹃是以“南周北刘”齐名著称的。

刘契园名文嘉，字任甫，湖北嘉鱼人，契园是他的号，“契”是洁的古体字，他的花圃也叫“契园”。刘契园生于1884年，年轻时东渡日本，攻读法律，辛亥革命时任湖北督府财政司财政科长。袁世凯篡夺辛亥革命果实后，他愤而辞职。后来到黑龙江督军朱庆澜处任省长公署教育科科长，1929年又在中东铁路督办公署工作。“九一八”东北沦亡后，他隐居北平，于新街口外买得六亩地辟为“契园”，学陶渊明莳花种菊。从此，“菊花刘”的名字驰名京华。

口福美食

金受申　鱼的吃法

黄花鱼　简称“黄鱼”，学名“石首鱼”，是海鱼中较普通的鱼种，渤海所产尤多。每年三四月未开雷前黄花鱼大量上市，有时价值极贱，虽贩夫走卒、贫困人家，也要称二斤来尝尝，或熏或炸，到处可见。一闻雷声，鱼沉海底，捞网不易，鱼价也随之增高了。黄花鱼有“大黄鱼”和“小黄鱼”两种，大黄鱼肉肥厚但略嫌粗老，小黄鱼肉嫩但刺稍多。饭馆所用的以大黄鱼为多。海鱼离水便死，不像江河湖塘的鱼可以吃到活的，所以海鱼务求新鲜。黄鱼的做法很多，糖醋鱼、尖钻鱼、干炸鱼、醋烹鱼、松子鱼、烩鱼羹、炒假螃蟹肉、抓炒鱼、红烧鱼，都可算为美味。家庭所做黄鱼，以“侉炖”为主。黄花鱼肉如蒜瓣，脆嫩比淡水鱼好，每值庭花绽蕊，柳眼舒青的明媚时节，大青蒜头伴食家厨自做黄鱼，也是人生的一种乐趣。

鳜鱼　普通称作“花鲫鱼”，即鱼贩和厨人讹称的“桂鱼”。鳜鱼四时皆有，尤以三月最肥。张志和的词：“桃花流水鳜鱼肥”，吴雯的诗：“万点桃花半尺鱼”，可见古今文人对鳜鱼的赞许。在没刺的鱼类中，鳜鱼是最鲜嫩的。最妙的做法是清蒸。饭馆里平日所做的整鱼，常用鳜鱼，醋溜、红烧、酱汁、五柳都可。零做的如滑溜、瓦块、糟溜、锅煽鱼、葱椒鱼、高丽鱼条、抓炒鱼等，全和黄鱼做法相同，是北京最常见的鱼。

邓云乡　谭家鱼翅

其实谭家菜的叫法和历史并不太长，也只是30年代初才叫出名的，说来也很感慨，这本是文人末路，谭篆青先生穷了，才想出的办法，叫如夫人赵荔凤女士当掌灶，大家凑份子，一起吃谭家的鱼翅席，开始还都是熟朋友，后来才有不认识的人辗转托人来定席……大概直到解放前，也从未公开营业过。

谭篆青先生是词人，清末进邮传部任职，北洋政府时代，也都在各部当差，收入还不错，住在丰盛胡同老宅子中还能维持旧日的局面，政府南迁之后，失业赋闲在家，经济自然不如旧时富裕，不能经常在家请客了。而这时朋友们还凑钱在他家按期吃鱼翅席，每人四元，名叫“鱼翅会”。发起人是傅增湘、沈羹梅，会员名单是：杨荫北、曹理斋、傅沅叔、沈羹梅、张庚楼、涂子厚、周养庵、张重威、袁理生、赵元方、谭篆青、陈援庵(名单见《陈垣来往书信集》)。

每月一次，会费每次四元，不到也要交款。会员可以在谭宅请客，自然也要请主人。1933年初陈写给胡适之先生信道：

丰盛胡同谭宅之菜，在广东人间颇负时名，久欲约先生一试，明千之局有伯希和、陈寅恪及柯凤荪、杨雪桥诸先生，务请莅临一叙为幸，主人为玉笙先生莹之孙，叔裕先生宗浚之子，亦能诗词、精鉴赏也……

(摘编自《“北京通”丛书》，北京出版社2005年1月第1版，定价：每册25.00元[共9册])

本文原载《书摘》2005年第7期

有情有泪的《浪花集》

《芳草地》2007年第一期，看到吴道弘写的《蜂鸟》，我跟吴老一样，对这异国的小鸟看呆了。吴老写道：“清晨我悄悄地隔窗望去，在绿叶间好不容易才发现蜂鸟有着像针一样长的尖喙，纹丝不动地耽在核桃大小的窝里，眼睛像两个闪光的黑点，警惕地观察着周围的动静，其他就什么也看不清了。只有在它飞去觅食的时候，才能见到巢里还有两个小生命在酣睡。”

原来这是西半球特有的，美国旧金山湾大海边上高山里窥看到的，吴老说这是世界最小的鸟，体重只有两克。又写母鸟：“太阳出来它又飞向天外觅食。留在巢里的两只雏鸟时时探头张嘴，急切待哺的样子。”感谢细致地描述，蜂鸟这蝼蚁蚍蜉微小生物也有浓郁的家庭情趣和富有人情味道。

吴老家乡是浙江的嘉善，比邻嘉兴，是吴越江浙有名的蚕桑鱼米之乡。几年前我坐了侄孙开的车，从上海的松江到杭州去，正经过魏塘(嘉善)。我知道这一带山川胜迹，吴歈棹歌，自古称奇。可是飞车疾行高速路上，虽极目张望，四下捕捉，竟什么也找不出。不意吴老的《思乡漫忆》写：“嘉善与嘉兴连在一起的。……朱彝尊写过《鸳鸯湖棹歌》，自是一幅乡土风情的画卷，但吴梅村《鸳湖曲》中南湖春光的描述，同样令人向往。‘鸳鸯湖畔草黏天，二月春深好放船，柳时乱飘千尺雨，桃花斜对一浮烟’的诗句，至今难忘。”总算弥补了我思念的缺陷。嘉兴的南湖不仅风光佳丽，而且是中国共产党诞生之地。吴老又写：“‘革命声传画舫中’，水波荡漾、橹声轻传的画船，增添了革命的佳话，使诗情画意的烟

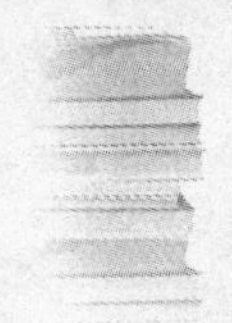

雨楼台，联系着时代的风云。”但我觉得还应加上朱彝尊《鸳鸯湖棹歌一百首》之七：“百尺红楼四面窗，石梁一道锁晴江。自从湖有鸳鸯目，水鸟飞来定自双。”这红楼中的烟雨楼正是革命党人改造社会的发祥地，而水上石桥，鱼鸟沉浮，两湖相连像鸳鸯，令人低回梦寐不能忘。

吴老另一着迷的是书，是他终生工作的出版。1950 年，他在上海应三联书店考试即干起编辑，他对编辑、出版的执著热爱又使他写出在京城和叶圣陶、叶至善、陈原、余荻、陈翰伯、宋原放、边春光、韦君宜、王仰晨、朱南铣等有连绵不绝的情丝。我读了这些，就写了两句：

无角菱、善酿酒，南湖景物鲜；

韦老太、叶小妹，北地女儿红。

自不足表吴老翰墨风流十分之一，惟稍表他写实之心声耳。

其实，吴老散文集《浪花集》(人民出版社 2008 年 1 月出版)，袒露着他人生经历：故乡、少年、慈母爱、异国情、中学老师的身影、北京东城四合院……无不留下独特的感受。但我以为写得最好的还算《重返汀泗》，回忆 1969 年下放湖北咸宁的日子。文化部“五七”干校十三连是人民出版社干部和家属子弟组成的，要上山放炮炸山采石，炼石烧石灰。而女班要装窑，先铺一层煤，再铺一层石，一层一层到窑顶。女班还参加打眼、放炮，八磅重的铁锤，上千次挥臂。作者此刻不禁想起了自己的夫人——女班班长朱虹——带头干活，整整三年，这应埋下了她不治之症的病因。而《最后的日子》写妻子的病、治病，家人、母子、夫妻、姊妹和同志，充溢无限的恩爱、思念，读来令人心酸落泪。是比前人悼亡诗还要叫人心碎的。

吴老为人朴质宽厚，书中历历可见。诗文为心声，诚不假。至于行文自然流畅乃是余事。

写于 08 年 4 月 23 日，世界读书日

本文原载《芳草地》2008 年 2～3 期

肆　记

手书故事

人间要好诗

今年12月26日是毛泽东同志诞辰一百周年纪念。中央档案馆编辑的毛泽东书手迹墨宝《毛泽东手书选集》，分十卷由北京出版社出版。最后两卷为历代诗词，分为上下册。开卷有毛泽东关于诗词的两封信，特意标出毛泽东对古代诗词鉴赏的旨趣：应兼顾豪放和婉约，“我的兴趣偏于豪放，不废婉约。婉约派中有许多意境苍凉而又优良的词”。

这是一位革命家、思想家同时又是诗人对古诗词的选择，收有楚辞、汉魏六朝赋、乐府诗、唐诗、宋词、元曲和明清小说、传奇中的词曲等等，汇集了古代诗词的精华，同时看到伟人独到的鉴赏特色。从楚辞《离骚》开始，有宋玉、枚乘讽喻的赋，魏武的四言，左思五言咏史，到六朝江淹《恨赋》、《别赋》，庾信《枯树赋》抒情的赋。有民歌体的《木兰词》、《敕勒歌》、《上邪》。

书中写得最多的是唐诗。唐诗从王勃写起，毛泽东赞美青年即崭露头角的王勃，说《滕王阁序》是活的骈文，不同于堆砌文藻的死骈。

唐诗写李白的最多，杜甫的也不少。有杜甫《秋兴》伤时感世之作；也有“细雨鱼儿出，微风燕子斜”写景的诗。书写人向往宋之问“楼观沧海日，门对浙江潮”，王昌龄“大漠风尘月色昏，红旗半卷出辕门”这样大气磅礴雄阔浑厚的诗，也欣喜司空曙“雨中黄叶树，灯下白头人”，许晖“日暮酒醒人已远，满天风雨下西楼”那样恬静安适、风雨惜别的诗。

书写人钟爱词，这里有苏、辛、陆游、文天祥激昂慷慨高亢悲歌的词；也有韦庄、李煜、柳永缠绵悱恻绮罗哀婉的词，还有清人冯云鹏香泽的散曲《一半儿·新嫁娘》。正像所写朱彝尊《解佩令·自题诗集》：“老去填词，一半是空中传恨，几曾围、燕钗蝉鬓？不师秦七，不师黄九，倚新声，玉田差近。”是对南宋张炎(玉田)的肯定，对词表现多方面生活的肯定，表明书写人那么爱好词，爱好填词。

本文原载《北京晚报》1993 年 10 月 25 日

胜利的喜悦

毛泽东同志用毛笔写了两幅《光华殿侍宴赋竞病韵》诗，显然他很欢喜这首南北朝时的五言。

这首诗是梁代大将曹景宗作的。公元 507 年梁武帝天监六年，北魏中山王英和将军杨大眼来攻钟离，景宗和豫州刺史韦睿合作团结得很好——梁主萧衍说“二将和，师必济矣”。景宗制高舰用火攻，北魏军大败，淮河百里堆满尸体，被俘五万余人。

曹景宗得胜带军凯旋。此时萧衍正在光华殿宴饮，做诗联句。由左仆射诗人沈约赋韵。曹景宗来晚了，或是沈约以为景宗是个武夫不能诗，景宗不得韵，意色不平，说要赋诗。萧衍说：“卿伎能甚多，人才英拔，何必止在一诗?”景宗这时已经吃得有点醉了，还一再请求给他韵做诗。萧衍就叫沈约给韵。这时韵已做完，只剩下“竞病”二字。景宗思索了一会儿，拿起笔，一口气写成，就是这首诗：

去时儿女悲，
归来笳鼓竞。
借问行路人，
何如霍去病。

带兵出征时，儿女担心害怕。不想得胜归来，一时凯歌高奏，笳鼓齐鸣。充满了胜利的喜悦。得胜之后，问问路人，像不像汉代能征战的骠骑将军霍去病?

看到这首诗，萧衍赞叹不已。诗人沈约和朝廷的文士也惊嗟好多天。

原来河南新野人曹景宗从小爱骑射，没有成年就以有胆有勇闻名，但他爱读书，尤其爱读史书，当他读到司马穰苴、乐毅这样的战略家时，每放下书叹息说：“丈夫当如是!”

毛泽东同志书写这首诗，应是对当时一再打胜仗的喜悦，是对有文才武韬将军的赞颂，对既能战又能赋诗儒将的爱——像陈毅、叶剑英这样的儒雅军人在解放军里是不少的。当然，是否也包涵着自己既能挫敌千里也长于诗词的喜悦呢?

本文原载《北京晚报》1993 年 11 月 23 日

风云帐下奇儿在

1964 年 12 月，毛泽东同志读五代史时，读到后唐庄宗传三垂冈战役，记起了年轻时曾读过的《三垂冈》诗，因记不起是何时何人所作，写信给田家英让帮助查找，并将此诗几乎一字不差地凭记忆写下来，附在信上。这诗是：

英雄立马起沙陀，
奈此朱梁跋扈何。
只手难扶唐社稷，
连城犹拥晋山河。
风云帐下奇儿在，
鼓角灯前老泪多。
萧瑟三垂冈下路，
至今人唱百年歌。

这首诗是写五代李克用、李存勖父子的。

李克用是沙陀人，因助唐朝有功，赐姓李。李克用在 883 年用沙陀一万七千人打败黄巢起义军收复长安，这时李克用才二十六岁，在诸将领中是最年轻的。这便是“英雄立马起沙陀”。同时黄巢部将朱温归降唐朝，赐名朱全忠。朱全忠专权霸道，不时袭击李克用。过了十多年，朱全忠篡唐自立，国号梁，史称后梁或朱梁，进入五代。此时李克用仍奉唐正朔，用唐昭宗天佑年号。所以诗云：“奈此朱梁跋扈何”、“只手难扶唐社稷”。原来李克用被唐朝封为晋王，驻在山西太原，连城数十，这就是“连城犹拥晋山河”。

这首诗题目叫《三垂冈》。三垂冈在山西潞城西，是一小山冈。一次李克用出兵回来，在这个小山坡上置酒开宴，奏乐演百年歌的曲子，唱到衰老之际，辞音悲怆。座上的人凄怆感叹。这时李克用的儿子李存勖在帐下，才五岁，还不懂事。李克用动情地用手捋着胡须，指着存勖道："我将老了！这是个奇儿！二十年后，他能代我战于这里吗？"

908年，李克用死，二十二岁的李存勖继立。这时朱全忠因李克用死来攻，久围潞州。李存勖和诸将谋算，说："朱全忠所怕的只是先王，而以我是童子不习军旅，必有骄怠心理。若出精兵出其不意，破之必矣。"他统兵直抵夹寨大败朱全忠。朱全忠叹道："生子当如李亚子。"亚子就是存勖。这次存勖在三垂冈破敌，正应了李克用以前说的二十年后能代我战于此的话，故诗云："风云帐下奇儿在。"

这首诗是清雍正时严遂成作。诗雄浑绮丽，力大思深。诗人在诉说一个英雄的故事，一个英雄，在垂老衰弱时，虽然在鼓角灯前垂下泪来，但对下一代充满了希望。似乎诗人走在萧瑟的三垂冈畔，还听到有人在唱当年演奏的百年歌——衰老又有希望、悲怆而又高昂的曲子。

本文原载《北京晚报》1993年11月26日

时来天地皆同力

诸葛亮是才能和智慧的化身，这样的能人加上刘玄德和关张赵马黄五虎将，为什么不成功呢？千秋多少人惋惜。除了叹息，诗人也在探求其不成功的缘由。

毛泽东同志手书温庭筠经五丈原诗、李商隐和罗隐筹笔驿诗也该是对诸葛亮的赞叹和探求。

筹笔驿是四川广元北八十里的一个驿站，诸葛亮北伐时驻军筹画于此。杜牧诗云："永安宫受诏，筹笔驿沉思。"李商隐和罗隐也写了关于筹笔驿的诗。罗隐写诸葛亮离开南阳躬耕地一直为刘备出谋策划，都是高主意，他出征讨伐无不用尽了心思，结果刘禅虽有千里山河但是没有用，更可叹两朝文武都恨谯周出降。为什么会这样，罗隐的回答似乎更深沉一些："时来天地皆同力，运去英雄不自由。"

这是说在一定的条件下，能把握时机，掌握着机遇，天地同你一条心，会为你出力，因而取得成功。赤壁之战不就是诸葛亮掌握机遇的例子吗？但不具备条件，即使是英雄也会身不自由，这也是温庭筠在经五丈原诗中写的。

这应是唯物的看法，是时势造英雄的看法。在受压迫受侵略的广大苦难的中国人民希冀一个新的富强的中国时，共产党领导他们斗争，这是千载一时的机遇，这时会天地皆同力，取得成功的。

本文原载《北京晚报》1993 年 11 月 30 日

高启的咏梅诗

琼姿只合在瑶台，
谁向江南处处栽。
雪满山中高士卧，
月明林下美人来。

这是高启《梅花九首》第一首的前四句。梅花像白玉雅洁的琼姿只该生长在神仙住的瑶台里，谁又把她在江南处处栽种呢？梅花好似汉代袁安那样的高士，大雪满山却静卧家中忍受饥寒，不去求人；又像隋代赵师雄在罗浮山中，明月下遇到一位淡妆的美人和他饮酒，酒醒眼前只有梅树。美人是梅花的幻影。梅是高士美人的冰魂雪魄。

这形象生动的佳句是高启心灵的表白，是高启为人的自叙。高启字季迪，生于元顺帝至元二年(1336)，苏州人。此时元朝面临崩溃，群雄并起。至正十二年，张士诚在泰州起兵，这年高启十八岁，和松江青邱的周氏女结婚，移家青邱，自号青邱子。至正十六年张士诚占据苏州，朱元璋占据南京。到1368年，朱元璋即位南京，不久下诏求隐逸之士。洪武二年高启应征到南京修《元史》，三年授翰林院编修。他大概过不惯封建礼法拘束严格的官场生活，不久辞官归隐于青邱。

寒依疏影萧萧竹，
春掩残香漠漠苔。
自去何郎无好咏，
东风愁寂几回开。

这四句是接上面写的。天冷时疏影横斜的梅依傍着萧萧翠竹，早春季节有余香的花瓣飘零在漠漠青苔上。自从南朝何逊赞誉映雪的梅以后，梅花在东风中愁苦寂寞，还能开几回呢？这该是高启归隐的感受。他是那样爱那“度陇冲朝雨，归村带夕阳”的乡村生活，“人看旗出酒市，鸥送船归钓家”，与父老垂钓饮酒又多有乐趣！他更喜爱花园之城、园林宫苑甲天下的苏州，写出了《姑苏杂咏》、《吴城感归》等等充满乡情的诗篇。

清人赵翼在《瓯北诗话》中说：“高青邱才气超迈，音节响亮，宗派唐人，而自出新意，一涉笔即有博大昌明气象，亦关有明一代文运。论者推为开国诗人第一，信不虚也。”毛泽东同志称他是明代最伟大的诗人，这是确实的。毛泽东同志书写高启的咏梅，也最能反映高启的性格。

本文原载《北京晚报》1993 年 12 月 1 日

华岳云开立马看

除了咏梅外，毛泽东同志还书写了两首高启的诗，从这两首诗里可以看出毛泽东同志为什么欢喜高启，高启又在哪里打动了他的心。

高启青少年是在元朝末年度过的。元末蒙古贵族腐朽统治，在高启嫩脆的心身留下不少伤痕。后来他支持起义军张士诚、朱元璋，又到南京去做明朝的官。洪武二年，他的朋友汪广洋到陕西去做地方官，高启送行，写了一首七律叫《送沈左司从汪参政分省陕西，汪由御史中丞出》：

重臣分省去台端，
宾从威仪尽汉官。
四塞河山归版籍，
百年父老见衣冠。
函关月落听鸡度，
华岳云开立马看。
知尔西行定回首，
如今江左是长安。

参知政事汪广洋带着沈左司郎中分省陕西，随从的幕僚宾客都是汉代的服饰礼仪。这是多不容易啊。陕西从金元以来的女真族、蒙古族统治近二百年，今天又像刘秀收复长安，长安城中人流泪说："不图今日复见汉官威仪。"天险四塞大好山河又归于明朝的户籍版图，两百年后又见到汉代官仪，父老多欣悦！你们走到天险函谷关前，当月落时听到鸡鸣，或会想起这是孟尝君逃脱的地方，多么富有惊险色彩！骑马经过华阴县看华山壁立千仞，翻飞的云层突然开朗，又多令人心旷神怡！你们西行

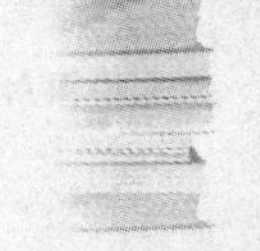

一定要回头看看，现在建都在南京了。

在抗日战争时，我国大部分国土沦陷于日本帝国主义。沦陷区的老百姓多希望收复解放，好像高启写的“百年父老见衣冠，宾从威仪尽汉官”。吟诵这句子，使我们鼓舞兴奋。笔者从小在皖西山沟里逃难，驱除日寇是全民的愿望。而共产党、毛泽东正体现了这一愿望。长征北上抗日，“一切为着战胜日本帝国主义”、“努力前进，打日本，救中国”，这时毛泽东同志题写的也是这个主题。

正是这种爱国情怀，毛泽东同志还书写了高启岳王墓的诗。高启赞颂岳飞精忠报国还我山河的英雄气概，毛泽东也借此表达驱除日寇的心怀。毛泽东爱高启的诗不仅因为高启学李白有一种英健高逸之气，而且借用近似的情怀。

本文原载《北京晚报》1993 年 12 月 2 日

烟霞洞和刘秉忠

杭州西湖山青水秀。湖面万顷碧波如镜，而山也青翠可人。苏轼说水光潋滟，山色空濛。辛弃疾也说："说与西湖客，观水更观山。"

环湖起伏的山峦中独南山的南高峰、北高峰最高，在蜿蜒巍峨的众山中相持争胜。毛泽东同志也喜欢南高峰、北高峰，他曾三上北高峰。南高峰烟霞岭脊上还有一个大洞，深有二十多米，洞口也有四五米。原来石灰岩多年为雨水溶蚀，西湖边上山麓就有七个洞，独烟霞洞在山巅，使人惊异，以为诸洞之冠。

毛泽东同志书写刘秉忠散曲《干荷叶》就是写这烟霞洞的："南高峰，北高峰，惨淡烟霞洞。宋高宗，一场空。吴山依旧酒旗风，两度江南梦！"

这烟霞洞可以进入游览，洞里有石雕的罗汉、象鼻石、佛手岩等，引人入胜。而伫立洞旁远眺钱塘，回首西湖，山间水面云烟来往，雾霭重叠，正像石碑所云："烟霞此地多"，有襟江带湖云雾濛濛缥缈的胜景，为何说"惨淡烟霞洞"？

原来传说宋高宗赵构逃避金人攻入临安，藏在南高峰这个烟霞洞中，好不凄惨！正是这个赵构残害忠良，使岳飞冤屈而死。毛泽东同志十分钦佩坚决抵抗金人入侵誓要还我河山的岳飞，自然也会赞赏词中写赵构落得一场空的下场！而吴山伸入杭州城，作为杭州的代称，今天依旧酒旗飘飞，游人如织，烟霞洞也热闹如昔，只是在临安建都五代吴越的钱氏和南宋的赵氏是两度泡沫似的梦幻了吧。这里表现深沉的兴亡和忠佞之感。有人评此曲"凄恻感慨，千古寡和"。

值得记叙的是，此曲作者是元代政治家、学问家刘秉忠。他是元大都的规划设计人，也可说是北京旧城的奠基人。北京的传说：北京城是刘伯温和姚广孝两位军师共同修建的。其实刘伯温应是刘秉忠。刘秉忠是元世祖忽必烈的主要谋士，连国号大元也是刘秉忠取的名字。

本文原载《北京晚报》1993 年 11 月 29 日

马周的故事

宋人话本小说有发迹变泰一类，话说的是平民百姓突然富贵位极人臣。明代三言二拍写穷时屋漏偏遭连夜雨，发迹时又风送滕王阁。而马周就是一例，一介草茅，见到唐太宗，像胶漆沾固，相见恨晚。这样的发迹，大概是封建时代书生的梦想。宋代的《太平广记》有马周的故事，到《喻世明言》小说中更有《穷马周遭遇卖䭔媪》，说落魄中马周认识卖䭔(音堆，蒸饼)妇后发迹。历史上的马周遭遇原本奇特，无怪成了小说中的人物。

马周为什么能发迹变泰?《新唐书》写得就很神：马周，博州茌平人(今山东西部)，少孤，家贫苦。嗜学，善诗、春秋。武德中，作州助教，不治事，刺史几次责骂他。马周到密州，赵仁本很欣赏他的才干，给他治装，入关中。走到汴梁，又受到浚仪令的侮辱，十分愤激。《新唐书》写："舍新丰逆旅，主人不之顾，周命酒一斗八升，悠然独酌，众异之。"写马周困顿中胸怀豁达。后来马周到了长安，在中郎将常何家作幕客。恰好贞观五年，唐太宗诏百官言得失。常何是个武官，就由马周疏陈二十余事。唐太宗问常何，常何说是家客马周教臣言之。唐太宗马上召见马周。《新唐书》写"间未至，道使者四辈敦趣"。四次派人催促，表现唐太宗急切要见他。

唐太宗为什么这样重视马周？这正是马周发迹变泰的缘由。书中写马周上的一段疏言，要唐太宗认识历史经验，有助于长治久安。毛泽东同志在读新、旧唐书时，也看重马周，在《新唐书》卷九十八马周传上作了批注，说："贾生治安策以后第一奇文。宋人万言书，如苏轼之流所为

者，纸上空谈耳”(见《毛泽东手书选集》卷七)。

《新唐书》记马周的疏言：“自魏晋逮周隋，多者五六十年，少者三二十年而亡。今陛下虽以大功定天下，而积德日浅，固当隆禹汤文武之道，使恩有余地，为子孙立万世之基，岂特持当年而已。然自古明王圣主，虽因人设教，而大要节俭于身，恩加于人，故下爱之如父母，仰之如日月……”

毛泽东同志很欣赏这一段话，尤其在“节俭于身，恩加于人”旁划了双圈。这篇列传后赞曰：“周之遇太宗，顾不异哉……然周才不逮傅说、吕望。”毛泽东同志又写：“傅说、吕望，何足道哉。马周才德，迥乎远矣。”是说马周的才德大大超过了傅说、吕望(姜太公)。马周是一位值得重视的历史人物，他的发迹不是偶然的。

本文原载《北京晚报》1994 年 4 月 3 日

诗人周恩来

校阅《周恩来手迹选》六卷本的三个月里，心中萌发思念，“诗人周恩来”这个概念油然生成。这本手书选集是中央档案馆精选所藏周总理1913年至1975年原件编成的。最近由北京出版社出版。

晴空一鹤排云上，便引诗情到碧霄

手书选开篇第一即周恩来留下最早题词：

同心努力，万里前程指日登

署名羊羽子即翔宇——思飞翔宇内的少年希望大家同心即有美好的未来。这是1913年周恩来为沈阳同学的题字，此时他才15岁。

到1917年8月他又为友人郭思宁题：

愿相会于中华腾飞世界时

这不是诗么？这不是青春漫歌？这使人想到唐代诗人刘禹锡的诗“晴空一鹤排云上，便引诗情到碧霄。”

其实周恩来从1914年写“极目青郊外，烟霾布正浓”，“樱花红陌上，柳叶绿池边”(《春日偶成》)又多富有诗意。人民文学出版社1978年出《周恩来青年时代诗选》共选诗十四首。其中《雨中岚山》镌刻于日本京都岚山，已作为诗人铭刻不朽了。

手迹选收1919年周恩来东渡日本为张鸿诰题有名的赠别诗，这便是众人知晓的“大江歌罢掉头东，邃密群科济世穷。面壁十年图破壁，难酬蹈海亦英雄。”诗情如潮，汹涌澎湃。

1919 年，周恩来还手录梁启超的诗：

献身甘作万矢的，著论求为百世师。
誓起民权移旧俗，更拏哲理牖新知。
十年以后当思我，举国犹狂欲语谁？
世界无穷愿无尽，海天寥廓立多时。

大概，梁启超的甘作万矢的之献身精神和世界无穷求知无尽的诗意震撼了周恩来，故抄录以明志。

1920 年 6 月 8 日，总理写信给李愚如，写了一首长诗。此时他被扣押在天津地方检察厅看守所，给友人远行赠别：

出国去，
走东海、南海、红海、地中海，
一处处的浪卷涛涌，
奔腾浩瀚，
送你到那自由故乡的法兰西海岸。
到那里，举起工具；
出你的劳动汗，
造你的成绩灿烂。
磨练你的才干，
保你的天真烂漫。
……

这八十行长诗同样是青春作歌，热血奔腾，诗情浩瀚，飞翔宇内。

相期铙吹渡钱塘

《礼记》“诗言其志也”。《诗经》“心之忧矣，我歌且谣”。周恩来立志革命，有多少欢快、忧愁、期望要用诗表达歌唱。他为红军题：

密云遮星光，
万山乱纵横。
黄河上，渡过民族英雄们。
摩拳擦掌杀气高，我们的铁红军。

星光闪烁，人们屏息，纵横万山渡口旁，黄河如带，要渡过黄河的是英勇的摩拳擦掌的铁红军！好一幅红军征战诗画。

抗日战争首要是赶走日本强盗。1939 年，周恩来在故乡绍兴，为王慕向题："冲过钱塘江，收复杭嘉湖!"三月又手书沈复生诗：

山中岁月纪春王，颁诏何须辨鲁唐。
此日甲兵栖越纽，相期铙吹渡钱塘。
檄传英霍军威远，势压杭嘉士气扬。
成败区区君莫问，中华终竟属炎黄。

能打着铙钹吹着军号渡过钱塘收复失地是抗日同胞的心愿。周恩来手写这诗是表示相信我们军威远，士气扬，中华终究属炎黄子孙的决心！沈诗气势宏远，对仗工整，所以赢得诗人的喜爱。

要坚持抗日，还要反对挑动内乱，但反动派发难袭击新四军。周恩来 1941 年 1 月为皖南事变题："千古奇冤，江南一叶；同室操戈，相煎何急?!"

这四言诗，巧妙用曹丕、曹植"煮豆燃豆萁，豆在釜中泣"的典故，揭露反动派破坏抗日统一战线的罪行，成为不朽的诗作名篇。

爱诗　录诗　评诗

对于传统古诗，周恩来是喜爱的。1958 年考察三峡坝址，他在船上不止一次吟咏李白的《早发白帝城》、《峨眉山月歌》。手书存《峨眉山月歌》："峨眉山月半轮秋，影入平羌江水流。夜发清溪向三峡，思君不见下渝州。"

周恩来爱诗、咏诗、录诗、写诗，而且评诗。1958 年 7 月 17 日周恩来给吕正操写信，说起和吕正操、范若愚等讨论毛主席"长夜难明赤县天"诗中赤县天如何解释，亦周恩来爱主席诗话一例。1942 年 3 月 7 日致郭沫若信上说："拿屈原作为一个伟大的思想家而兼艺术家，我同意。说他是革命的思想家，容有商榷余地。质之你以为如何?"1938 年 2 月 2 日致于立群信说："午间所写之救亡日报题词，读之不顺口，还是换上现在写的这个。"只有诗人的素质，用诗的韵律来要求才写出这样的话。

手书选还收有 1958 年 6 月录残疾军人刘渝生的长诗《我们的心永远忠于党》，其中写"我们不愿作无边际的幻想，我们懂得怎样安排自己的一生。社会主义大厦固然需要钢材，我们却愿意作颗小小的螺丝钉”。1965年又录王杰诗：“座座高山耸入云，我们施工为人民。不怕工作苦和累，愿把青春献人民。”诗人用工农诗句表达自己对党对人民深厚的感情。爱诗之情终生不渝。

本文原载《北京晚报》1998年7月26、28、29日

朱德家书叫我咽呜

上世纪 90 年代，从 1992 年开始，北京出版社出版伟人手书，我作为一个文字编辑。当年感怀不少，曾写过一些文字介绍毛、周诗词。1996 年又和楚人合作《朱德手迹选》的出版编辑。第一次看到朱德的诗词和家书。其中值得追忆的是，1937 年抗战开始，朱德写给陈玉珍的三封信，我初次见到，忍不住咽呜流涕。当时当着许多人，只好强忍着泪水。以后看校样，又热泪盈眶，但在办公室，还是强忍着。这本手迹 1996 年 12 月出书。匆匆十二年过去，编过许多书稿大多忘却，但这三篇家书依旧记忆崭新。每一思及，心不能平。为什么留下这抹不去的记忆？家书本身是最好的说明。

从 1927 年 8 月南昌起义开始，朱德成了被悬赏的要犯，家中音信全无。假如去思想家人，自是悲惨不堪说的了。可喜 1937 年 7 月 7 日抗战开始，红军改编成八路军，开始能通信了。9 月 5 日，朱德写一封信给陈玉珍。书中有注解："陈玉珍，朱德前妻。"这是此书编者中共中央文献研究室和中央档案馆所作的。第一封信说：

玉珍：别久念甚。我以革命工作累及家属，本属常事。但不知你们究受到何等程度，望你接信后将十年情况告我是荷。理书、尚书、宝书等在何处？我两母亲是否在人间？你的母亲及家属如何？统望告。……

这是一封寄四川南溪县探求陈平南先生转陈玉珍的信，署名刘钟，注解朱德化名。到 9 月 27 日朱德又给陈玉珍写了第二封信：

玉珍：九月十二日的信于九月二十七号在前线作战区收到，知道你十年的苦况，如同一日。家中支持多赖你奋斗。我对革命尽责，对家庭感情较薄亦是常情，望你谅之。我的母亲仍在南溪或回川北去了，川北的母亲现在还在否，川北家中情况如何？望调查告知。庄弟及理书、尚书、宝书、许明扬等，现在还生存否，做什么事，在何处？统望调查告知，以好设法培养他们上革命战线，决不要误此光阴。至于那些望升官发财之人决不宜来我处，如欲爱国牺牲一切能吃劳苦之人无妨多来。我们的军队是一律平等待遇，我与战士同甘苦已十几年，快愉非常。因此，无论什么事都可办好。……

从第二封信可以看到，家中来信只说了十年苦况，说了一个苦字。但没有具体说，大概若诉说苦情，会让朱德伤心。老母、诸儿究是怎样，何不相告？所以朱德于十一月六日又写了第三封信：

玉珍：由南溪来信数封均收到，悉一切情形。又家中朱礼书来信亦悉。许明扬近到我处，见面亦谈及家中情况。十年来的家中破产、凋零、死亡、流亡、旱灾、兵灾，实不成样子。我早已看到封建社会之破产，这是当然的结果。尚书死去，云生转姓，后事已完，我再不念及。……

第二封信后，朱德收到家中信详细告知。早已料到受封建压迫，家中破产。不想眼前竟悲惨如此，家破人亡，实在不成样子。死者已往，后事已完，再无可恋，千古伤心断肠人语！

但还有两位八十老母饿着肚子，这是朱总唯一的眷恋了。信又写道：

惟两母均八十，尚在饿饭中，实不忍闻。望你将南溪书籍全卖及产业卖去一部，接济两母千元以内，至少四百元以上的款，以终余年，望千万办到。

以常理窥测，家中书籍，有的产业，应早已变卖，不然何至于饿饭的地步？虽是当了总司令，今天又当了八路军的总司令，但还不能让老母亲吃得上饭，人间悲伤竟至如此！

信继续写：

至于你的生活，望你独立自主的过活，切不可依赖我。我担负革命工作昼夜奔忙，十年来坚苦生活，无一文薪水，与士卒同甘苦，决非虚语。现时虽编为国民革命军，仍是无薪水，一切工作照旧，也只有这样才能将革命做得成功。……

我虽老已五十二岁，身体尚健，为国为民族求生存，决心抛弃一切，一心杀敌。万望你们勿以护国军时代看我，二不应以大革命时代看我。……

著名的《朱德的扁担》反映了他是平民领袖。1939 年朱德写诗：“伫马太行侧，十月雪飞白。战士仍衣单，夜夜杀倭贼。”他是一个写实诗人。这三封信更反映朱德为国家人民的忠心赤胆，为人子之至孝品德，只是家中至惨痛，看了能不让人咽呜流涕？

伍　记

编辑忆旧

艺风老人和书

缪荃孙，清道光二十四年(1844)生，民国八年(1919)卒，得七十六岁。江阴人，字小山，晚年号艺风，被人称为艺风老人。他早先在四川给人作幕僚，勤于读书、校书。他给友人信中说："近复寄居萧寺，同事校雠，一灯风雨，古佛瞰其悲欢，一叠云山，羁人役于魂梦。"长期研读，使他有着很高的经史修养，并能写很好的骈文。他说自己："鄙言累牍，江东号曰痴符；僻言盈囊，都下嗤其涩体。"

他三次赴京赶考，直至三十三岁才中了进士，榜发三十一名，作庶吉士，入庶常馆学习，以后散馆成为翰林。翰林是个闲散官，除光绪五年充会试同考官入闱外，他大部分时间在编书。第一部书是《光绪顺天府志》。修府县志是中国的传统，但很多县志萧规曹随，因循抄袭，缪荃孙在被聘为总纂后，努力使这部书成为有创见有新材料有实际用处的书。

《史记》写陈胜吴广被遣戍于渔阳，历史记载上说在密云，这本府志写明在密云县城西南二十里两河庄。又如曹操征讨乌桓经过白檀故城，这本书写明汉白檀在密云南二十里的台上村。把历史地理位置写得这样确切，是经过探索古籍结合实地调查而来的。缪荃孙说："考古难矣，证今尤难，一字未确，一节未稔，往往搁笔，乃条征件采，书牍并发，舟车踵接。"可见他治史态度之严谨和深湛的功力。

修纂志书，必须看经书的笺注，正史地理，诸子文集，图经公牍等等，而且征引必须注原书，这促使他广泛看书、访书。光绪初年，京师有潘祖荫、翁同龢、张之洞、蔡松夫、盛昱、王懿荣等，金石学家、目录学家、藏书家，缪和他们或是师生，或是同年，或是先辈，互相出所藏书以相考订，使他进一步收藏、抄录许多《四库全书》未收之书、名家孤传之稿，共十余万卷。光绪二十年，他因和掌翰林院的徐桐议不合，就辞职求退，回南方去了。他所携行李盈箱溢箧，却没有什么值钱的财物，只是多年四方收得的心爱书籍。这些书目，均列入他以后写成的《艺风藏书记》和再续藏书记中。他详细记述了这些珍本秘笈的内容、成书年代、刊刻等等。如《华阳国志》，他写为明影写宋刊本。系钱叔宝手钞，校勘精详，字迹古劲，每一展卷，墨香横溢。可以想象他藏书嗅到墨香的快慰！书中还有“卖衣买书志亦迂，爱护不异随侯珠，有假不返遭神诛，子孙鬻之何其愚”的长方木印。足见读书人对书的珍惜！

艺风老人一旦得到珍贵本子，从不据为私有，独自欣赏，秘而不宣。只要是有价值的古籍，他就尽力刊刻出来，公诸同好。所以他除帮助张之洞编写《书目答问》外，又刊刻《云自在龛丛书》五集、《对雨楼丛书》、《藕香零拾》三十二册等等；还帮助别人刊刻各种丛书。已故学者谢国桢说，近代刊刻丛书，无不与艺风老人有关。海上刻书之家若南浔刘承幹、张伯衡所刻丛书，多由缪氏校定。而徐乃昌之《积学斋丛书》、金武祥之《粟香室丛书》，亦由缪氏启之。即涵芬楼之编《四部丛刊》，缪氏提倡之力为多。史学家邓之诚说：近数十年刻书之盛过于乾嘉，先生倡导与有力焉。所藏珍本，多付之梓，不稍吝惜，此事最为可法。

缪荃孙回南方后在钟山等书院主讲，又创办江南图书馆(京师图书馆也是他创办的)，教书、管理书，也无一日不与书为伍。他自称，不看书就不能入睡，每晚上就枕必须读完一卷《资治通鉴》，日为常课，周而复始。所以一生于书无所不窥，但是他不矜夸自己的学识渊博，只说“日勤日恒，信有之矣。”先生读书，只说勤、恒两字，于后学颇可借鉴。

民国三年(甲寅)开清史馆，馆方又请他赴京修清史，他写了儒学传四卷、文学传五卷、孝友传二卷、遗逸传一卷、土司传一卷。时清末名宿会集都下，易实甫为长歌记之，其中云：“湘绮八十俨熊罴(王壬秋)，宜都白髯长过膝(杨惺吾)，艺风祭酒兰陵遗(缪小山)……”把他比拟作为老师的荀卿，对他在文化学术上的贡献，评价很高。

中国新闻社发海外稿，1984年5月

在张恨水的故乡

前些时，看电视剧《啼笑因缘》，北京人又想起了张恨水。上了年纪的人是忘不了他的。他们曾迷恋他的连载小说，欣赏他的诗句。

1919 年，二十四岁的张恨水只身背着行囊，在阵阵秋风里来到北京，单身住在宣武区后孙公园安徽会馆。他能呆得下去吗？北京会给这青年带来甚么？

军阀混战的黑暗的北京给张恨水带来了痛苦，正直的性格遇上了不平的社会，勃发了创作激情，大杂院的会馆使他接触各种人物，记者生涯又使他见识各阶层各个方面。十年后，这个外省青年终于成为风靡全国的作家。

1988 年 10 月 8 日，在张恨水老家安徽潜山舒城饭店召开了“张恨水学术研讨会”，到会八十多人，带来论文三十篇。研究者认为，一个写了三千万字、出了一百多部中长篇小说、妇孺皆知的作家，中国现代文学史上很少提到他是不公正的。“他写了中国二十世纪上半期的人间喜剧”，“他创造了地地道道的中国文化，但他走出了国界，今天世界上很多人在研究他。”也有人说：他“来源于生活，很真实，富有人情味，他尊重读者，和读者精神、人格上平等，彼此得到确认”。

解放后，张恨水的代表作《春明外史》、《金粉世家》、《啼笑因缘》、《八十一梦》及其他作品由几家出版社多次再版。说明这些作品仍受读者欢迎，有常存价值。像评论家所说，他的作品是“俗文学”中的“雅文学”。它有曲折的故事情节，充满悬念，能抓住读者，至今不乏艺术魅力。这使人想起张恨水从善如流的品格，他曾受到新文学的批评，他汲取新文学家的批评中的养分，不断创新，跟上时代发展。他应用新文学(包括西洋文学、电影艺术)的技巧，改进了旧的章回小说，使章回小说获得新生。

会议第二天，参观了“张恨水纪念馆”。

近些年，当地政府在县城北边太平塔下县博物馆中新开辟了“张恨水纪念馆”，张恨水生前好友张友渔题写了馆名。许多报刊、遗物、图片记录了馆主辛勤多姿的一生，也反映了他老家岭头乡黄岭村的老屋。那老屋背面是著名的大别山主峰天柱山，前面有一条潺潺流水小溪，青草、松毛丛积的山坞中成排的松树、水杉。置身其中，使人想起王渔洋的诗，“皖公山色望迢迢，皖水清冷不上潮。青笠红衫风雪里，一林枫桕马萧萧。”正是这皖公山、皖水之间，朱红的枫叶、乌桕相映着松杉、青笠翠碧的美景，孕育了这位作家。

对于故乡，张恨水一生时刻忆念，并未忘怀。他笔名“我亦潜山人”、“天柱峰归客”、“天柱山樵”，抗战初起他甚至申请回乡打游击。这或许和他苦难几近流浪的青少年生活有关。早岁丧父失学、失业都使他多次回到这所老屋来。被传记作者写成“黄土书屋”的这房子堆满了古旧破书、旧小说。他一回来终日十二小时闷坐屋中苦读，他欢喜写章回小说，娴熟旧诗词，这“黄土书屋”中的古书帮了他的忙。张恨水曾描写它：“这屋子四面是黄土砖墙，一部分糊过石灰，也多已剥落了。南面是个大直格子窗户，大部分将纸糊了，把祖父轿子上遗留下来的玻璃，正中嵌上一块，放进亮光。窗外是个小院子，满地青苔，墙上长些隐花植物瓦松，象征了屋子的年岁。而值得大书一笔的，就是这院子里，有一株老桂树，终年院子里绿荫荫的，颇足以点缀文思。这屋子里共有四五箱书，除了经史子集各占若干卷，也有些科学书。我拥有一张赣州的广漆桌子，每日二十四小时，总有一半时间在窗下坐着。”

张恨水的子女：美国的明明，香港的蓉蓉，北京的张伍、张正曾专程来看这间书屋，家乡的大叔介绍说：“从前你爸爸从早到晚在这闭门读书，被人喊作‘书呆子’、‘大书箱’。”

讨论会上有人说他是苦难时代的产儿，时代磨练造就了张恨水。好不容易考上了苏州的蒙藏垦殖学校，这所孙中山办的学堂在革命失败后就解散了。只好在文化剧团中过半流浪的生活。到芜湖《皖江日报》，表

现出文学的才干，二十四岁来北京面对军阀混战，他看到苦难的不平的社会，写出了抨击豪门的《金粉世家》，抨击军阀的《啼笑因缘》。“九一八”后国难日深，抗日爱国热情高涨。写了描绘南京大屠杀的《大江东去》，写常德会战的《虎贲万岁》，写抗战中发国难财的《八十一梦》，胜利后接收要金子、房子、女子、车子等的《五子登科》。张恨水是多灾时代的曲折反映，他写作忠实于所见所闻的生活本身。同时他熟悉中国文化、古典文学，对散文、旧体诗当行出色，又努力写作，下大功夫，令人欣佩。

我的老家离张恨水的老家岭头乡才几十里，就是潜山近邻的太湖县内。我们都是吴头楚尾大别山下人，也都尊崇这万山包围被汉武帝推荐的天柱山。我熟悉这邱田相接、松杉不断，又有浅塘小溪的故土，抗战八年，我就求学行走在这风物佳丽的“山阴”道上。

我又想起前面说到的王渔洋，他写《潜山道中雪》说：“处处溪山水，倪黄画亦难”，看到的是：“雪云数峰白，枫柏万林丹。高下松毛积，凄清石溜寒。”也许由于山清水秀，人才辈出。张恨水写过短文证实京剧武生“杨小楼系潜山人”。京剧大师、四大徽班之一的长庆班主程长庚也是潜山人。历史上艳称东吴绝色大乔、小乔也是潜山人。

王渔洋写：“汉太尉桥玄故宅，在潜山北三里彰法山。山麓溪流纡折，松竹郁秀，今改为广教寺，寺前有井，相传二乔梳妆之所。至今水胭脂色，土人号为胭脂井。山谷诗云：‘松竹二乔宅，雪云三祖山’。”

王安石长期作舒州通判，我们在县城县委大院里找到了他的读书台，前面是南湖，倒很清幽。只是到县北寻乔老墓，二乔胭脂井，没有多少遗迹可寻了。

本文原载《瞭望·海外版》1988 年 12 月

编辑·作家·学者

——忆友鸾表兄

1987年11月间，听说友鸾表兄急着要回南京，去送行。他脑血栓已两年，见了还认识但说不出话。此去何时回来，能否再北来？那天碰到友鸾多年同事舒芜、绍良，除了依依离情别绪，都感叹恐怕一去不复归，伤心生离死别居多了，我想到《别赋》中的句子："决北梁兮永辞，使人意夺神骇，心折骨惊"，黯然神伤。大家心事沉沉，默默无语，又好言相劝，一再说再见，不愿离去。

我们商量说不去南京不好？友鸾急着要走。南京对他有特殊的情怀。病了死在南京吧。

说起南京，南京牵动着友鸾的心。兄弟俩，老大张友鸾办南京人报，老二友鹤办南京晚报，当时人叫大先生、二先生。老朋友习惯这样称呼。秦瘦鸥1990年7月友鸾故去后，在《解放日报》写文追悼他就叫《追念大先生》。

人常说友鸾是安庆人，其实不是的。小时候，二舅母带我到体育场，说在安庆四方城住了有年头了。曾听母亲说她父亲——友鸾的祖父在皖南太平任知县，五十多岁死在任上，一死情况大变，世态炎凉，够伤人心的。说老家在河北。可巧我和老师哲学史专家张岱年一起开古籍整理的会。我问起，岱年师说友鸾比他小两辈，而年长。岱年和崧年(申府)是献县人，可见友鸾老家在河北献县。只是所在村庄划归沧县，今属沧县了。祖父死后就在安徽省会安庆住了下来。

友鸾于1904年11月10日出生于安庆，小时读过不少古书。他父亲，我叫三舅舅的孝亮先生在安庆政法专门学校任国文教员，很重视两

《张友鸾纪念文集》

个儿子的教育。加上友鸾自幼聪颖，喜欢看杂书。1919 年五四运动德先生和赛先生旋风袭来，友鸾才十五岁，受到不少影响，成为活跃的进步青年。第二年作省立一中的学生代表参加安庆学生联合会。据《安庆文史资料》第 8 辑王甸平所写，农专代表是赵恩豹，我的三叔。一师代表则是王甸平老师，数十年在安庆教数理化深受好评的老师，抗战时在太湖六邑中学，我曾有幸听他讲课。一天我到团结湖友鸾家去，正好碰上安庆党史办的焦同志来了解安庆菱湖会议的情况，才知道他 1921 年参加了社会主义青年团，曾在怀宁学宫义务小学和安庆菱湖开过两次建团的会议，两次会因遭军警威胁未圆满结束。参加会的还有周新民、韦素园等。1921 年在安庆学生会宣传部贩书部，友鸾参加卖进步书刊，叫卖郁达夫的书，不想眼前站立的买书人竟是郁达夫。郁达夫来安庆政法专门学校教英文，从此认识郁达夫。达夫二十五岁，友鸾十七岁，这对后来友鸾的文学事业产生不小的影响。

第二年，1922 年，他第一次来北平。此时正翩翩年少，进平民大学，文细的身材，敏锐的双眼，旧文学根底好，加上进取心强，无怪得到老师邵飘萍的注目。1924 年邵飘萍叫他主编京报的《文学周刊》，这时他才二十岁。一边念书一边做文学编辑，居然发表鲁迅、周作人、郁达夫、徐志摩等出色作品，办得有声有色，从此开始他的报纸、文学生涯。

这时他也写散文、小说。《积水潭前》发表于《语丝》(1925 年 1 月 29 日第 10 期)写他与平民大学女同学的爱恋，情意缠绵。后来与这同学在京城结婚，便是表嫂安徽铜陵人崔伯苹，友鸾又研究西厢记，朋友自然称起张郎和崔娘了。张恨水在他们结婚时有句：“银红烛下双双拜，今生完了西厢债。”

友鸾在平民大学读新闻，1925 年快要毕业时就进了成舍我办的世界日报，不久任总编辑。1926 年又参加了 cy 组织，和中共北京市委杨立雪、盛之权联系，奉李大钊之命和张友渔一起办国民晚报。1927 年 7 月间，因父病回安庆探病。后北伐战争滞留南方。同时北平城市暴动，盛之权遇难，张友渔被捕，友鸾便留在南方办报。

友鸾 1928 年参加南京民生报的创刊，1929 年南京新民报创刊，任第一任总编辑，1936 年和张恨水合办南京人报。抗战到重庆、成都一直在新民报，与张恨水、张慧剑齐名，被称为新民报的三张，为新民报的台柱子。抗战胜利返南京独自恢复南京人报。

多年为南京人办报，作记者从权贵到车夫歌女他都采访熟悉。1927 年他来南京正值国民党政府定都南京，他目睹金陵新贵高升，1930 年写了“新京野史”：《白门秋柳记》，记一个日本留学生在金陵新衙门里发迹，抛弃了日本娶的妻又和女秘书调情，活画出一幅腐败的新生权贵图。有始还有终。1948 年，开国民大会，他又目睹“最后的晚餐”，众多人物登场，以后又写出《金陵粉墨图》，记述行将崩溃前的一场闹剧。由于亲身见闻，写得真切。如写戴季陶信佛供神，更爱一尊日本侵华时留下的大金佛。写竞争选票是看《人猿泰山》也觉得不过瘾的，难得发现这个又新鲜、又野蛮的镜头。

说起秦淮这六朝金粉、明代烟花地，他常出入歌楼舞榭，更为烟笼月下受人凌辱的舞女、歌女、妓女不平，1946年出版的《魂断文德桥》辑有六篇小说，诉说她们的凄苦，被人称为“南京的左拉”。

无情最是台城柳。台城在鸡鸣山畔，原六朝宫殿在此，演出多少兴亡事。台城上有志公塔，他写南朝梁武帝萧衍时有神奇法术的志公和尚——《志公传》。鸡鸣山畔还有胭脂古井是陈后主陈叔宝爱嫔张丽华投井的所在，他写《胭脂井》。前代沧桑的金陵佚事也受到南京人的喜爱。

他眷恋南京，忘不了车笠旧盟。1946年我来北方上学过南京就看到龚大炮在报上攻击他，给他戴红帽子。为了人民解放事业，他依近长江路东的梅园新村，以后斗争愈演愈烈，南京人报终于被特务砸毁查封。

没有多久，友鸾一直期望的日子来了。他欢欣地迎接解放。解放后，南京人报复刊，他仍任总经理。

而1952年底，他又到北京来了。1953年正月初二下大雪来我家，给我母亲祝贺生日，以后年年正月初二给他爱好旧诗的姑姑过生日。这次来京是来人民文学出版社作古典文学书籍新校注本的编辑。原来几十年来，友鸾作报人写散文、小说、创作评论，编各种副刊，同时又是中国古典文学的爱好者、研究者，他从古代经典、史书到诗词、小说、戏曲一直到佛经，都有浓厚兴趣，无不透彻深研。如1924年即写《西厢记研究与考证》的论文，发表于小说月报“中国文学研究专号”上，1929年又出版《汤显祖及其牡丹亭》。所以友鸾是报人，又是作家，又是学者。这三者不但并行不悖，而且互相促进。报人采访增加生活阅历有利小说创造，而古典文学研究充实报纸副刊，而且提供创作学习的范本。正是友鸾对我国古典文学的爱好，所以欣然按受人民文学出版社副总编兼古典部主任聂绀弩的邀请来京。

友鸾初来和聂绀弩一起研究注释《水浒》，简明扼要的注释使古典文学的校注达到一个新的水平。后又校注《红楼梦》、《三国演义》，又同顾学颉等一起校注元曲、《史记》。后来他弟弟友鹤也校注《唐宋传奇集》、《聊斋》会注会校本等。到1988年人民文学出版社还出版了他选注的《古译佛经寓言选》，从大量佛经编选寓言，他说这是继承先师许地山先生的夙愿，出书时他已经病倒了。他在这书的前言说了一段话：

特别值得一提的是，佛经寓言中有个《二母争儿》的故事，这个故事的情节，后来被元人李行道移植到元杂剧《灰栏记》中，把它演成包公判案的故事。十八世纪，《灰栏记》被译成法文，传到欧洲。1945 年，德国大戏剧家布莱希特，又据此剧写成著名话剧《高加索灰栏记》。人们一般都注意到《灰栏记》对西方文学的影响，却没注意到《灰栏记》却是脱胎于佛经寓言呢。

我抄这一段，表明友鸾古典文学研究范围之广和深，他作为一个学者是当之无愧的。

不过，他的最擅长有成绩的还是用中国古典小说章回说部形式写的小说。友鸾曾写《章回小说大家张恨水》，介绍他几十年的挚友又是同乡张恨水创作章回小说的经历，刊在 1982 年第 1 期《新文学史料》杂志上，被认为介绍、了解张恨水最权威的著作，因而被安徽潜山的张恨水研究会奉之为名誉会长，并寄来聘书，只可惜友鸾此时已经见不到了。我这里说友鸾写章回小说，出版不少中篇说部，是我经手编辑出书的。我可以说，把友鸾和恨水一样称为章回大师，也是当之无愧的。

1956 年，一出《十五贯》救活了昆曲，不久，新民晚报副刊登出《十五贯》说部连载，第一回开头是："尤葫芦戏言成巧祸"，用近话本的浅显白话一回一回地讲故事，又配有董天野生动的插画，受到读者欢迎。作者署名草厂。

1957 年，新民晚报副刊还不断刊出草厂写的连载中篇说部：《杏花庄》、《魔合罗》、《赛霸王》、《鲁斋郎》、《救风尘》，直到"文化大革命"后还登了《清风楼》，都是草厂写的。

这草厂究系何人？按图索骥来寻觅看。草厂是北京东单东南东观音寺旁一条小胡同的名字。1958 年修北京火车站时拆掉了。这东观音寺胡同有人民文学出版社的宿舍。大概是住这宿舍人民文学出版社的编辑常常走这胡同：草厂，就用来作笔名了。

中间插一句，上海新民晚报天天连载《十五贯》时，读者叫好，我去东观音寺找到这位草厂，问能不能出书。草厂搔了搔早秃了的光顶，对我开玩笑地说："可以，只是稿费从优。因要好烟好酒才写得好。"从此，北京出版社出了草厂前六部中篇说部，每种印了约五万至八万册。

到了 1982 年，北京宝文堂书店看到这几本说部有销路，又重新出书，每种又新印了三万至五万册，这回写明作者张友鸾。可见草厂即张友鸾。

话又说回来，我问过友鸾，草厂什么意思？他说这厂字并不是现在工厰的厰字简化，而古代厂作庵字，草厂就是茅草搭成的居室，像刘禹锡的陋室，有自谦之意。

还要补充一点，1956年出了《十五贯》后，北京出版社看到好销，就叫我来上海组稿。1957年正月十五元宵节，我同友鸾夫妇同车南来，第二天，赵超构在城隍庙请吃饭，我还记得叫厨子“阿三，阿三”，要名菜八宝鸡。作陪的有程大千、董天野。

最近我又去查了查，从1956年《十五贯》开始，一直到1959年，北京出版社共出了二十二部中篇说部，大多是新民晚报连载过的。这也该是现代文学一圃未被记述的黄花？除了草厂写的外，还有：

张恨水写的《磨镜记》、《孟姜女》。

江虹写的《芙奴传》，江虹即左笑鸿。

山雨写的《解皇饷》、《蟋蟀鸣》、《刘海砍樵》。

史果写的《拉郎配》、《胭脂》。

青山写的《李逵装官》、《虹桥赠珠》。

这些说部大多采自戏曲，也有取材于笔记。如友鸾自己比较得意的《赛霸王》即取自乾隆学者焦循的《剧说》的一篇艺人陈明智的小传。友鸾加以渲染创造而成。它写一个耿直艺人怀才不遇，将本领传给善于自学的青年陈明智，徒弟陈明智终于技艺超群，只因居于乡野草台班子里，受尽冷遇和奚落。只是一个偶然的机会，能在苏州登台，演出净角项羽，观众面前出现一个威风凛凛气盖一世的活霸王，被称为“赛霸王”，一鸣惊人，四座叹服，终于使师徒扬眉吐气。这些说部写志士奋发，或错案终雪，以抒其慷慨磊落之怀。

60年代初他和六位老友张恨水、季迺时、万枚子、吴范寰，左笑鸿、张友鹤经常聚会诗酒胜游。有时我这个比友鸾小了二十岁的后生也跟着去。这正是左笑鸿写词说的：“座中七翁都健寿，杯中酒注流霞，窗前六出正飞花。梅花三五点，春到万人家。”

正是欣逢盛世，友朋欢快。出了中篇说部也有点稿费了。1957年正月我陪友鸾兄嫂到上海继续组织中篇说部稿件。一起到苏州畅游，那天晴和，眼前邓尉寒梅吐花，正是梅花三五点，春到万人家。不想四五月返京，新闻工作者协会在麻线胡同北京日报四楼会议室开会，邀他发言，他说记者是蜜蜂不是苍蝇，意料不到受到批判，和冯雪峰、聂绀弩一起成了右派。这开始了痛苦的经历。但他没有灰心，他曾给我们标点北京古籍，1961 年又为香港大公报写《国大现形记》，以后南京出书改称《秦淮粉墨图》，香港出书改名《金陵粉墨图》。此时又编选《不怕鬼的故事》，1990 年 7 月 23 日他故去后，解放军报还发表此书联系人的文章，称他为不怕鬼的老人。他心怀坦荡，风雅率真，我常见他空顶长髯瘦瘦面颊两片眼镜前，一支香烟袅袅烟尘里依旧幽默有趣。故聂绀弩赠他诗："包袱三千种，心胸五百年。""文革"中他还认真地扫地，只是缺买酒买烟的钱了。平常他有三个钱就要用五个，这时更窘了。我常见他墙上挂了一幅悲鸿先生画的双鹊图，也不见了。大概无酒钱才去卖了。

粉碎"四人帮"后，他又活跃起来，写得勤了。他重握笔"友鸾杂写"，约他为《旅游》杂志写北京的美食，他三五笔勾出一个场景，淡墨浓笔，品出咸淡味道。不逞文采，而生活丰富，文学意境浓，写厚德福，全聚德、焦山庙里吃鲥鱼都受到好评，而《胡子的灾难历程》更为人赞扬，收入多部散文选里。在七月收到讣告时，我打一个唁电到南京，写数十年情谊，心伤已摧。一掬大招泪，洒向暮云间。又写一挽联后为南京新华日报引用，抄下来以为结束：

新闻奇才章回大师校注名家殊绩自有评说

北李弟子人报封查情长胡子邦国久为萦念

本文原载《北京的故事》，中国旅游出版社 1993 年版

两忆笑鸿兄长

一、一忆

我们到宣武医院看到笑鸿同志遗体那样枯瘦，但他那透着精神常带幽默的容颜又出现在眼前。

左笑鸿是北京的老报人，在北京多家报社工作过，他发新闻，编副刊，作小说，写短文，老北京人是晓得的。我来北京晚，只是从回忆录中才知道他。

张友渔同志回忆：“1927 年前后，我开始办《国民晚报》，这是一张作为我党市委进行合法斗争的宣传工具的报纸，同办的两个人是左笑鸿和张友鸾。张是团员，左是我们的积极分子。”

笑鸿同志自己写的三篇回忆登在《新闻研究资料》上，一篇写他在 20 年代末、30 年代同时编《世界日报》的副刊《明珠》和《世界晚报》的副刊《夜光》，这时他也写些小说在报上发表。一篇写他代人写小说，说 1926 年他给张友鸾代写《银铃铁斧传》，因张要回安徽，就请笑鸿代写。问他怎么写。张说“你瞧着办”。笑鸿代写了两个月。到 1950 年张恨水因为中风又请笑鸿代写小说《玉交枝》，恨水道：“咱俩的笔调相像，一般人看不出来。”笑鸿又替恨水代写起小说来，这大概还没有被人发觉。

解放后他从新民报、北京日报来到出版社，我们才相识。他在出版社是有名的麻利快，这位快手几年编发了《京剧汇编》一百零八集。数量之多，叫人吃惊。对于北京古籍他也做了不少工作。现在出版的《日下旧闻考》即瞿宣颖第一个用红墨水标点；笑鸿复校，用紫墨水标。十年动乱后，我们又请他标点光绪《顺天府志》，他欣然命笔。只是古籍出书赔钱，又缺少补助，他一直没有能看见这部书的出版。

笑鸿同志是安徽人，1905年生。他和张恨水有几十年的友谊。张明明在《回忆我的父亲张恨水》中说，和她父亲私谊最深的是左笑鸿、张友鸾两位叔叔。1925年他们即一起在《世界日报》共事。张恨水的小说《春明外史》1985年再版，又请笑鸿同志写了序言：《是野史》。值得记叙的是，1960年冬天，笑鸿同志写了一首《临江仙》词赠张恨水："白发萧疏人望重，卅年笔走龙蛇，至今妙句尚笼纱。更欣逢盛世，文治日光华。座上七翁都健寿，杯中酒注流霞，窗前六出正飞花。梅开三五点，春到万人家。"

从这首词中可以看出这位饱经世变的老人对新社会盛世的一腔热忱，也可以看到他诗词的功力和文采了。

本文原载《北京晚报》1986年10月12日

二、再忆

二十一年前，曾写短文，悼念笑鸿兄长。

年岁日增，芳菲次第有行程，无计留春住，只好苦把春痕忆梦中。思忆往事，倒成了家常便饭。只是许多事回想起来，苦涩的多，凄凉的多。正像古人说的，杏花时节偏饶雨，雨打风摧，可惜可叹！忆笑鸿兄长即是一例。

1957年1月，北京出版社迁到西裱褙胡同北京日报大楼，一楼西边的几间屋子。这年9月，北京日报调来四位同志到出版社。其中三位年纪较大，从前都在旧社会报纸工作的。那时被认为不宜干与政治较密切的新闻。但在出版社却充分施展了他们的才干，发挥了作用。其中年龄最大的左笑鸿，已51岁了。我俩同分居一楼北边最西的一间房。从此朝夕与共，一直到1965年底他退休，同处斗室近十年。

平时看稿、校样累了，不免闲聊。谈古诗古书，他都在行。常谈起友鸾、恨老。友鸾是我表兄。他说起平民大学三鸟，即友鸾、笑鸿还有一个同学名字带鸟旁，人才出众，被称为平大三鸟。谈起恨老的《啼笑因缘》，恨老最早的构思，两个女子生得很像。笑鸿参加讨论，再讨论……

又说起北京的街道、戏院、古庙、饭馆、旧事，他无不讲得头头是道，原来他1905年出生于北京。他父亲还是最后一届进士。作小京官，使他熟悉清代的科考仕宦、典章制度。加上他多年作记者采访，清楚京城社会。这自然引起我的兴趣，引为知己。

谈古诗时，他睁大了眼睛说黄景仁，说黄景仁写得好！他用毛笔写下黄的《都门秋思》：

全家都在风声里，九月衣裳未剪裁。

寒甚更无修竹倚，愁多思买白杨栽。

我看了只觉得写困厄到了山穷水尽的地步。我当时没有细问笑鸿为什么这么欢喜黄景仁的诗。显然，这和笑鸿一生的愁苦和漂泊关联着。近来有幸看到他儿女左右中三人写的回忆，且把笑鸿平生细看。

他原是皖南泾县人，父亲考中进士迁入北京。1927年他从平民大学新闻系毕业，由友鸾向成舍我推荐，不久任《世界晚报》总编辑。1932年和《世界日报》经理吴范寰的妹妹吴敬仁结婚。他才思敏捷，深谙古诗文，又善书一手仿郑板桥的字，可算得上春风得意。

此时他编报，采访，又为副刊写小说、散文。留下世界日报社出的《笑鸿短篇小说集》。

到1937年抗战，日寇杀来，形势大变。他们夫妇又加上一儿一女，缺乏应变能力。为避战火，先逃难到天津，再南下到吴家老家安庆。日寇进逼再南逃。到江西坐独轮小木车，狼狈不堪，再步行到武昌。日本轰炸武汉时又坐火车南去，火车走了七天七夜到了广州。又坐船到香港的九龙。1938年初，和孩子的外婆、三舅和同事十五口人合住于五十平米的一间房。笑鸿则到香港成舍我的《立报》当编辑。

此时笑鸿老友张万里在重庆办报，加上老友张恨水、张友鸾，三张都希望他到重庆去。管翼贤在北平办报，希望他回北平。但吴夫人听了哥哥到香港说起不少人到大西南的艰辛。有人累死饿死在路上，有人活不下去，只好把孩子丢掉。吴夫人哭着怕三个孩子(1938年6月又生了一个男儿)到重庆活不成。终于选择1938年10月从香港坐四等舱走了七天七夜到了上海，又坐船从上海到天津回到北平。四壁烽火，眼前轰炸，背行囊逃难于荒郊，又于大海波涛中颠簸。最后回到日伪把持的旧都，不得不为管翼贤的报纸当编辑，又为周作人当秘书。还得为丢失饭碗而

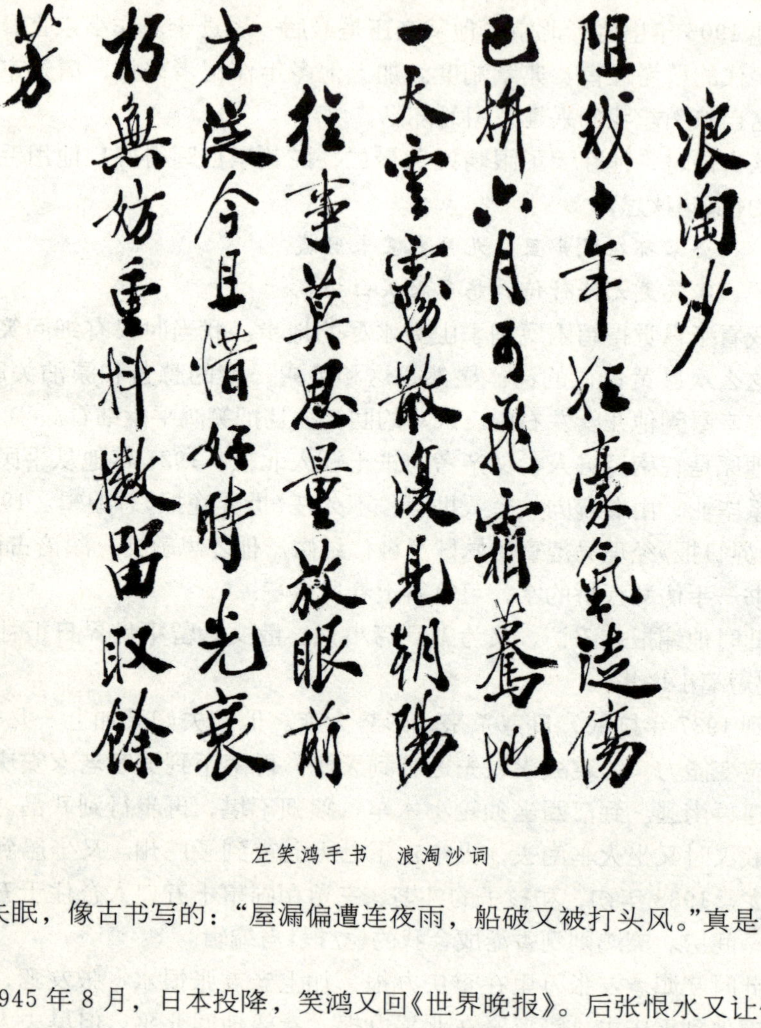

浪淘沙
阻我十年狂豪氣遠傷
已耕六月雨飛霜舊地
一天雲霧散復見朝陽
往事莫思量放眼前
方從今且借好時光衰
朽無妨重抖擻留取餘
芳

左笑鸿手书　浪淘沙词

发愁失眠，像古书写的："屋漏偏遭连夜雨，船破又被打头风。"真是糟糕透了！

1945 年 8 月，日本投降，笑鸿又回《世界晚报》。后张恨水又让他到北平《新民报》。这时他写反映日寇侵略的《血债》、《寇仇记》等。解放后由新民报转入北京日报到出版社。

值得说的，1957 年，他开始作《京剧汇编》的责任编辑。这套保留传统京剧的善本、老本(许多久不演出的)，由马连良、程砚秋等名家献出，由彭真建议编纂的。笑鸿干活以快见称，1957 年当年就出了 30 集。到 1966 年不足十年间，共出了 106 集。1964 年又为《日下旧闻考》审订，作了一些订正。到1983年，我又请他标点《光绪顺天府志》，到1987年底印出十六册全书时，他已不及见了。

像许多知识分子一样，笑鸿“文革”中在劫难逃。过后他写《浪淘沙》：

阻我十年狂，豪气徒伤。已拚六月可飞霜。蓦地一天云雾散，复见朝阳。

往事莫思量，放眼前方。从今且惜好时光，衰朽无妨重抖擞，留取余芳。

他1984年给我写信：“光阴太快，又半年未晤。想工作及外出开会忙碌。我则糊涂过日子，加之步履吃力，远不及如鸾兄之轻快，因之很少下楼，每日兀坐斗室，只是乱翻书。且脑子不灵，张钰找写‘报海杂忆’，一则记忆力差，往事如烟，模糊一鸟，只乱写了三十段，再不行了，我服老！其实才虚八十岁，放翁还在大作其诗呢。”

前面说到他一儿左右中，一女左薇明在北京中专毕业后，一个分到公用局，一个分到市统计局都成了工作骨干。1938年逃难中出生的左再思1956年参加北京中学生数学竞赛获第三名，保送北大数学系。1962年读研究生，后去美为访问学者，成为数学家。笑鸿的聪明才智有了传人。

少 年 游

——纪念三位《燕大周刊》的编者

晚报登周阿旋纪念他父亲的文章，写到周游写作《冀中宋庄之战》、《安平事件真相的调查报告》等，只是未能提到早年写的《太阳军旗飘扬下，丰台通州两日游程简记》。

周游是1935年8月从长沙明德中学考入北平燕京大学的。

初来多么新鲜。校园是那么安静清幽，不远有逶迤而来的西山。园内丘壑湖泉，像图画中的山水胜境。原本是米万钟的勺园、和珅的淑春园，岗峦溪流依旧，只是湖畔矗立着宫殿式斜坡大屋顶西式楼群，面前苍松翠竹、奇石小桥，多么安静的学习环境。

可是，入学不久，学校里发现不少东北学生是“九·一八”事变后流亡到北平来的。再向外看看，北平和天津竟处于日本军队的包围之中。“冀东防共自治政府”，在今天的通县就有汉奸傀儡政权。日本天天向华北增兵，同时又大规模向华北走私，海河上天天有同胞的浮尸，能安心学习吗？

这年12月，爆发了党领导的“一二·九”运动。“一二·九”运动震撼了一代青年，也深深影响了周游。转眼1936年春，周游参加了“民先”，和郭心晖(原名郭蕊)一起受聘为1936～1937年燕大学生会出版委员会委员，担任《燕大周刊》的编辑。主编是我哥哥赵荣声。

赵荣声也是1935年夏和周游同时步入燕大的，他比周游小两岁多，这时刚二十岁。他俩都爱好文学，参加“左联”。周游写散文、小说；郭心晖则是很有才华的湖畔女诗人。

《燕大周刊》是燕京大学当局主办。1935年5月，左派学生在燕京学生自治会选举获胜后，掌握了学生自治会领导权，才归学生自治会主办，这刊物的态度才进步、明朗起来，成为团结同学、引导同学关心国家大事的校刊。现在更广泛发动同学们讨论面前的大事：华北面临极其险恶的形势，山雨欲来风满楼。《燕大周刊》发表《傀儡统治下的冀东》，说冀东小学生读的教科书都是亡国奴的读本了。正是在这情况下，“民先”组织六位同学假装成三对新婚夫妇，前往丰台、通州蜜月旅行。周游和四年级同学檀香山华侨张希先（后嫁唐明照，即唐闻生的母亲，斯诺夫人说是未名湖畔最漂亮的姑娘）结为一对，冒险前往，回来写成《太阳军旗飘扬下，丰台通州两日游程简记》。

周游曾描述他这时的学校生活：“民先队活动是丰富多彩的。每天晨曦初现，我们男女青年五十余人就在未名湖畔的足球场上集合，由柯华领我们做早操，借以锻炼身体。以朱哲均（余建亭）为队长的未名歌咏队，我也参加了。我们经常在适楼小礼堂前练唱救亡歌曲。”

多么热情富有韵味的生活。直到 1983 年 9 月，郭心晖写《悠悠寸草心》的诗：

碧波荡漾的未名湖，
你是几代人心上的明珠。
条条幽径记录了往昔的足迹，
树梢月色重温了少年美梦。

仍是那么深情地怀念少年时代未名湖畔热血沸腾争生存争自由的斗争。这足迹这美梦都存留在《燕大周刊》中。

周游、荣声二位兄长一辈子也忘不了这时同学少年风华正茂的斗争生活，于十年前共同编辑出版了《一二·九在未名湖畔》一书，邀集同学伙伴抒写当年抗日救亡的青春年华。荣声兄晚年则把自己多年写的散文报道文集名为《少年游》由周游写序。

叫“少年游”是有缘由的。有理想有志气的少年，不能安心读书，国难震悸，惊心不已。他们一心想的是朱哲均引指大家高唱的：

工农兵学商，一起来救亡，
拿起我们的武器——刀枪。
走出田庄课堂，
到前线去，

走上民族解放的战场。

1936年冬，周游和陈鼎文、陈封雄等去绥远抗日前线劳军采访。1937年春又到潭柘寺、戒台寺野营锻炼。而1937年4月，荣声兄利用春假，组织第一个到延安的北平学生访问团，有柯华、陈龙、朱劭天、靳明等九人，这是他们听到他们老师斯诺从陕北返回燕大的讲演的启示，询问斯诺行程路线到延安的，受到毛主席、朱总司令、董老、林老的接见。后来，荣声写了《活跃的肤施》报道这次访问。

不久，“七七”抗战爆发，同学们纷纷去卢沟桥慰问抗日军队，荣声还写了两篇烽火中的古都北平，刊登在上海《申报周刊》，报道伟大抗战的开始。

热血少年终于走上民族解放的战场。周游去延安后于1938年4月参加八路军。荣声兄也于1937年12月参加八路军西北战地服务团，翌年2月14日受组织派遣，到友军卫立煌部队做统战工作。少年澎湃的心潮，终于融会到抗日的洪流中，为战胜法西斯细菌贡献一份力量。

说来有缘，周游故去十几天后，荣声兄也于今年2月17日离我们长逝。5月4日又收到北京大学历史系传来郭心晖老师“告别亲人友好”书，这是4月27日病逝前亲笔写下：我有一间小木屋，还是那么充溢诗情哲理，眷念战斗的青春。悲痛使我记起他们的峥嵘岁月，少年的碧血丹心是永存的。

本文原载《北京晚报》1995年3月2日，5月5日增补

忆程应镠

1942年春，家里来了一位客人。

这时正是抗战正酣之际，我家从“七七事变”后逃难回到故乡安徽太湖。在离县城不远的东南方，是祖先丘墓之地，名叫回龙，由于上海的叔叔寄了点钱来，我们在这里新盖了一座内分五室的房子。

来者是我大哥的好友、同学。我大哥赵荣声是上一年11月刚从河南洛阳经颍河、淮河、漯河回家探望久别病难中的双亲的，大嫂还带来一个一岁的孩子。大哥是1938年从八路军总部又另调到卫立煌那里去作秘书的。

现在来者也像哥哥一样高个头，长脸，梳分头，不到三十岁，很潇洒，有股风流倜傥的味儿。后来才知道他叫程应镠，也在卫立煌那儿当秘书。听哥哥说，应镠兄是逃避河南特务的追捕才仓促逃到皖西这个小县城的。这太湖县西边是湖北，西南不远就到了江西九江，是南京到武汉的陆上通道。1938年日寇曾从安庆沿大道经潜山至宿松剽掠而过，平时并未沦陷。他就在皖西大别山南麓这小屋住下，彼此慢慢熟悉起来。我家中人不多，哥哥下面一个姐姐，1938年从安徽步行去了延安。再下面是孪生兄弟，叫大双、小双。我是小双，才十七岁，刚念高中一年级，就在父亲任校长的安庆六邑联立中学读书。应镠兄也跟着家人叫我兄弟大双、小双。

家园三面是小丘，西边几畦稻田，外边是沙河，又叫长河，直通皖水到安庆入长江。小屋旁边遍种竹、樟、松、梅，绿荫一片，显得山清水秀。尤其春天来临，杜鹃花红遍山坡，油菜花黄满田野，宛如一个世外桃源。

平时我们孪生兄弟陪应镠兄到屋前沙河边散步，采点野花，不时能听到布谷鸟传来的鸣叫，乡下人说鸟语是“割麦插禾，割麦插禾”。有时也陪他到县城、黄泥港去逛逛市集，或到学校借些书。到了暑假，皖西天气很热，搬出竹子凉床乘凉，看着星空，海阔天空地漫谈，他谈时事，谈历史，谈往事。他很健谈，一口江西话，乡音很重，我们小兄弟俩很感兴趣。他说在北平燕京大学读书，老师洪业授课甚严，常常要学生用英文翻译中国古诗。当时我们正在学英文，明白这当然是很难的，听了不禁吓了一跳。他又谈起在燕京大学参加文艺社，开始写诗、小说以及散文，以后在《大公报》星期文艺版发表作品，我们兄弟听了很佩服。应镠兄还说他参加过全国运动会，参加中长跑。这使我们兄弟热心起运动来，自己在屋前小院挖了一个不大的沙坑，练习跳远；还挖了一个洞，用竹子学习撑竿跳。总之应镠兄的来到使家里平添了勃勃的生气。

乡下伙食平淡，我们在屋后小丘旁开了点地，播种西红柿、小白菜，有空我们兄弟还拿了一斗米到县城去换点钱，再去买点肉或鱼，打打牙祭。家里藏有陶诗、杜诗集子。宁静悠淡的田园生活，使大家不禁喜欢起陶渊明来。另一方面，由于兵荒马乱、家人离散，还时常传来乡下抓壮丁的消息，主客自然常谈起杜甫的名诗《三吏》、《三别》。我父母亲都喜欢诗，父亲很早就和马一浮唱和，壁上挂了马一浮从四川写来的诗，记得有“峨嵋天柱年年雪，两地冬天一例愁”的句子。马一浮当时对父亲的回龙山居也很欣赏，写道：“墓田种树还乡计，屋壁藏书避世情。”(注)正是这读杜吟陶之际，应镠兄诗兴勃发。一天，应镠兄说写了一首诗要给我父亲看看，并希望我父亲能加以润饰修改。记得父亲对这首诗很是赞赏，因而得以存留下来。当时我父亲或许改动了一二个字，全诗是：

北邙山色西宫树，感物怀人古帝京。
伊洛有情朝魏阙，文章无意问苍生。
凄凉乡社归耕晚，零落亲朋客梦惊。
少小虽非投笔吏，至今尚有意纵横。

诗里，应镠兄想起了洛阳北邙山和西宫的卫立煌总部，由于牵挂友人而一并怀念古都洛阳。他像伊水、洛水那样情怀祖国，希望为国效力，以济时艰。“文章无意问苍生”是反话，恰恰正像贾生那样有意于苍生，只是国民党顽固派不让他实现抱负，暂时只得躲到偏远的小村夕阳中看乡人耕种，由于亲朋稀少，不免时有凄凉之感。应镠兄从“一二·九”就思报效祖国，像班超那样投笔从戎，参加了八路军(1938 年他到延安后入八路军是以后才听周游告诉我的)。后又入了卫立煌总部作秘书工作，总想对抗战有点用处。

到秋天，应镠兄离开太湖，后来又去了大后方。以后几十年，南北睽隔千里，很少音讯。1977 年初，我去看北京出版社老社长周游同志，他拿出一封信给我看，是应镠兄从上海来的，说想来看看北京的老朋友。这使我想起吴晗主编的《中国历代史话》，其中有一本《南北朝史话》，是周游约应镠兄写的。因写得较清新活泼，故先排出校样，作为样稿，供其他《史话》作者参考。第二天，我去询问寻找这份校样，最后在崇文门外东兴隆街 51 号地下室的一个又湿又黑的烧暖气的锅炉房里，终于幸运地找到两本《南北朝史话》的校样，已在尘土煤灰中掩盖多年。这份劫后余生的校样，经过编辑刘宁勋等人的努力，以后才得以正式出版。

当时出版社希望程应镠来京修改《南北朝史话》，由于住房紧张，找不出一间房子让他来住。直到 1977 年 9 月幸亏周游夫妇让出书房并照料食宿，应镠兄才得以来京改稿。那时他住在朝阳门外三里屯，和我的住处呼家楼不远，我常去看他。第一次再见面时，他又叫我小双，我称赞他的记忆力。我谈到 1947 年秋入学不久，在清华园里，朱自清老师曾把外系的我误作中文系我的大双兄，大伙大笑起来。这样又海阔天空地聊起来，他还是一口江西话，这不禁使我想起早年时代听他讲“少年不识愁滋味”的有趣的漫话。一天，他谈起明定陵发掘之后还没有去看过。我们约好坐长途公共汽车从德胜门出发，应镠、周游、宁勋和我带了糖火烧和家里煮的茶鸡蛋，定陵孟亚男还送来了茶水，参观之后，我们就在院外野餐大嚼，回忆起来比今天大饭店的美食有滋味得多。

1979 年，这本《南北朝史话》终于出版了。应镠兄在后记中写道：

周游同志是建议我写这一本书的人。另一位促成我写这一本书的就是吴晗同志，可是，我在北京再也见不着他了。在北京住了五十天，往往独立窗前，对着蓝天，充满了对他的怀念。稿子修改完毕那一天，正碰上北京少有的濛濛细雨，独自坐在窗下，写了一首怀念他的五言律诗：

地下能相见，生逢不可期。
秋深云漠漠，风老雨丝丝。
遗札当三复，淫威逞一时。
劳人还草草，憔悴待春归。

诗写于 1977 年 10 月，三家村冤狱还没有平反，所以说“憔悴待春归”。到 1979 年 3 月，写这篇后记时，吴晗已经平反，他写道：“现在是春天了，一切充满了希望，呈现着欣欣的生意。”遗札指 1950 年夏吴晗给他一封信，劝他认真学习马列，而不要在大学里担任马列名著讲授的信。应锣兄对师友吴晗感情是很深的。

以后见到周游与哥哥时，零星听到应锣兄的情况，知道他除了在上海师范学院教授历史以外，还创建并主持古籍研究所工作，点校《续资治通鉴长编》、《宋史》等。而这些年我因编辑邓拓提出的“北京古籍”，也做点校古籍工作。我是后学，正想向他学习请教。1984 年秋，到扬州开一个整理古籍的会议，经杭州，写信给他，说即来沪聆教，再听听他的漫话。可是后来因事没有去沪。他于 12 月 20 日回我一信，这是惟一保留下来的纪念了。信中谈到他邀请王钟翰、邓广铭去沪讲学，又叫我催促首都历史博物馆归还曾借去吴晗致他的信。原先是因我的介绍，应锣兄才借给博物馆作吴晗生平展览用的。以后陆续听说他生骨刺压迫神经、患病不轻的消息，不禁黯然为他难过。后来见到他写的《范仲淹传》，书中史实淹博，文字犀利，又感到他的才华还是会好好发挥的。孰料今年 8 月间，陈鼎文兄突然来电话，说应锣兄已于 7 月 25 日溘然故去。不久去探望周游病时又再次证实了这个消息，天丧斯人，使我哀痛伤感不已！鼎文兄多次嘱我写点东西纪念他，我也不顾钝笔朴拙，写了这些回忆。

（注）父亲赵纶士诗集大都散失。他与马一浮唱和的诗，因编马一浮集子时，马一浮侄子马镜泉抄给我的。全诗《纶士先生赠答四绝并见示回龙山居述怀之什奉酬律代简》：“坐看荼毒误苍生，敢说春秋致太平。年去江流湍濑速，诗来长夏午阴清。墓地种树还乡计，屋壁藏书避世情。欲话桑麻忧道阻，相逢何日俟休兵。”

本文原载日本出版一杂志 1995 年 2 月号

忆雷梦水

长夏无事，暇时看点杂书，无意中被乾隆盛时的汪中吸引住了。汪中被扬州人目为“狂生”。

怎么狂？大概因为念了点书撑的。他在安定书院教书。每一次山长(校长)来了，他就找经史的疑难问山长，山长答不上，汪中就大笑跑走了。沈编修志祖、蒋编修士铨都受过他的窘逼。沈志祖本来年纪就大，不想受到这小子嘲弄侮辱，不几天就死了。这样，汪中狂生的名字就传开了。汪中父亲死得早，家里穷不能念书，也买不起书，要糊口就被书坊雇去当学徒卖书，这样长久了才使他“遍读经史百家，过目成诵”(王引之语)，成为学者。

我一想起卖书的汪中，脑袋里就显现出卖书的雷梦水。梦水不像汪中，没有一丝狂气，而且质朴得像水一般。只是梦水也是卖书的，卖书的人不能成为学者吗？汪中不就是例子？

梦水和汪中不同，一辈子都是卖书的，都是在书店门市里度过的，现在的话叫售货员。早先他在琉璃厂南新华街路东的通学斋书店作学徒，那是解放前的事，作朝奉小使唤的，大概有了年头。在书坊，先作学徒后作店员，每年二月初三得先拜文昌帝君再拜书坊老板为师父，称弟子。所以《琉璃厂小志》的“书肆传薪记”中写通学斋老板孙殿起，冀县人，名下共弟子十三人，最后一人是雷梦水。

我记不清哪年认识梦水。他卖古书，我在北京出版社出古籍的书，是天赐有缘和他打交道。大概 1960 年前后，他第一次来出版社送《琉璃厂小志》稿子，那还是在东单北京日报楼下一层。只见他穿一套褪了色的蓝制服，布鞋，布帽，说一口衡水话，带着乡下的土气。稿件是孙殿起编写的，我仅把他看作一个送稿件的，并未留意。

以后也见过，但印象不深。印象较深的是1980年，即离初见二十年了。这次也还是送《琉璃厂小志》稿件，要再版。他还是那一套褪色的蓝制服，布鞋，布帽，还是那一口衡水话，带着乡下的土气。但这几年，我已经了解老雷了，我把他迎上位于崇外东兴隆街的出版社小楼的三层，大伙谈了起来，他成了受欢迎的客人。

由于陈云同志的倡议，党中央对古籍十分重视。我们也成立了专业的北京古籍出版社。要出古籍，就需要了解古书。我从《琉璃厂小志》、《贩书偶记》中才知道孙殿起和雷梦水的经历。孙先生15岁时，家乡河北冀县年荒歉收，生活艰辛，就到琉璃厂书坊作学徒。民国初年，广东东莞伦哲如教授(伦明，前清举人，北京大学中文系教授，身着破大衣、破鞋，书肆人叫他“破伦”，唯嗜书不倦，亦一书痴)创通学斋，伦教授很喜欢孙先生，说“孙勤于事，又极警”，就把通学斋交给孙先生经营。孙先生是个有心人，对贩卖经眼的古书，辛勤地将书名、作者、卷数、刊刻年代等都记述下来，数十年间，积累大量资料，尤其详于清代。孙先生于1936年出版《贩书偶记》，加上续篇，有上万条目，即给近万种作家著作保留记载——差不多成了清人著作总目。

梦水也是15岁从冀县谢家庄出来，到北京投奔舅舅孙殿起，在通学斋当学徒，刻苦努力，诸事用心。用一支小笔头写古书内容，成年累月，锲而不舍。这样，对古籍版本源流，经典目录内容，都很熟悉。于是，舅甥两人像缪荃孙写琉璃厂的陶五柳、钱听默一流，所谓宋椠元椠，见而能识；蜀板闽板，到眼不欺。而梦水开始帮助孙先生整理《庚午南游记》，以后《贩书偶记续编》等，无不是梦水帮助整理的，梦水还写了《古书经眼录》。

我们要出古书，就得先找书、访书。我来得最多的是琉璃厂海王村中国书店后楼一层的古籍读者服务部。我每次去，都在这里见到梦水。这两层砖木楼房是清末状元黄思永办实业留下来的业绩。这当然很少人知晓了，却是梦水告诉我的。楼下前后两屋中间的书架旁边有一张不大的书桌，这书桌面向外，即对着外来的读者接受咨询的。但一般卖书的，也像其他商店里的售货员是站在柜台前面，不能坐的。梦水有点特殊，他坐在这小办公桌后面，小桌子上堆满了书。我每次去，总看到他专心致志地看书或抄录什么。他有了这张桌子——他的办公桌就可以写，可以坐着看书，不同于一般的售货员了。

这样，我们渐渐熟悉起来，也谈得带劲了。1981 年，他拿来孙殿起编的《北京风俗杂咏》，我们没有多久就出版了。以后梦水又编了《北京风俗杂咏续编》，也于 1987 年出书了。

这中间国务院成立了古籍规划出版领导小组，组长李一氓同志很关心北京的古籍，还在报纸上赞扬过我们。1982 年，李一氓给北京出版社写了一封信，说："你们已刊行北京各种竹枝词，似可扩大，印《启祯宫词》。"我们都觉得这是个好主意。因为宫词不仅写宫闱帝后生活而且涉及历史故事，王朝兴衰。只是明代天启、崇祯两朝宫词太薄，分量少。能不能把建都北京的辽、金、元、明、清五朝的宫词都收集出版呢？这很困难。写这几朝宫词的书哪儿去找？这时我猛然想起梦水，想起背了蓝布包袱给朱自清、郑振铎送书的梦水。许多专家学者著书离不开琉璃厂的朋友。我又到小楼下和梦水谈起要编宫词，不想他滔滔不绝，一口气说出十多种宫词，我听都没有听说过。我又想起缪荃孙说的陶五柳、钱听默一流，眼前就是！我请他帮助搜集五个朝代的宫词再标校出书。他说："能不能找齐不敢说，我去大楼给找找看。"不想没过一个月，他竟背了大蓝包袱来，打来一看，全是宫词。后来终于标点出版了《辽金元宫词》、《明宫词》、《清宫词》，当然有些是标校各朝专家搜寻加上的，但大多是梦水找来的。在这三本书的点校说明中，我都加上"雷梦水同志为本书编选搜集了大量资料，谨志感谢"的话。

就这样，我把梦水看成我们业务上的支柱了。我也常去琉璃厂，一是看看外地出什么古籍新书，再听听老雷的高论。一次闲谈，不知是谈红楼梦还是曹雪芹(那时报上常有曹雪芹旧居、旧物的新发现)，他偶然想起，说："《雪桥诗话》杨钟羲写的，可以印。"还说胡适早年考证红楼梦为曹雪芹所作，就是引证这诗话谈宗室敦敏的诗。我托他买了来一看，果然资料丰富。1989 年以来，已印出《雪桥诗话》和续集、三集、余集共四大本。此书出版是不是受到学术界的重视不得而知，只是胡乔木派人来买过。

这样，我们的交往也多了。每次去，只见还是老样子，老一套的蓝制服。只是多了两样东西：老花眼镜和木拐棒。他说腿脚有些不利落了。桌子上还放着套袖和手套。这是他取书时带上的。大叠线装书常年少人动，满是尘土。不带套袖、手套，满手尘灰是吃不消的。

后来听说他搬了新房，我就去永定门外马家堡看看他的新居。见了面，我们都很高兴，只是屋子里分外简单。没有什么摆饰，还有那一分土气。闲谈中，他叹气常腰痛，身体越来越差了。我并没有在意，不知过了多少时，又到小楼下，人说“老雷病了”，我怅怅离开，还以为他得了感冒什么的。以后再去，再没有见到他坐在那张桌子前，连那张小桌子也撤走了。我心头低沉起来，问他的同事，才知道他患了骨结核。有人说“冬天熬点骨头汤加上白菜，就是菜，他营养不够”。我想起那套蓝衣，几十年一贯制。虽然现时条件改善了，国家也发给他政府特殊津贴，但他吃的习惯了，还是当学徒弟子那样子，熬白菜，还能好了？像青年作家张恬写：“谁都有鸟枪换炮的时候，唯独雷先生没有。”

当然不能说老雷没有被人留意过。散文家姜德明就很看重梦水。他把梦水零星发表的文章，收集出版，叫《书林琐记》。这是姜德明主持人民日报出版社时干的好事。梦水一生也不致埋没无闻了。到1991年，姜德明还要我带他到马家堡去看梦水。梦水早已佝偻着伸不直腰，但还一直要送我们下楼。我硬拉他，才没有下楼，大概也走不下来了。只是去年十月传来他的噩耗。想起多年的交往和他对古籍的帮助，我很久就想写点东西纪念他，只是看到书里的汪中才写出来，了掉一桩心事。

本文原载《光明日报》1995年8月16日

作者编者死生不渝情

——忆邓拓和顾行

顾行、成美著的《邓拓传》于 1991 年盛夏即将付印之际，成美借用熊鉴一诗：

三家当年本无村，留在人间却有痕。

一自黄钟遭毁弃，遗音唤醒万民魂。

“三家村”是“四人帮”“文革”的开刀切口，在当代史上留下斗大伤痕。显然，洗濯泼在“三家”的污泥浊水，辨白千古奇冤，恢复本来面目，让黄钟大吕发为龙吟虎啸唤醒民魂，很有必要。此顾行、成美所以耗尽心力不顾病痛写作《邓拓传》的原因。

一

编者和作家会结成种种情谊，但不像《北京晚报》主编顾行和《燕山夜话》作者邓拓有那样死生不渝的情谊。因发表《燕山夜话》，顾行受到很恶毒的批斗，挨打受骂，几无止日，吃尽了苦头。为了寻求真理，写《邓拓传》，顾行又千辛万苦，采访、写作、校阅，绞尽脑汁，最后劳累而死。

1987 年 3 月底，我收到顾行一信，信中写道：

你好！这次是在安贞医院的病房里给你写信。因房颤一直不停，我接受晚报同志们的建议，干脆到北京心血管中心——吴英恺教授主持的安贞医院住院检查治疗，为时一个月。情况大为好转，请你放心……我住在安贞医院十二病房（干部病房），电话是：462431 转 387，找 5 床即可。

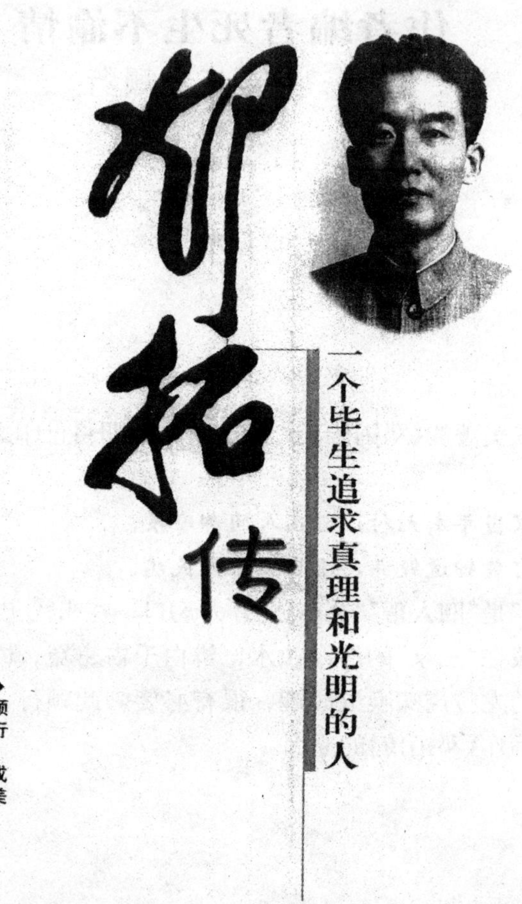

《邓拓传》顾行　成美著　山西教育出版社　1991年11月第1版　2002年5月再版　此再版封面

我随即去医院看他。他还是文弱书生、梳着分发、白净秀气的样子，多少有些困倦病容，说话吴越的京腔，曼声细语。那时我们出版社已搬到北三环中路，离安贞医院不远，便常去看他。他对我说起，自从1980年《北京晚报》恢复，他主持复刊，卖到100多万份。1984年开始全力写《邓拓传》，去过福州、厦门、上海、开封、太原、五台、阜平等地。他说："这是追踪采访，沿着邓拓过去走的路。如邓拓第一次在上海被捕，在上海找不出任何线索。地下斗争，单线联系，全断了线。"我说："又怎么找出头绪?”他说：“到了邓拓的故乡福州，看邓拓故居。去邓拓学生时常去的于山，于山上有福州画院，不想遇到三位老人竟是邓拓的老同学、好友。一位画家潘老忽想起几天前在街上碰到一位邓拓在上海政法学院的同学叫周政余，一起抗日救亡。只记得姓周的住在西门。”我说：“这回有门了!”他说：“找到西门派出所，查阅户籍簿、户口卡片，没有这个人。又到福州公安局口卡室也找不出一个叫周政余的。得亏口卡室主任说你们是报社的，为何不登个寻人启事。果然当天《福州晚报》刊出寻人启事，才找出 1931 年邓拓在上海的确切历史。”我说：“要真实历史，还能容易?”他又说起陇海路上的潼关，这引起我的兴趣。因我哥哥谈起过他 1938 年深秋从武汉到山西参加八路军正是从潼关过黄河的。我问：“找到潼关了吗?”他说：“抗战前的老潼关不在今天的潼关车站。我在当地找到全县出名的‘老潼关’潼关小学老师当向导。出潼关西门二三里，一片荒滩，长满了野草，老潼关就在这儿！从这儿望去，滔滔黄河东去，此处崖高谷深，水流湍急。对岸山西风陵渡口，一片白茫茫。这是雄镇陕、晋、豫三省重镇，鸡鸣听三省之地。”我说：“你可以大写一笔了。”他说：“一年后，才了解邓拓抗战初从正太路到太原，没有过潼关，没有写入《邓拓传》。”我说：“可惜了！可惜了！”

到 1992 年 5 月，我又去安贞医院十二病房看顾行，他高兴地坐起，取出新出版的《邓拓传》，这是他们夫妇患难奋斗的结晶。他签了两人的名字送我留念。我回来细看，后记写于 1990 年 5 月，这已是他第三次入安贞医院了。在病房写这后记，记采访写作经历，想起一段，翻身下床写一段，是不顾重病艰苦，玩命似的才写出的。

1993 年五一节，我又收到顾行一信。信封上写着人民大学林园 6 楼，是从家中寄来的。我欣喜他不再住院了。这回他称我夫子。因我搞古籍工作，从前又帮晚报解释毛主席讲话时说到的古典。这次是他们写完《邓拓传》又编注《邓拓诗词集》，要我帮他们找出邵雍的原诗。不想以后安贞医院竟成了他们的家，多次住入，而且多次病危，亏得医院专家诊治，才延缓到 1997 年 3 月不治。后成美告诉我：故去前，顾行开列一名单，其中有我的名字，希望这些人不忘他。我一直想写点纪念文字。从头谈起吧。

二

1957年1月，我工作的北京出版社迁入北京西裱褙胡同北京日报大楼一层(大楼四层，因《北京日报》总编辑周游兼任出版社社长，才得迁入)，我和顾行熟悉起来。原来从1953年我就给《北京日报》写稿，搬入后常去三楼老顾处。有时又常常碰到白净面孔、书生模样，带着南方才子之秀的顾行。问他才知他是浙江海宁人。我记得王国维、查初白两兄弟都是海宁人，自多一分好感。都是北京的大学里出来的，参加过学生运动，爱好文学写作又多一分好感。1958年《北京晚报》创刊，顾行主编五色土副刊。约我写稿，情谊日深。我记起解说中山公园五色土的文章，就是他约我写的。以后又约我写一夕谈。这个豆腐块文章虽小，有时也闪耀火星，提示思维看法，还是让人留意的。我1959年和1961年都只写了一篇。其中1960年，从3月到12月，竟写了九篇。其中有三四篇是老顾头一天说好晚报空出一小方块，让我第二天上班交稿，当天见报的。第二天在报社门口，只见他笑眯眯地等我给他稿，还是那斯文书生的秀气。我说要写糟了可给你砸锅！他说不会的。幸好还都通过了。但我却不敢再玩险的了。

1961年3月，一天晚报编辑、老顾手下的大将刘孟洪来一楼西头一间我们的办公室。除了我，还有从北京日报调来的左笑鸿。左笑鸿是老报人，彼此都熟悉。孟洪对我们说："找到一个大作者。"我们问是谁。孟洪说："马南邨！""又是谁?"孟洪神秘兮兮地说："过些时再说。"但不久就知道马南邨即邓拓。

因为《燕山夜话》有不少古典、历史内容，需要查询，恰好我们办公室有一套中华书局出版的《四部备要》，经史子集都有。当时100元，是我找出版社编辑主任王宪铨批准买的。这样顾行、孟洪逢读者来信或核对史实时就来找左笑鸿和我。左笑鸿年纪比我大，读的古书多。有质疑《燕山夜话》中密云的老杨令公祠，我们一起查《辽史》，找顾炎武的著作。我们也一起评说议论刚发表的《燕山夜话》，只觉得作者读书多，见多识广，思想深邃。写得新颖，不是八股老一套。看不出一丝邪恶，更谈不上反党反社会主义。也看不到像《邓拓传》中说的有对时事提出意见，诤言说论等。

三

1958年邓拓从人民日报罢官来北京市委任文教书记，要求北京出版社整理北京的古籍。我有幸参加这一工作。开头出版的《宛署杂记》是宛平县知县沈榜编著的。

赵洛先生：

我看到印发原诗，要您大驾帮你们找我。

《邓拓诗词集》还可以有记全部注释，我即请求后一道序了。出版社不一定后来取书稿，麻烦你，还要依你尽可能把意见给我们清楚，谢谢你，向全家祝节日好！

顾行 成美

四月二十日

顾行、成美给赵洛的信

我写的出版说明受到邓拓的批评。我曾改写过。邓拓于《夜话》写《昌平的大小米》，我记得曾和顾行谈到北京大学图书馆藏有米万钟画的《勺园修禊图》。这促使邓拓到北京大学找陈庆华，在陈的带领下去看《勺园修禊图》，写《米氏三园》。1961年4月纪念画家王绂诞生600周年，邓拓主编的《前线》嘱我写一篇《王绂和他的卢沟晓月图》。

与此同时，我编辑吴晗的《学习集》(1962年)、廖沫沙的《分阴集》(1962年)。吴晗主持《中国历代史话》时，我也参加过在四川饭店开的编辑会议。这样“三家村”和我们也不乏交往。我看不出“三家”有丝毫恶意，更不用说反党、反社会主义了。

只是晴空突起风暴。1966年四五月北京日报大楼全体(日报、晚报、新华分社、出版社)于楼前大院集中，听大喇叭高音广播，耳中都是骇人听闻的危言，辱骂与诬陷“三家村”，《燕山夜话》成了大毒草。听得心惊神骇，遍身起鸡皮疙瘩，透不过气来。接着大字报贴满四层楼。

一天窗外哄闹，向外看，只见几人拉拽推搡老顾，狠狠揍打。他挨打，我心头颤抖。没几天，又听说顾行、成美一起开了煤气自杀未遂。我真不知怎么过了这些时日，更不知老顾这些年怎么过来的。

粉碎“四人帮”，顾行脸上才露出笑容。他更欣慰地迎接1979年9月5日为邓拓同志举行的追悼会。看到许多战友的悼诗、挽联，顾行长期的郁闷开始松解，动了写《邓拓传》的念头。1984年1月，去阜平马兰村，参加原《晋察冀日报》的纪念会，当年的抗日情景又显现了，邓拓于日寇侵略扫荡中九死一生，多少同志倒下去，邓拓擦干了眼泪，艰苦出报。无怪赢得彭真题词：“艰苦奋斗、博学多艺。”又赢得聂荣臻作序。至此，我忽想起元好问的诗：“撑肠正有五千卷，下笔须论二百年。”邓拓、顾行俱有焉！顾行写出一个真实的邓拓。从编发《燕山夜话》到写出《邓拓传》，使邓拓和《燕山夜话》光亮不止，顾行亦由此而名垂久远，而两人的生死友谊更是古往今来少见的。

本文原载《纵横》2006年7月号

附：

成美的信

此文发表后，一直想寄给成美。但她迁出人民大学林园后不知地址。碰巧参加读书报刊会的南京传媒大学的同学来看我，她住在人民大学，托她打听得到成美的电话才把此文寄去。后收到成美的信，说顾行对邓拓一直有负疚的心情，而丁一岚也有同样的心态。正是我所说的两人的死生不渝情。现将原信录出。

赵洛同志：你好！

昨天和你通电话，今天就接到你的来信和文章，谢谢您。看了您的文章，忍不住掉泪。文章中写的有些事是我过去不知道的。那些日子，顾行在报社，我在学校，周末我回家，接孩子，看孩子，他还要忙着出

报纸，吃饭都凑不到一块儿。他真是把心都给了晚报！记得写《邓拓传》的时候，他总是抱着负疚的心情，觉着要不是他们老去磨着让邓拓写《燕山夜话》，邓拓也不至于被逼死。我们采访丁一岚，她说邓拓也有这样的心情，觉着要不是他写《燕山夜话》，也不至于牵连顾行受害。他们两个人都是真正的好人，难得的好人啊！你在信中说顾行“无官气，无俗气”，说得太中肯了。您是最了解顾行的，一下子就看到了他的特质。

（下略）

顺祝

珍重

成美
2006.9.2

三遇孔凡礼

1938年秋，我回到故乡安徽省太湖县西北大深山里，一个叫薛义河，只有几家店铺的小镇。它在大别山南麓，也只有这重重叠叠的深山才能躲避日寇的侵扰。

1938年夏，日寇为了包围武汉，有一支从东向西的部队，从安庆、潜山、石牌进入太湖县城。只是对半山半平坡的太湖县城剽掠而过，并未长期占领。

离小镇不远有一座古老的王氏宗祠，开阔高大的轩堂借用作六邑中学的课堂。

初一班由一位布履长衫50多岁的郝老师讲国文。在抗战初起之日，讲乡土豪侠人物，魏禧的《大铁佳传》，老师抑扬顿挫的豪情让30多个学生听呆了。郝老师还欢喜古诗，有时讲完课，也吟哦他自己得意的诗，同学们听得益发呆了。还有几分钟下课，不想老师忽然发问："古诗要平仄押韵，平声有上下十五部韵，哪位同学晓得?"没静一会，只听得后排有人回答："一东二冬三江……十三元十四寒十五删。"大伙立刻伸头去看他。原来是班上年纪最大、个头最高，但还是满脸稚气的孔景高。老师又问："你会作诗吗?"只听他答："写了一首月季花。……浅浅深深月月红，愿得百花都如此，世间何日不春风。"

郝老师说："你年岁不大，作出这样的诗，很不错了。"这是我第一次遇见他。当时只有十一二岁的同学当中，他大两三岁，算是老大哥了。他便是研讨宋代文学颇有成就的孔凡礼(时叫孔景高)。

当时同学奇怪，问他学识缘何高人一等呢？他说他是太湖东乡小池

驿孔家河人。父亲抗战前在安庆土地局作工人看大门。太湖县有谚语“富莫丢猪，穷莫丢书。”长辈很看重念书。他六七岁就在家近旁海会寺念私塾。同时放牛打柴禾拾菠萝(油松树上长的，放在白铁氽子中烧火)。孔凡有诗：

放牛七月到西山，土埂红芋信可餐。
扒出土来泥未洗，一声恫喝泪潸潸。

风起菠萝落半坡，一边拾起一边歌。
荒箩拾满回家转，慈母迎来二里多。

(《忆往之什》其六　其十二)

没有隔几天，一天早操后，教导主任王甸平照例要讲话。讲过抗战杀敌的大事后，大多讲些学校里的好人好事，砥砺品德。王老师讲，看到赵荦(音 luò)同学的日记，写到冲顶，因和景高的名字谐音，不知是不是指孔景高的？有诗为证：

晨操作罢集祠前，循例王公作训宣。
读过赵君新日记，糕名“冲顶”友情联。

自注：“赵君名荦，早改名为洛。离休前为北京古籍出版社总编辑。我时名孔景高，太湖、怀宁一带糕点类有冲顶之名。景高与冲顶谐音。”诗是已卯(1999 年)《忆往之什 · 少年篇》写的。距 1938 年已过 61 年，孔老仍清楚记得这件趣事，以为是我俩友情的开始。

这流亡的六邑中学，原是安庆府中学堂。民国府制取消，改为府下六个县(怀宁、桐城、潜山、太湖、望江、宿松)联立中学。抗战后，搬迁来太湖，因校董杨慧存积极奔走，推举太湖人赵纶士出任校长。1939 年夏，赵校长跋山涉水又找到县城西八里姜家岭，借李氏老屋 20 多间作为校舍。这年秋，孔景高又来姜家岭，我们又一起读到 1943 年夏。

孔老对姜家岭有深情。1991 年 3 月 24 日，他和旧日同窗查敏求、周磊、朱家楔、周瑾芳四友游花凉亭水库，复去姜岭，写诗：“漠漠春阴细草匀。五年姜岭梦魂亲。”自注“余读六邑联中四载，任教简师一载。”“故道依稀尚可遵，渐来深处有鸣禽。”花鸟都有故人情了。

“凿山移石辟操场，一曲《中流》意气昂。”赵校长和同学一起挖山搬石开辟运动场。校长作校歌“天柱峰高，是长江中流砥柱”又响起了。勉励同学要像不远的大别山主峰——天柱山，成为时代的中流砥柱，多么意气昂扬！

“新篁解箨舞婵娟，李氏厅西半亩园。育竹树人原一理，纶公著论意拳拳。”纶士校长作《竹园说》写李家屋旁半亩园雨后春笋，勿伤萌芽，不日成茂竹佳翳。学校如育竹树人，得时地，学子将栋家而干国。纶士意论令人奋起。

在姜家岭四五年中，有一件对我们产生影响的事，就是遇到了语文老师金真逸。金老师是安庆人，聪慧有异禀，能诗善画复弹古琴，听他讲古代文史诗词，是绝妙的享受，奠定了我们古典文学的基石。

凡礼诗曰：“草木葱茏后岭巅，金师于此抚琴弦。飘然一弄潇湘曲，云水苍茫直欲仙。”

1943年秋，高三入学，不见了老孔。原来他和一位岳西同学到立煌(今金寨)去投考刚刚建立的安徽学院。两人背着行李一天走七八十里。从太湖经潜山、桐城、舒城、霍山，走到立煌长春冲，望见一排排新筑的土墙茅屋，便到了战时安徽大学堂——安徽学院。他初出远门，起初走得快，不想两天后脚底起了水泡，痛彻心头。到了学院，听赵景深讲戏曲，还自拉自唱了一段昆曲，叫听课的笑开怀，也不枉跋涉千里。1944年秋，我双生兄弟想过江到浙江上大学，在至德遇到土匪，4个月后返回。我也因保送入安徽学院，1945年秋，我便和老孔结伴一起到安徽学院。只见老孔一直一人走在前头。宽大的学生装，伸出细长脖子向前赶路。中午吃饱了饭也不歇一会儿就走，从此得上了胃下垂的毛病。

1952年7月，我在前门外杨梅竹斜街新大众出版社工作，下班走到西河沿，不想还真巧了，抬头一看，这不是老孔？一脸愁容。我说你怎么来了？他说近年在家乡教小学、简师，还失过业。来友谊医院看病，说是胃下垂。我忽地想起近日看报，北京招考中学教员。他说：“不敢，不敢。”我说：“试试，或能考上呢!”不想几百人中他被录取。9月13日他来到西城区的第三中学，开始教语文。这是我俩第二次相遇，很是偶然，对他却产生重大影响，成了一生转折。

李郁章写了一篇《厚积薄发推陈出新的国学名家》，其中写三中学生开始对孔老师印象不太好。在校园中只见他提着一把大铁壶打水，夏天不穿衬衫，一件灰中山装，扣扣得很严，领口宽松，突出瘦长的脖子，不像老师倒像工友。加上太湖乡音很重，学生听来吃力。可是久了，孔老师讲课非常投入，朗读“关关雎鸠，在河之洲”，声音洪亮，他的热情感染了同学。加上和蔼真诚，有病几年也不缺课，反倒受学生喜爱了。

讲课批改作文，还是挺忙的。但假日，尤其寒暑假，闲空不少。他又想起了早年欢喜研习的中国文史。先钻研鲁迅、红楼梦，搞不出名堂。1956 年，党提倡向科学进军，老孔有了劲头。1957 年 3 月，他在东单中国书店买到一本万有文库版的《陆放翁集》，有兴味，开始收辑陆游资料。他立了两本账：一本陆游交游录，一本陆游编年录。横的陆氏家族友人搞清楚了，纵的陆游一生也明白了。这使他确定陆游卒于嘉定二年(1209)，使他写出一篇《陆游的卒年》，刊于 1958 年 2 月的《光明日报》。后来他又为范成大立了两本账，同样纵横的细目凸现范成大的一生。往后又为苏轼兄弟立了两本账，研讨三苏也有门径了。

1957 年 11 月，他在书店看到李盛铎的藏书目录，就有陆游的《家世旧闻》，藏在北京大学图书馆，他就赶去，用了两整天把全文抄了下来。又在北京图书馆查到这本书的明抄本。他奇怪，这样一部被藏书家称赞的“惊人秘籍”，居然在北京几大图书馆躺了多少年，无人问津。

从此，他就以文津街的北京图书馆、王府井大街的科学院图书馆为家了。早去晚归，一泡就是一整天。因为这里珍藏着许许多多的文史富矿，一挖全是宝！从 60 年代开始，潜藏图书馆二三十年，成就了他。

1980 年 3 月，为写宣南诗话，我去北京图书馆找资料。只见宫殿式大屋顶下面大房子里大桌子、大椅子一直是空着的。稀稀拉拉坐着几个读者。我借了书，找右边中间书桌看了许久，想到喝水，抬头望去，前面靠背的不是老孔吗？这里正是他自述诗写的：“恢宏几百席、研读二三人。”不想又在图书馆相遇了。要吃午饭、午睡，我就离开了。我问：“怎么吃午饭?”他翻开带来白毛巾包的冷馒头，说用馆里的开水泡馍。1998 年 6 月 16 日下午，我们在科学院图书馆会面，他写信告我：这星期每一天下午都在科图。琉璃厂、隆福寺、东安市场等旧书店，他也是常客。像他《七十抒怀》所写：“出入文津道，留连厂肆廛。五千唐宋卷，百万管蠡言。”更多占有资料，使他站在学术制高点。如他在《苏轼年谱 · 自序》说“王氏(著《苏文忠公诗编注集成总案》的王文诰)穷毕生精力，研讨苏诗，撰写《总案》，发明不少，有功后学……类以百十计有关纂撰苏轼年谱之必读要籍，皆未寓目。非王氏不欲寓目，而其时其势有所不能。”历代珍藏图书万千卷帮了老孔大忙。

如20世纪70年代末，他在北京图书馆发现为人忽略的明抄本《诗渊》，这是25册大本书。无序跋、作者。收录魏晋至明初诗五万首，他说十之二三未刊出过。他用小本本辑录出苏轼、辛弃疾、朱淑真、汪元量的佚作外，还辑录了《全宋词》遗漏的140多位作家430首词，后成《全宋词补辑》一书。又辑得宋诗人1600人，成《宋诗纪事续补》一书。又从《永乐大典》辑写宋人未刊专集103部，写了五篇《永乐大典》宋人集的记述。

充分占有资料，使他有扎实的基础，于宋代诗词由此及彼，由表入里，印证考释，辑佚钩沉、识真辨伪，发惑明微，都高人一等。编校郭祥正、三苏、汪元量、范成大、陆游等专集、年谱，有好成绩。

2001年春到黄村拜望孔凡礼

2003年11月，我读他送我李一氓题书名的《范成大年谱》，我欢喜范诗“宇宙勋名无骨象，江山得句有神功”，便用宣纸写了这两句寄给他。他回信：“范成大那两句诗，写得好，我非常喜欢，用来赠我，是对我的鼓励。”有人说他是无冕学者，这两句话或正是他的画像。

2002年11月，他八十寿辰，三中、中华书局在2003年1月18日为他祝寿。我在会上说一个乡下土老帽能在北京学术界站得住不容易。他有家乡人说的一股哑劲，一股冲劲，加上少有的勤奋，少有的一心关注。少小从私塾到六邑中学的学识基础，加上大环境：图书馆免费服务，粉碎“四人帮”后，党中央对古籍出版整理的重视，李一氓的荐举。我说我曾听见李一氓、朴初老、邓广铭对他的称赞。写此文看他作的诗，他有惊人的记忆力，记忆青少年读书的六邑中学，不忘赵纶士校长——我的父亲、金真逸老师——教我们四五年。我感念孔老不忘故乡故旧的真情。

本文原载《纵横》2009 年 10 月号

陆　记

编余命笔

汉赋闪烁的光辉

一、西汉谏畋猎

温家宝总理在 2007 年两会记者招待会上说到“水能载舟亦能覆舟”的话。这句名言，3 月 17 日《参考消息》有文章说是唐代皇帝讲的。大概是指唐太宗讲过。可是，不要忘记，最早讲“水能载舟亦能覆舟”的，却是汉赋中讲的。是东汉的科学、文学大师张衡讲的。他在《两京赋》最后讲这句深刻影响后代的话，同时他还在这赋中有许多环保内容的话，值得我们探求。

汉赋汪洋恣肆，富丽炫耀，震惊人耳目，这是大汉国势强大昂扬的反映，有人说它思想贫乏，这是不够公允的。汉赋的主旨是讽谏。这继承诗经优秀的传统。但这不容易做。对人提意见，尚不爱听，臣下对君主帝王谏讽更不容易了。西汉词赋大家东方朔用诙笑嫚戏逗哏嬉乐的技艺赢得武帝的欢心，然后观察颜色，直言极谏。东方朔身高九尺二寸，目若悬珠，一表人才，又学富五车胸中有儒法兵家术，却被武帝看做滑稽专门养蓄讲俏皮话的倡优。东方朔心中十分痛苦。他作《非有先生论》坦白心里话：谏诤不容易，曰谈何容易！

世事不平，无如君主圈农民赖以生活的土地作为猎场。所以孟夫子见梁惠王亟言灵台鱼跃要与民同乐。西汉三位大词赋家司马相如、东方朔、扬雄都谏说畋猎。这是他们词赋的主旨。也许汉武帝做得太过分了。即位初年就建上林苑，东起今陕西蓝田县的鼎湖宫，绕过西安南，西南直到今天周至县的长杨、五柞两宫，东西三百余里。所以司马相如的《上林赋》写："独不闻天子之上林乎？左苍梧，右西极，丹水更其南，紫渊径其北。终始灞、浐，出入泾、渭。酆、镐、潦、潏，纡余委蛇，经营乎其内。荡荡乎八川分流，相背而异态。东西南北，驰骛往来。出乎椒丘之阙，行乎洲淤之浦。经乎桂林之中，过乎泱漭之野。……"

上林苑在渭河南边，东边有灞河、浐河，西边有沣水、镐池，即平常所说的八水绕长安。司马相如如此这般描绘八川分流异态，后边更写水的奔腾，四字一句，用二十二句写水流汹涌。写水如此，写山也用矗矗、崔巍、峨峨、崛崎等。实际上林苑里并没有多高的山。这样夸张，用来讨好喜大好功的汉武帝，果然武帝欢喜，令相如出使巴蜀等。但我们不能讲这些赋不真实。究竟是文学的渲染，广博宏丽。而且正需要写猎场占了这么多好山水沃土，衬托出后面所写的。

后面相如又大写皇帝车骑纵横之盛，奋起校猎，在千人唱万人和的乐曲中，天子酒酣，却有所失地想到：

嗟乎！此大奢侈！……恐后叶靡丽，遂往而不返，非所以为继嗣创业垂统也。于是乎乃解酒罢猎，而命有司曰："地可垦辟，悉为农郊，以赡萌隶，隤墙填堑，使山泽之人得至焉。"实陂池而勿禁，虚宫馆而勿仞。发仓廪以救贫穷，补不足，恤鳏寡，存孤独。出德号，省刑罚，改制色，易服色，革正朔，与天下更始。

比司马相如晚了近百年的西汉晚期的扬雄作长杨、甘泉、羽猎等赋，仿效司马相如的《上林赋》，但扬雄比相如进了一步。《羽猎赋》序说："昔者禹任益虞而上下和，草木茂。成汤好田而天下用足。文王囿百里，民以为尚小；齐宣王囿四十里，民以为大：裕民与夺民也。"这里尖锐指出问题是富裕民众还是夺取民众的？这正是成汤能够灭夏桀建立商朝的原因，好农田天下富足。扬雄还描述了二帝、三王，儒家理想的帝王不夺农民膏腴谷土之地出现的景象：

甘露零其庭，醴泉流其唐。凤凰巢其树，黄龙游其沼，麒麟臻其囿，神爵栖其林。

这正是百姓足用出现天人和谐美妙的景象。所以宋代的祝尧说："上林、甘泉，极其铺张，终归于讽谏，而讽之议未泯。"说得对。司马相如、东方朔、扬雄以下讽上，依据儒家王道仁政的观点，敢于为老百姓说话，其中扬雄尤其杰出，我们是不应忘记的。

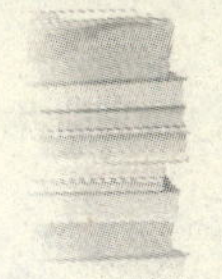

二、东汉赋京都

我去西长安街西边参观首都博物馆，却被大门外边的大碑吸引住了。四方形四角攒尖顶，上刻龙纹下刻诸神像。碑上刻着乾隆赋诗并书写的《两都篇》(《帝都篇》、《皇都篇》)诗。我记得在永安门南边不远的燕墩见过它。我以为它是从燕墩移来的。恰巧后来偶过燕墩，则大道西边的大碑依旧在。我奇怪纳闷怎么有两处相同孪生双胞的大碑？一次看到《文物背后的故事》，才知道首博前的大碑是在永定门里西边地下挖出来的。大概乾隆帝重视自己作的诗，让人们走到永定门前后都看到它。这大碑《帝都篇·序》说："伊古以来建都之地，无如今之燕京矣。然在德不在险，则又巩金瓯之要道也。"这诗中还有诗句："金汤百二要在德。""在德不在险"是这大碑的主旨。战国军事家吴起最早对魏武侯就说过这话。《史记·吴起传》写魏武侯浮西河而下顾吴起曰：美哉山河之固。吴起对曰：在德不在险。这个主旨，大碑诗中说唐太宗十首诗、骆宾王的诗都说过，是一个关乎国家命运的主题。恰恰是东汉班固《两都赋》所表现的旨意。

昭明《文选》第一卷第一篇就是班孟坚的《两都赋》。为何而作？小序写"西土耆老，咸怀怨思，冀上之眷顾，而盛称长安旧制，有陋雒邑之议。"说东汉初年，光武帝建都洛阳。有西土的老人眷念西汉定都长安，对定都洛阳有怨言。盛称长安的好处，鄙视洛阳。

原来汉高祖刘邦打败项羽就想定都洛阳。只是张良说关中"金城千里，天府之国。"于是刘邦即日起驾西都长安。班固的《两都赋》分《西都赋》和《东都赋》。《西都赋》叫西都宾说长安的好处即张良所说的关中四塞之地，山河险阻，沃野千里。但是它不及东都主人在《东都赋》中说光武帝建都洛阳后建三雍(明堂、辟雍、灵台：祭祀、教育、观天台)，昭节俭，行礼乐仁政，彰道德法度，大大超过了昔日的长安。上下篇对比，正说明为政在德不在险。

东汉大赋，还有张衡的《两京赋》。像《两都赋》一样，《两京赋》也分《西京(长安)赋》、《东京(洛阳)赋》。通过两人的对话，先用凭虚公子夸奖西京的繁华富丽，后用安处先生以东京的礼乐德意来修正它，提倡改奢即俭，居安思危，要常常危惧好像骑在没有缰绳的马背上。"常翘翘以危惧，若乘奔而无辔。"

张衡比班固晚了几十年。班固值明帝、和帝时，东汉兴旺时代。张衡当安帝、顺帝时，国势转衰，外戚、宦官专政。张衡看到贵族、权臣竞相奢侈，提出注重节俭，要体恤民情，与民同乐，上下共雍熙，达到长治久安。

张衡的《东京赋》中说："守位以仁，不恃隘害。苟民志之不谅，何云岩险与襟带?"要行仁政，假如民众不谅解，山河险阻有什么用？秦朝不是有二关的险，还不是被项羽、刘邦打进来了？

赋还说："遵节俭，尚素朴。思仲尼之克己，履老氏之常足。将使心不乱其所在，目不见其可欲。贱犀象，简珠玉，藏金于山，抵璧于谷。"要节俭朴素。心不为奢华而乱，目不见淫欲嗜好，真珠宝贝实同粪土。把金子、白璧都扔掉。

"方其用财取物，常畏生类之殄也。……取之以道，用之以时。山无槎枿，畋不麑胎。草木蕃庑，鸟兽阜滋。民忘其劳，乐输其财。百姓同于饶衍，上下共其雍熙。"取用财物要怕生物灭绝。上山不砍再生的枝叶，不打怀孕的母鹿。这样草木茂盛，鸟兽滋长，百姓富足，能上下共同安乐。这里还包含可贵的环保思想。

"今公子苟好剿民以媮乐，忘民怨之为仇也；好殚物以穷宠，忽下叛而生忧也。夫水所以载舟，亦所以覆舟。"假如尽像凭虚公子所说盘剥民众自己娱乐，忘记民怨会成仇的。水能浮船，同样能翻船。"故函谷击柝于东，西朝颠覆而莫持。"历史上函谷关东兵起，长安的朝廷不是倾覆了？最后凭虚公子说："若仆所闻，华而不实；先生之言，信而有征。"认为安处先生的话是对的。

张衡作为发明候风地动仪的大科学家又作太史令深通阴阳，学通天人。他曾上疏有言"前事不忘，后事之师也。"他用十年写《两京赋》，精思博大，今天依然不乏价值。

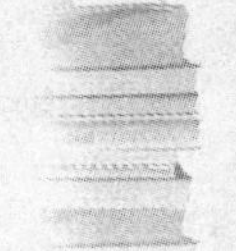

保存文化的刘彦宗和耶律楚材

为纪念2000年5月18日博物馆节，5月16日《北京晚报》报道北京现存文物200万件，其中一级文物1.5万件。

北京怎样有这么多珍贵文物?

其中一个主要原因，应是北京主要博物馆收藏了历史上历朝历代朝廷皇室的珍贵文物。如故宫博物院珍藏的晋王珣的《伯远帖》、陆机的《平复帖》、唐代韩滉的《五牛图》、北宋张择端的《清明上河图》等，这些历代留传下来的至宝，最珍贵不过的，从前由皇宫中秘密保管。

幸运的是在山河颠覆、改朝换代的炮火烽烟战乱中，由于有心人留意接收保管，才不致毁失。

这里且说金初的刘彦宗、元初的耶律楚材、张柔、伯颜。

故宫里藏有十个刻有古文字的石鼓，这是秦始皇祖先周秦的遗物，上面写着帝王打猎的事，叫“猎碣”。被唐韩愈、宋苏轼热情歌赞。宋徽宗大观年间移到开封。过了十多年，开封被金人打破，战火烽烟弥漫北宋名都汴梁。可是这十个石鼓却完整地保存下来并被运来燕京。

在小说、舞台上出现的粘罕、兀术是青面獠牙的恶人，想不到，在战乱中正是他叫士卒用毡子把石鼓裹好不远千里运送北来，这不奇怪吗?

原来，金人两路攻打汴京的统军元帅，一个叫宗翰(粘罕，国相撒改之子)一个叫宗望(金太祖第二子、即斡离不)，听取了刘彦宗保护文化的建议。《金史》记，天会三年，金人包围了汴京，刘彦宗对宗翰、宗望说：“萧何入关，秋毫无犯，只收图籍。辽太宗入汴，载路车、法服、石经以归，皆令则也。”宗翰、宗望“嘉纳之”，很听刘彦宗的话。果然，金人打破汴梁后，他们把汴京的城池、宫殿、园囿全都描画下来，把典册、图书、衮冕、乐器……和工匠、御医、乐官一起掳来。刘彦宗从统治长远着想，叫金人学习宋代先进的文明，以后金人建中都十分辉煌壮丽，就是按照宋人的模式。他们建的大宁宫太液池也模仿中原的仙山楼阁，即今天北京的北海公园。而且连北海摆设景点的太湖石、灵璧石也是朱勔为宋徽宗从江浙山岩湖泊中搜求的珍异用花石纲运到开封再辇运北来的。可以想见，自汴京被掳掠来的工匠在建造金中都城阙宫殿中的作用，被掳掠来的乐官、戏曲演员对中都诸宫调、院本的演唱也该起了不小的作用。

刘彦宗字鲁开，燕京宛平人。是唐代藩镇刘怦的后人，祖辈六代在辽作宰相，使他具有较高的文化修养，重视文化收藏。阿骨打一到燕京，彦宗奉表降，阿骨打一见，器遇之。正是在旧燕京今宣南地，刘彦宗又遇见新主人，他向金人统军的二帅出了好主意，对金人的政治、中都建设、文化保藏都起了良好的作用。《光绪顺天府志》列刘彦宗为先贤。

其实，金人的做法并不是首创。刘彦宗就说到辽太宗入汴的事。辽初，辽太祖阿保机的儿子太宗耶律德光于大同元年(947)攻入开封，就把“晋诸司僚吏、嫔御、宦寺、方技、百工、图籍、历象、石经、铜人、明堂刻漏、太常乐谱、诸宫县、卤簿、法物及铠仗，悉送上京。”(《辽史·太宗纪》)

正是由于辽太宗“立晋以要册礼，入汴而收法物，……于是秦汉以来帝王文物尽入于辽。”(《辽史·仪卫志四》)“太宗皇帝入晋……是年北归，唐、晋文物，辽则用之。”(《辽史·仪卫志二》)

当然耶律德光是为了建立北朝统治，学习中原文化的。但他是有见识的，使中华文化不堕于北地。

历史有时不乏相似。值得一说还有耶律楚材。元初汴梁将下，大将速不台请屠城，楚材曰：“奇巧之工，厚藏之家，皆萃于此，若尽杀之，将无所获。”避兵居汴梁有一百四十七万人得救。又请人入城求孔子后代，奏袭封衍圣公。命收太常礼乐生，及召名儒梁陟、王万庆、赵著等使直译九经，进讲东宫。又置编修所于燕京、经籍所于平阳。楚材为辽宗室，八代居燕京，可谓“老宣武”。楚材出生燕京，父为金尚书右丞，金宣宗迁汴，燕京留守辟楚材为员外。成吉思汗定燕于辽宗室中求得。《光绪顺天府志》列耶律楚材为先贤。

这对于元代的文治是大有好处的。尤其山西的平阳(今山西临汾)成了杂剧家的渊源地之一。王国维说：元曲作家“又北人之中，大都之外，以平阳为最多。其数当大都之五分之二。”如元杂剧前期作家石君宝、于伯渊、赵公辅、狄君厚、孔文卿等都是平阳人，可见元初除大都之外，平阳也是文化最盛之地。

还有张柔，是元初的大将，领兵伐金，“金主败走睢阳。其臣崔立以汴京降，柔于金帛一无所取，独入史馆，取金实录并秘府图书，访求耆德及燕赵故族十余家，卫送北归。”(《元史·张柔传》)

还有伯颜。元世祖忽必烈命伯颜统兵攻入南宋临安。“伯颜就遣内侍王埜入宫，收宋国衮冕、圭璧、符玺及宫中图籍、宝玩、车辂、辇乘、卤簿、麾仗等物。”三月“伯颜入临安，遣郎中孟祺籍宋太庙四祖殿，景灵宫礼乐器、册宝暨郊天仪仗，及秘书省、国子监、国史院、学士院、太常寺图书祭器乐器等物。”(《元史·世祖纪》)

辽太宗南征放纵军士剽掠，谓之“打草谷”，他自己承认南征入汴梁有三失。在大梁未住三月仓皇北归，走到栾城病死。被耶德继光辇运北来的兰亭石刻也弃于定州路旁。后宋祁购归官库，这便是有名的定武兰亭。宋徽宗又取此石置宣和殿。有人说宗泽得定武兰亭石将运江南，为宗望截得，后金章宗以为秘宝。

还有王羲之写的《裹鲊帖》是南宋藏入内府，元兵辇以入北京的。因有亡宋南廊库经手人郭墨印记。这记述见于朱彝尊《曝书亭集·书画跋》。

还有清初吴梅村诗“金元图籍到如今，半自宣和出禁林。”原注“甲申后质慎库图书百万卷皆宣和所藏，金自汴梁辇入燕者。”可见明代内府图书大半是金初从徽宗府库移来的。

清代又接收明人的历代内府密室文物图籍，最后移交北京故宫等处，才使得北京的博物馆拥有这么多国宝。

《光绪顺天府志》把刘彦宗和耶律楚材列为先贤，正因他俩多少代人居住燕京，有深厚的文化素养，才提出保存文化的好主张。这也影响到后来的张柔和伯颜。

本文原载《宝地宣南》2002年9月版

书市街——琉璃厂

春节，老北京会想起小时候在厂甸扛着长长的大冰糖葫芦，大风车扇着，红纸、彩纸摇着转着。还有各式风筝……海王村公园前百货云集，百戏杂陈，是富有乡土风情的。

如今春节厂甸又恢复了传统节日游艺。于是，昔日琉璃厂书市街又映现于眼前。

透过北方防寒厚棉布帘子旁大玻璃窗，可见一排排书架上成堆成堆的古书，壁上还挂满了名人的对联。这里有著名的书铺翰文斋、来薰阁、邃雅斋……还有南纸店荣宝斋，它的木板水印画是有名的。1933 年鲁迅、郑振铎两位先生编辑的《北平笺谱》就由荣宝斋刻印。还有戴月轩的湖笔、胡开文的徽墨，加上字画、金石、瓷器、碑帖、篆刻，装裱等铺子，只见满台满桌殷甲骨、周鼎、汉瓦、唐三彩、元明宋画……叫它文化街、文物街，是当之无愧的。

元代开始在这里设官窑烧琉璃瓦，明代扩大，琉璃厂专烧殿瓦，有黄、碧两色，由太监内官主持。清代隶于工部。色有青、黄、翡翠、紫、绿、黑多种。乾隆时琉璃窑西迁到门头沟区。

乾隆的京城地图上画着琉璃厂有着大片窑场空地，或就在这大片空场上贩旧货，元宵耍花灯，慢慢形成了春节逛厂甸。乾隆三十八年四库全书开馆，文人汇集，书籍汇聚，这条书市街日渐繁荣起来。在这稍前，乾隆乙丑(三十四年，1769 年)李文藻写的《琉璃厂书肆记》说这条街东西二里许，书店多在路北，有名盛堂、带草堂、二酉堂、宝田堂等等，不下二三十家。到了光绪乙酉(十一年，1885 年)写《书林清话》的叶德辉入

京，到琉璃厂，这一百年间，上面写的书店大多变了名号，“惟二酉堂巍然独存”。

琉璃厂东街　摘自翁立主编《北京的胡同》

出前门从大栅栏向西走过杨梅竹斜街就到了东琉璃厂，或走和平门向南到十字街口就是东西琉璃厂的中心。远远只见一座古香古色的牌楼，走近看多是两层斜坡屋顶，灰壁灰瓦但雕窗画栋，装饰得很讲究。从东边走来，只见韵古斋、宝古斋、萃文阁、文盛斋古玩满桌满柜，鼎彝古瓷无一不有。汲古阁复制文物，仿秦兵马俑、唐三彩叫您分不清真假。抬头只见横陈竖立大金字招牌，多是名人手笔。如宝古斋是翁同龢写，韵古斋是陆润庠写，庆云堂是郭沫若写，文盛斋是赵朴初写，这些匾就叫人瞧半天的。走到十字街中心，路北一所大院是中国书店，老北京人都记得这里原叫海王村，民国五年(1916)钱能训作内府总长建成海王村公园，园内叠山积石，种花草，搭茶棚、书摊。以后每年春节，张灯结彩，卖古玩的，碧翠玉器，还有宣德炉、成化瓷叫人眼花，其中还有人称“红货”的，有人说是抄家货，不少贵重精品。

再向西走有来薰阁书店，这是有名的古籍书店，从前作学问的人问津的地方。在来薰阁旁边，围着许多人，嘀嘀咕咕，干什么呀？手上还拿着什么似的。抬头看去，只见庆云堂招牌边吊起大钱串，齐刀钱、五铢钱，原来这是来买古钱的。一位拿一串钱说十枚全是宋代的。我看看有绍圣元宝、绍兴通宝、绍熙元宝、绍定元宝，竟都带绍字的。我想如买了这古钱，晚上无事鼓捣，历史年号不愁记不住了。

再往西走是荣宝斋。满墙的字画使人颐情适意。这里的水墨木刻印画更是别处见不到的绝技。我记起我国版画兴起远在世界的前头。像十竹斋、芥子园画谱，日本早有翻刻本。

荣宝斋以前叫“松竹斋”，创业于1672年，已有三百多年了。光绪二十年才称荣宝斋。

但对读书人来说，尤其像我这样被称为老人的人，这里的古书更有吸引力。有一次逛琉璃厂书市，恰巧碰上我的大学老师吴晓铃先生，他说：“今天淘到金子了，没有白来。”他拿出一本精装小书，是一位日本教授写的研究中国文学的专著，签名送给文学研究所所长何其芳的。

我想起喜欢访书、藏书的谢国祯、姜德明、路工都跟我谈过去琉璃厂访书的喜悦。他们把珍藏的书，其中不少有名家的签名或印章的书给我看——我曾见过盖有“一氓所藏”印记的《盘山志》。记得谢老说他买不起版本书——宋、元珍本，但唱本、账本也是好东西，他拿出破旧手抄的什么账本像宝贝一样，说这也是经济史料啊！

提起访书，郑振铎说得好：“书林里所能够吸引人的东西，实在太多了，决不会比森林少。只怕你不进去，一进去，准会被它迷住，走不开去。”一到琉璃厂书市，真是处处令人流连。再说“来熏阁”是个老字号，古籍五花八门。我随手翻一本印谱，见到“别部司马”、“假司马”……平正方直的篆刻，古朴有筋骨的线条，是陈介祺收集的上万颗古印，叫《十钟山房印举》，要对照历代职官志看，该会有收获的。

访书、藏书，自是一乐。深得此道的郑振铎说，他素志恬淡，于人间名利看得很轻。只是对于书，具患得患失之心。“得之往往大喜数日，如大将之克名城！”清乾嘉以来，多少学者来厂甸“搜罗百宋和千元，福地嫏嬛众所尊”。不顾饥肠辘辘，只要得一书、一画或一帖，“喜欲颠”，“成了仙”，走笔放歌！“见人得宝常流涎”者亦不是少数。黄景仁无钱买一幅江南水墨图，怆然心伤！哦——自古以来，琉璃厂这个书画林就是如此令人难忘！

光绪年间的学者王懿荣也是琉璃厂的座上客，他写诗“隆福寺归夸客夜，海王村暖典衣天。墨癖书淫是吾病，旁人休笑米颠颠。”他常在琉璃厂买古玩文物，是用典当皮裘衣的钱，别人说他发疯似的。他却自夸“赎当顶当当顶当”，以为为了买文物不惜多次赎当再当得钱来，千方百计，琉璃厂如此吸引读书人。台湾爱国诗人丘逢甲在琉璃厂买了王石谷的万里归舟图长卷，多年后也不忘，写诗：

乌目山人归墨存，百千曾购海王村。

于今已入沧桑劫，归掉天涯倍断魂。

这幅画让他一辈子也忘不了。琉璃厂是知识分子的消魂处！

古代没有公共图书馆、博物馆，著书立说要参考书，只有求之于琉璃厂的书肆。这条以书铺为主的书市街，久为文人学士所青睐。叶昌炽写诗“肖寺藏书忆日边，海王村畔共流连。”作《书林清话》的叶德辉，说在光绪年间，“吾官京曹时，士大夫犹有乾嘉余韵，每于退值或休务日，群集于厂肆，至日斜，各挟数破帙，驱车而归。此景此情，固时时形诸梦寐。”这书写士大夫像翁同龢、潘祖荫、李慈铭、杨守敬、沈曾植……来厂肆看书，到了落日时分，各买了一大捆书坐车而去，意味多么深长啊！缪荃孙的《艺风老人年谱》记“己亥(注：光绪二十五年(1899))，八月入都，遍访旧友，与盛伯希(昱)、袁爽秋(昶)、许竹筼(景澄)、张次山(仲炘)、樊云门(增祥)、胡长木(延)、左笏卿(绍佐)、门人王廉生、张燮钧，常聚琉璃厂肆。”这样，琉璃厂成了士大夫聚会处所。为什么这样吸引这些满腹经纶的鸿儒呢？正是琉璃厂能看到买到别处看不到、找不出的书、帖、字画、文物。清人叶昌炽于《语石校注》卷二写：“四方珍奇之货聚于辇毂。……惟碑亦然。……故有穷荒绝徼著名难得之碑，厂肆时或见之。余在羊城，欲求东莞《资福院石塔》及乳源云门寺南汉两碑，悬金以购，皆不可得，先后于厂肆遇之。张丹叔中丞抚粤西，其子幼丹司马拓《智城山碑》见贻，以为至宝，后于厂肆见一本。”这些学者著作家要找什么材料，别处找不到，只要告诉琉璃厂书店的伙友，他们会四处帮你找来。近代学者鲁迅、郑振铎、郭沫若、朱自清、吴晗、洪业……无不和琉璃厂书肆友好往来的。鲁迅日记即记他来琉璃厂四十余次。周作人《苦茶随笔》中《厂甸》一文中说，“琉璃厂是我们很熟的一条街。那里有好些书店，纸店，卖印章墨合子的店……虽说是很熟，也只是一个月一回或三个月两回而已。然而厂甸又当别论，……但在半个月中我去了四次，这与玄同、半农诸公比较不免是小巫之尤……”这里说起刘半农，值得记述刘半农在影印金圣叹贯华堂刊《水浒传》自序中说：“我在近二十年中，各处探访，很想买一部精刻本，到了去年三月，琉璃厂松筠阁居然替我找到了完整的。二十载寻求，得于一旦，这一乐，真非同小可。”

这种情况，并不自现代开始。乾隆年间李文藻的《琉璃厂书肆记》写鉴古堂的老韦，骨瘦如柴，竟日奔走朝绅之门。朝绅好事者，韦一见，就知道他爱好什么书，或经济，或辞章，或掌故，能各投所好。但要索大价钱，少了不肯卖，人多恨他。这老韦卖书久了，真成了行家。有个叫周书昌的要买吴才老的《韵补》，为别人买去，怏怏不快。老韦说邵子湘《韵略》已尽采之，周书昌取来一看，果然。缪荃孙的《琉璃厂书肆后记》记宝森堂主人李雨亭，什么版本书都能识别，“所谓宋椠元椠，见而即识；蜀板闽板，到眼不欺。”

现代通学斋店主孙殿起，河北冀县人，15 岁时年荒歉收，即来琉璃厂书坊学徒。买卖时留心学习，博览强记，把自己经手的书作了记录，有书名、卷数，作者姓名、籍贯、版本刻印年代，于 1936 年刊印《贩书偶记》二十卷，1982 年上海古籍出版社重新出版。他收录的多是清代的，所以这本书可说是清代著述的总目。他又写《琉璃厂书肆三记》，他外甥雷梦水写《琉璃厂书肆四记》，使我们了解琉璃厂的书店主人、伙友等人都了解书，给读书人提供少见而又需要的书。所以他们受到读书人的重视。而卖书的人自己也把书店里的书比作宝贝，看似珠玉。且看他们的对联。文贵堂的门联：

文兼两汉三唐盛

贵比黄金白璧多

宝林书馆的门联：

宝气腾辉瞻典籍

林花启秀焕文章

说起书籍贵比黄金、白璧，自是书店生意人的愿望，当然是想发财的。也正是琉璃厂市场的作用。书店主人伙友到崇文门外晓市地摊去淘换书，从打鼓叫卖的小商贩筐内购来书，又去红门大宅在王爷权贵大家败亡时收购书，有时用很低的价钱买到不少宋元版本，买到罕见书、善本书，店主自是效益不少的。有时在成捆成堆的废烂纸中，论斤买的，或论尺购来，却发现了好书，真是一本万利，却又有功士林，保存了文化。如1931年文友堂从山西介休购得万历四十八年《金瓶梅词话》一部，荣华堂于1947年曾于崇文门外西小市打鼓摊上以三元购得乾隆壬子(五十七年)程伟元第二次活字印刷的《红楼梦》一百廿回本。这样的好买卖使琉璃厂的书肆由乾隆时的四五十家发展到光绪近代的一二百家。

这些琉璃厂的朋友还到山西、山东、江浙、福建、四川、安徽等处收购古书。国内收藏家的底细，他们是清楚的，什么宁波的天一阁、常熟瞿氏的铁琴铜剑楼、聊城的海源阁、湖州陆氏的皕宋楼、苏州黄丕烈的士礼居……哪家有书出卖，哪家书流落到哪里，他们都辗转发掘收购回来，这不是很可贵的么?

有一天，我到北京大学图书馆，看到馆藏清末学部大臣李盛铎的藏书目录，目录三大本，有五万多册，惊人的藏书，很多是珍贵的宋元版本，还有绝少流传或失传的善本，这些书是怎么来的?这目录的引言中说："一九一一年以后李盛铎旅居京华，经常到琉璃厂访书，当时著名私家藏书散入厂市(即指琉璃厂)，如曲阜孔氏、商丘宋氏、意园盛氏、聊城杨氏，这些书都通过琉璃厂由李氏购来，藏书精华亦多藏李氏。"这清楚说明琉璃厂在保存书籍所起的作用。

世界上我国藏书之多，卷数之众，品类之杂或居第一，这不仅由于我国是发明印刷术、纸张、活字版的国家，而且有过几次大的收罗接收，使书籍在几次朝代变革之际能保存积累下来。

这些书有的仍珍藏在琉璃厂的中国书店。前两天我去参观中国书店成立四十周年回顾展览即看到上述程伟元乾隆壬子的(简称程乙本)的《红楼梦》，看到不少唐人写经，宋、元刻本，其中陈列了大本《四库全书》六册，上镌"文渊阁宝"的大红印。我奇怪怎么来到这里。内行人说是翰林院偷出来的，或故宫等处偷出的?现在台湾影印全套文渊阁本《四库全书》，这六册缺少，又是如何补上的?这都是谜。

本文原载《北京晚报》1989年4月3日，后增补

元曲：大都？中都？

文学史、戏剧史讲起元曲，都以为是元代戏曲，在元大都生长发展的。有的书更以为它发展于大都城中心西北不远的什刹海。

仔细探寻，发现元曲并不发展于今天北京内城的元大都(今东城区、西城区)，而孕育滋长于金元之际的原金中都(今宣武区)。《录鬼簿》说关汉卿、王实甫等是大都人也实为金中都人，因两地连成一片，元后期人就分不清它在今内城东城区西城区还是宣武区了。金中都此时属蒙古管治下的燕京。早期元曲，金代色彩较浓。

很简单，元曲发展兴旺时日，还没有元大都。而且连元朝的国号大元也没有出现。金大安三年(1211)成吉思汗大军破居庸关包围金中都，中都大火。1214 年金遣使求和献皇室女、金帛，蒙古军退去，金宣宗迁都开封。1215 年蒙古军再来，城中出降。蒙古政权改金中都旧城为燕京，设燕京留守兼行省长官，由札鲁忽赤即断事官治理。1234 年蒙古军灭了迁都河南的金政权。至元八年(1271)忽必烈建国号大元，第二年把新建于金中都东北的新都名曰大都。至元十三年(1276)大都皇城内主要建筑建成。1279 年灭南宋。至元二十年(1283)皇室、贵族、衙署、商铺等相继迁入大都新城。

王国维在《金元戏曲史》中把元曲分三时期。王氏说“此三期以第一期之作者为最盛，其著作存世亦多，元剧之杰作大抵在此期中”。最早记述元曲的元至顺元年(1330)作家钟嗣成《录鬼簿》所录元曲作者 57 人，王氏以为大多数在第一期。第一期又称早期或蒙古时期。王氏说“蒙古时代：此自太宗取中原以后，至至元一统之初”，应是 1234 年至 1271 或 1279

年。可见元曲孕育于金元之际的中都，剧场应在今广安门内外大街一带。主要作家：

关汉卿 《录鬼簿》列关为众作家之首：汉卿大都人，太医院尹。王国维说关创作在金天兴与元中统二三十年间(1232～1260)。1958 年举行的关汉卿戏曲创作 700 周年纪念，则定 1258 年为关汉卿创作盛旺岁月。这时期大都新城皇城内主要建筑尚未竣工。城内人烟恐亦不多。戏曲排练演出仍在金中都旧城当是无疑的。

杨显之 《录鬼簿》："杨显之，大都人，与汉卿莫逆交。"关汉卿的好朋友。

王实甫 大都人，约和关汉卿同时。

张国宾 大都人，教坊勾管。

马致远 大都人，后任江浙省务提举。

纪君祥 大都人，和前期作家郑廷玉同时。

说元曲创作演出于蒙古时期的金中都，也可自元曲作品中看出。女真作家李直夫(本姓蒲察，叫蒲察李五)的《便宜行事虎头牌》，写主角老千户山寿马说许多金朝故事，如女真人改为七姓，"自前祖父本名竹里真，是女真回回禄真，后来收其小界，总成大功，迁此中都，改为七处。"明明白白点出此地是金中都。王实甫的《四丞相高会丽春堂》也写金朝事。演出端午节金主召群臣射柳亦辽、金风俗。次日于香山设宴，"山势崔巍，倚晴岚数层金碧，照皇都一片琉璃。"也和金世宗、章宗于香山建行宫、佛寺相符。

此时正处于蒙古大军南征的战伐乱离时代。王国维说"汉卿有《闺怨佳人拜月亭》一剧，实甫亦有《才子佳人拜月亭》剧，其所谱乃金南迁时事，事在宣宗贞祐之初，距金亡二十年。或两人均及见此事。"此宣宗贞祐之初指金宣宗迁都开封的 1214 年，距金亡于蒙古的 1234 年整二十年。此时怀念故国，思忆金朝朝野名流。如李文蔚写《蔡萧闲醉写石州慢》，述金初的蔡松年，松年号萧闲，为金尚书左丞，又为著名文人。出使时有侍妓陪伴，使还，松年眷恋不已，写《石州慢》词，缠绵凄艳，亦一代出色爱恋故事。又大都作家王仲文写《救孝子贤母不认尸》歌颂金代包拯式清官断案人物王翛，王翛字翛然，章宗时知大兴府事。《金史》说"翛性刚严，临事果决，吏民惮其威，豪右不敢犯"。还有大都作家孙仲章《金章宗断遗留文书》等。

成吉思汗打下中都，叫忽都忽籍中都帑藏，要的是金银珠玉缎绮。元太宗窝阔台也叫忽都忽来燕京搜刮。燕京的断事官倚势作威福，如攻下中都的石抹明安的儿子石抹咸得卜尤贪暴，杀人盈市。此时蒙古主忙于征讨，不暇订法制制度，长吏拿人妻儿取财货。正像关汉卿《感天动地窦娥冤》净唱的："我作官人胜别人，告状来的要金银。"正旦唱："这都是官吏每无心正法，使百姓有口难言。"正是这不公不平，老百姓希望出现打抱不平不畏权势的包老爷，所以元曲包待制的戏不少。

中都虽遭大火，但城墙大部分还在，明初刘崧诗"南城土垣故不塌"，佛寺道观也没有毁(后大都人称中都为南城或旧城，为古迹游览地，开了几条斜街直去)。居民、衙门、商铺都不少。忽必烈至元二十年(1283)衙门、商铺才搬到新城。至元二十二年后居民方迁入。中都原是金朝首都，贵族官宦簇居，商贾四至。秦楼榭馆少不了挟娼冶游，勾栏瓦舍自多歌唱演出。中都东南的东开阳坊东和城北檀州街(相当今广安门内外街)西边大悲阁、东边柴市(约今菜市口)一直是商业中心，经常有各种演出。诸宫调、院本演出，应在带戏台的剧场。《窦娥冤》张驴儿向古门叫窦娥，古门又称鬼门，是舞台通向后台的出入口。这时政治腐败，官家除了要钱要物，对戏曲演出的封建性管制反倒放松了，这或是元杂剧兴旺滋长的又一原因。

原来金代中都有着深厚的戏曲基础。据徐梦莘《三朝北盟会编》：金初打破开封，和徽钦二帝一起，掳掠教坊演员北来的有杂剧、说话、傀儡、弹筝琵琶等一百五十余家。这些被掳的艺人，自在中都金代权贵府第和市井瓦舍演出不辍，所演自是汴京演出的。陶宗仪《辍耕录》卷二十五所记院本六百九十种，不少同于北宋滑稽戏、官本杂剧，写开封汴京事，还有上皇即宋徽宗等，约可知这些院本为金院本，而且不少应即是被掳艺人演出的。正如王国维说"院本名目六百九十种，……以余考之，其为金人所作，殆无可疑者也。"这些院本除了杂耍、滑稽、戏谑、猜谜等之外，院本名目还有蔡消闲、庄周梦、杜甫游春、张生煮海、淹蓝桥、墙头马、打樊哙、说狄青、蔡伯喈、范蠡……显然是有故事演唱的戏曲了，更是元杂剧的基础。

金代中都院本等演出还可从《金史》看到。《金史·世宗纪》二十一年二月，“以元妃李氏之丧，致祭兴德宫，过市肆不闻乐声，谓宰臣曰‘岂以妃故禁之耶？’”世宗要到城东北兴德宫吊丧不闻乐声。可见中都东、北市肆充斥演出。《金史·章宗纪》明昌二年十一月“禁伶人不得以历代帝王为戏，及称万岁”。现存《董解元西厢记诸宫调》，《录鬼簿》说董解元金章宗时人。《辍耕录》记金章宗和唐明皇、南唐后主五人并列为梨园祖师爷。可知金中都诸宫调、院本演出源远流长。

由此可知大多杰出元曲作品产生于金元过渡时期的旧城，即原金中都。其曰元曲则因入蒙古纪元，像成吉思汗、窝阔台称为元太祖、元太宗，历史称谓如此。其曰元曲产大都，则自钟嗣成始，钟以南方汴梁人不察，后人亦未能深辨，则影响后人研讨元代杂剧的时间、地点，茫然迷蒙，幽暗不明。元曲产自大都，或原金中都，虽一二字之差，内容则大异矣。

本文原载《光明日报》2000 年 8 月 10 日

元曲演员和教坊司

北京东四牌楼南边有条本司胡同。本司就是教坊司，本司胡同北有演乐胡同，南有内务部街(明、清叫勾栏胡同)。四牌楼南边还有马姑娘胡同，四牌楼北还有宋姑娘胡同、粉子胡同。

宋元以来，勾栏一直是演出游乐场所。后来也把妓院叫勾栏。而演乐、粉子和众姑娘胡同也是妓院所在。《析津日记》、《日下旧闻考》、《宸垣识略》都说就是旧日的北里。

北里是唐代的故事。宣宗以后，贵族子弟、新进举子盛行冶游。妓女聚居地叫平康里，在长安北门内，所以叫北里。

这样，东四牌楼南北好多条胡同，元、明时就是红灯区。但它不是一般的妓院。乾隆时吴长元的《宸垣识略》说得有趣："京师倡家东、西院籍隶教坊，犹是唐宜春院遗意。东院以瑟，西院以琵琶，借勋戚以避贵游之扰。"可见这是隶属于教坊司的官家妓院，妓女会音乐技艺，大都供奉权贵皇亲，这样可以避免像一般妓院的侵扰。

以前读清诗人龚定庵《京师乐籍说》不大了解它的含意，就去探求教坊司的故事，觉得定庵所说或是不虚的。定庵说："昔者唐、宋、明之既宅京也，于其京师及其通都大邑，必有乐籍，论世者多忽而不察。……是故募召女子千余户入乐籍。乐籍既棋布于京师，其中必有资质端丽、桀黠辨慧者出焉。目挑心招，捭阖以为术焉，则可以钳塞天下之游士。"

龚定庵说京师有官妓，用色情腐蚀读书人的心志，花费他的资财，耗费他的才华，这样议论军国、臧否政事的文章可以不作了。是不是这样呢？

乐籍是官家的妓院，隶属礼部教坊司，除召募部分女子外，大多是不花本钱一本万利的买卖。如鲁迅在《病后杂谈之余》中引《弇州史料·南京法司所记》："铁铉妻杨氏年三十五，送教坊司，茅大芳妻张氏年五十六送教坊司。"犯人的妻女发配教坊司，野史记述不少。大概依此可作摇钱树。尤其犯了贪污罪的，或用它作些赔偿。政治犯像永乐对付政敌，则尽量使政敌难堪受罪。

还有送教坊司去的，是战争时俘虏的战败者的妻女，或战乱中强夺强掳的民间妇女。这也是不花本钱的。

教坊司原属六部之首的礼部，专门在庆典或迎接贵宾时演奏乐曲的。它有众多乐师和多种历代相传的乐器，蔚为大观。不想其中豢养一群妓女却是对礼乐绝大的讽刺。《元史·祭祀志》记忽必烈至元七年，太子和众官迎佛游皇城，其中有教坊司兴和署掌妓女杂扮队戏一百五十人。可见教坊司妓女人数很多。正因为长年养育在教坊环境里，在音乐老师的教育中，在多种乐器伴奏下，这些妓女精通音律，能弹琴瑟、琵琶等等，能歌善舞，这又不同一般妓女了。

值得记述的，元曲的女演员大多出于教坊司，而且和士君子狎好。元末陶宗仪《辍耕录》记：

歌妓顺时秀，姓郭氏，性资聪敏，色艺超绝，教坊之白眉也。翰林学士王公元鼎甚眷之。（卷十九）

这个顺时秀能唱乐府诗。同书又记：

虞邵庵先生集在翰苑时，宴散散学士家，歌儿顺时秀者，唱今乐府，其折桂令起句云'博山铜，细袅春风'，一句而两韵，名曰短柱，极不易作，先生爱其新奇。（卷四）

歌儿珠帘秀，姓朱氏，姿容姝丽，杂剧当今独步。胡紫山宣慰极钟爱之。（卷二十）

京师教坊官妓连枝秀，姓孙氏，盖以色事人者，年四十余。……偶至松江，爱其风物秀丽，……因作募缘疏……疏曰京师第一部教坊，占排场曾使万人喝彩。……一跳身，才离了百戏棚中圈子。（卷十二）

天生秀是松江府勾栏的歌儿。勾栏棚倒压死不少人，天生秀未死。

《辍耕录》还记乐籍中相传以为盛事，脱籍后嫁人守志不二的有李翠娥、王巧儿、汪怜怜。

而这些歌妓作为杂剧演员，又和元曲作家建立了深厚的交谊。如关汉卿和珠帘秀、白仁甫和天然秀等。张国宾更是教坊勾管，教坊总管喜时丰的助手(此见钟嗣成《录鬼簿》)。

明代教坊因永乐的瓜蔓抄，厂卫的酷刑，使教坊妓女大增。引人注目的是明末南京礼部教坊司的秦淮名妓如董小宛、李香君、顾横波、卞玉君、陈圆圆，更是名噪一时，她们通琴棋书画、能歌度曲。但要花大钱才能于教坊落籍。明末名士都很看重这些歌妓，影响名士、东林、阉党，涉及朝野党争，或龚定庵说得不差。

本文原载《光明日报》2007 年 2 月 22 日

刘献廷和金圣叹

北京大兴县人刘献廷是个奇人，清初大百科全书式的大学问家。但踪影不很清楚。乾隆年间历史学家全祖望由于父亲认识万斯同，万斯同又和刘献廷一起校订明史于北京徐乾学的寓所。全祖望四处打听刘献廷，却找不到他的踪迹。到了近代梁启超也说刘献廷是一个极奇怪的人，是谜一样的人物。

所幸由于全祖望的追寻，写了《刘继庄传》。献廷最要好的朋友王源——也是北京大兴人，给我们留下了《刘处士墓表》，使我们了解他一生的大概。献廷留下了著作《广阳杂记》，加上 1979 年上海古籍出版社出版的《广阳诗集》，我们还是可以粗略地知道他的踪影。

全祖望在《刘继庄传》里提出一个问题，说为什么献廷这样重视、称赞金圣叹，以为是咄咄怪事，不可理解。原文说：

继庄之才极矣，顾有一大不可解者，其生平极口许可金圣叹。故吴人不甚知继庄，间有知之者，则以继庄与圣叹并称，又咄咄怪事也。圣叹小才耳，学无根柢，继庄何所取而许可之？乃以万季野尚有未满，而心折于圣叹，则吾无以知之。然继庄终非圣叹一流，吾不得不为别白也。

这里说刘献廷十分赞赏金圣叹，全祖望以为像万斯同这样的大历史学家，献廷还说过“诸公考古有余而未切实用”，即对万斯同仍有不满，为什么单单那么崇敬金圣叹？

全祖望又说吴人(苏州人)以继庄和圣叹并称。假如翻开《广阳诗集》，还能看到《唱经先生》诗，这般赞扬金圣叹：

忽有仙人在别峰，通身香气似芙蓉。

碧天明月一千里，独上瑶台十二峰。

献廷把圣叹誉为仙人，通身有着芙蓉的香气，更独上瑶台，有很高的成就，推许到了顶点。

现在看到上海古籍出版的金圣叹诗集《沉吟楼诗选》即刘献廷选的。在这诗集中第一页写得明白。而且雍正五年李重华为本书写的序说此刻“曾属刘先生手校”，“吴趋金先生及广阳刘先生先后世出而识略同”，“近世旁罗百家，称神识，此两人而已”。正把刘献廷和金圣叹比并，两人都学贯百家，见解略同。

值得留意的是，《广阳杂记》卷三记述献廷在苏州寻求圣叹评点的书，并和圣叹儿子金雍交往的情况。金雍字释弓，此时当是遣戍宁古塔释还。至于选校《沉吟楼诗选》应是金雍或沈六书(圣叹女婿)找献廷作的。

这里还有一问题，即献廷为什么去苏州，是不是来寻求圣叹的遗作？献廷生于顺治五年，而圣叹被杀于顺治十八年。献廷十九岁来苏州，圣叹已死多年。献廷给舅舅和友人的信都说南来为了求友、结友。全祖望说：“其栖栖吴头楚尾间，莫不为枌榆之念，将近于避人亡命者之所为。”他不满意清初统治者所为是有的。《广阳杂记》卷一引送人发遣辽东诗：“南国佳人多塞北，中原名士半辽阳”，以为绝唱。可见他反对清初掳掠江南女子北上和遣戍众多文人于宁古塔。他同情南明和郑成功，但看不出他政治结社和南明交往的活动。

来苏州第三年元旦，康熙八年二十二岁，献廷写诗：“雄心冲五岳，侠泪涌三江。”过年元旦又写：“十九来东吴，潜心事幽讨。”到东南，游览、交友都为了学习，增长知识，用于经世。献廷奇特不为当时人理解在于他不应科举考试求仕，但他从小就勤奋学习，读书竟夜，父母禁止不给灯火，他燃香读书竟瞎了一眼。前面说到献廷以为明史专家万斯同和著《读史方舆纪要》的顾祖禹均考古有余而未切实用。实用即有益国计民生。正因此，献廷重视徐光启的《农政全书》，他说：“农政一事，今日所最当讲求者……徐玄扈先生有农政全书，予求之十余年。”由于实用，他重视郦道元的《水经注》，因此书详细记述了北方水道，是解决北方水利应了解的。

由于深入民间，献廷看到世人未有不好唱歌看戏的。又说：“余尝与韩图麟论今世之戏文小说，图老以为败坏人心，莫此为甚，最宜严禁者。余曰先生莫作此说，戏文小说，乃明王转移世界之大枢机，圣人复起，不能舍此而为治也。”可以看出他是以转移世界的枢机看待戏曲小说，应由于此，他重视金圣叹批六才子书的广泛流传，重视金圣叹文学评点产生极大的社会影响。出于这样的看法，他推崇金圣叹，这正可看出献廷见识高明。这里当然看到全祖望认识的局限。但我们应该了解全祖望的意思是说刘献廷学有根柢，以为万斯同于书无所不读乃最心折于继庄，“自象纬律历以及边塞关要财赋军器之属，旁及岐黄者流，以及释道之言无不留心”，又以学经世的人(王源所谓以天下为己任，固世运消长所关，上下千百年中不数见之人也)，比起金圣叹是超过了的，这却是有道理的。

本文原载《京城偶记》，北京出版社 2000 年版

难学能学，难行能行

1939 年，我逃难回到故乡安徽西南的太湖县。六邑中学位于县城西八里大别山麓的山峁——姜家岭，丛山环抱中有二十多间屋租用作校舍，站在黑板前面是一位从安庆过来的老师叫金真逸。听他讲黄遵宪的《台湾行》，倭人强行割去台湾，真是长歌当哭。1938 年夏安徽省城安庆失守，许多不愿作亡国奴的纷纷流亡他乡，而皖西半山区的太湖县恰好是避难的好处所。金老师还讲杜甫的“国破山河在，城春草木深”，和眼前的漫天烽火多么相似呵！

除了金老师，当时安庆六邑中学还有从安庆逃难来的教几何的陈亦鲁，教三角的马次强，教物理的王甸平，教语文的李西溟。这些都是省城一流的老师，因逃难被六邑中学聘请了。而逃难回太湖的六邑中学校长赵纶士，从二十多岁就在安庆教书，熟悉了解平时也不易聘请到这些好老师，不想逃难聚在一起了。

每天清晨上课前要早操，早操时大伙唱起校长赵纶士写的校歌：“天柱峰高，是长江中流砥柱。”原来，大别山的主峰叫天柱峰就在学校东北不远，它被汉武帝尊为南岳。早操后，师长照例做半小时讲解。那时，主要讲抗战形势，希望同学像挺立的天柱山，成为时代的中流砥柱。眼前是消灭日寇，还我河山；往后更是复兴中华，建设新中国。正是这困厄危难中成为时代栋梁的大志激励同学努力学习。

我的同学孔凡礼后来成为宋代文学专家。他在《安徽省太湖中学志》序言中写：“赵纶士先生……受命于艰难之际，在我县接办安庆六邑中学……没有操场，师生削平高包，自辟操场，校舍须扩建，师生到老城搬砖运料，排成长蛇阵，首尾长达一二里……纶士先生称这种办学为‘开山’，也就是创业。于是，就形成了坚韧不拔、奋发向上的创业精神。这种精神，贯穿了学校生活的各个方面。于是，就形成了朴实谨严的优良校风。”

上世纪50年代中期，太湖中学辗转于姜家岭、太湖归城之间，大雨时面临洪水威胁，学校东迁，又一次面临困境。此时，太湖县政府全力筹款，支援解决新校园供电、道路、排水、绿化等问题。新校长李时明似贫僧化缘，各校友、赵朴初等家乡名人，还有香港的邵逸夫、陆达权等都伸出援助之手，上世纪90年代建成花园式新校舍。

1990年从小在太湖乡下度过童年的朴初回乡来太湖中学，题词："难学能学，难行能行"。勉励师生在艰难困厄中前行。

2006年，太湖中学百年校庆之时闻之：东迁以来，教绩更是骄人。升学人数骤然增长，北大清华录取近百。一个山区中学能取得这样的成绩，实属不易，但此时校长潘德安以为太湖中学仍在艰难地爬坡。我又想起抗战校歌和赵朴老说的难学能学，难行能行，艰难困厄玉汝于成！

附：

抗日烽火中的一所山岭中学

我中学的四年半时光，有幸是在赵纶士先生领导的六邑中学(今太湖中学前身)度过。

纶士先生作为一位教育家，他的最大业绩是为我们请来了许多好老师，其中有教我们国文四年的金真逸老师。

听金老师的课，如坐春风之中，我由此对中华古代文化产生了浓烈的兴趣，这对我以后从事古代文史工作这一重要人生选择起了重要的作用。

纶士先生办学，旨在为国家、社会培养有用的人才。他叫我们要关心天下事，每个星期一的朝会，他都要给大家讲一讲国内外的大事。我们很早就读到了《论持久战》(当时不知道是毛泽东写的)，学校还请了思想先进的人士，为大家作了太平洋战争形势的报告。同学们都很关心时事，储平战同学在作文中畅论太平洋战争的罪魁祸首东条英机必败，议论超群，很有震撼力。国文老师李西溟给了95分，以“神乎其技”相赞，让大家传阅。当时一般中学很少能这样做。而且学校所在地是偏僻的山岭，远隔大后方重庆，这就更加可贵。

绝士先生艰苦建校，我们在艰苦中成长。我们睡在一百多人紧紧挨着的上下铺宿舍，两个人共用一盏茶籽油灯上晚自习，吃的菜大多是黄豆加咸菜，学校也养着几头猪，但很少能吃上肉。一次偶然吃肉，教英语的赵恩璘先生高兴得说自己“齿牙相庆”。我们的生活可谓苦，但当时并没有觉得苦。老师精神饱满地教，学生精神饱满地学。书越读越厚，越咀嚼越香。每天清晨，学校的各个角落，附近山上的树林里，到处都是读书声。

我们的生活并不单调。

爱好写作的同学办起了墙报，江西生产的毛边纸四大张，铺满半边墙。周镇国同志的长篇小说《丁丁小传》连续登出。爱好文艺的同学在饭厅办起了文艺晚会。他们从县城里租来了汽灯，烧煤油。这种灯，上世纪三四十年代，城乡举办大型活动都用，现在大约早已进了博物馆。节目有地方戏黄梅戏，同学自编的节目、歌曲，大都和抗战有关。每逢演出，就像过节一样。

冬季晨练是一道亮丽的风景线。一早，大家集合在开山劈石建起的操场，沿着同样是开山劈石所建的通往学校的道路，在各个班长的带领下，高唱校歌。那么精神振奋，那么一往无前。现在想起来，还令人神往。

这个充满生机与活力的山岭间的校园，出现在抗战的烽火燃遍中华大地的年代，该是多么不容易。

我十分怀念学校的开山者绝士先生和为建校奉献出全部心血的包括金老师在内的所有老师。随着年龄的增长，怀念之中注入了感恩的因素，其比重与时俱增。他们把我们这样的村童培育成为对社会对国家有一点用的人，对我们有深恩。知恩必报，深恩更应厚报。

作者孔凡礼系宋代文学专家，安徽大学兼职教授，1947年6月毕业于国立安徽大学中文系，曾任《全宋诗》编委。1958年2月9日在《光明日报》“文学遗产”专栏发表学术处女作《陆放翁的卒年》。1962年11月在中华书局出版第一部文献类作品《古典文学研究资料汇编·陆游卷》（与齐治平合作）。先后出版《全宋词补辑》、《范成大佚著辑存》、《增订湖山类稿》等著作。太湖中学1943届毕业生。

上两文原载《光明日报》2009年2月10日

朴老，诗的人生

赵朴初1907年11月5日生于安庆天台里老屋。时辰不好，适中国极度衰败之日。朴老出生前四个月的7月6日，离天台里不远菱湖百花亭畔响起枪声，革命志士徐锡麟用手枪刺杀安徽巡抚恩铭。起义失败不久，徐锡麟和秋瑾遭杀害。近百多年我国受尽列强欺凌，遭遇三千年未有的大变局。像徐锡麟、秋瑾这样为民请命、舍身救法的人前仆后继，不知有多少。朴老算一个。1936年为抗日救亡，他发起成立中国佛教护国和平会。1937年8月14日日寇轰炸上海，满街逃出难民，朴老打着一面红十字旗，带着难民从云南路到西藏路，再向前走，找安身处。以后和慈联会同仁救济难民共五十万人。又以“移民垦荒”为名送难民去新四军。1995年纪念抗战胜利五十周年，应友人约，他写道：

五十八年前事，回头情景犹新。舞台会馆与荒坟，五十万人安顿。大场黑夜送参军，顺接兵员伤病。差堪一事慰平生，曾助军威大振。

可见朴老是一位实实在在的民主志士。为反对压在人民头上的三座大山，朴老全身心不遗余力为之奋斗半辈子。对人民的胜利，朴老欣喜若狂，一而再、再而三地歌赞。如《新北邙行》：“昔为旱云冈，今为水稻库。孰知山川改，只在一指顾，莫种白杨树，种桃千万株。”这是朴老诗的基调，忧时伤世，深铭时代色彩。“诗三百篇，大底贤圣发愤之所为作也。”可称之为志士诗。

但共和国不全是桃红柳绿，一时也雨骤风狂。乌云满天日，朴老依旧是民主斗士。忧时伤世感情更强烈了。他深疾痛恨窃国小丑。1968年《观杂技二首》：“谁识雌雄辨假真，沐猴而冠俨称尊。”“龙鱼鼠虎费疑猜，

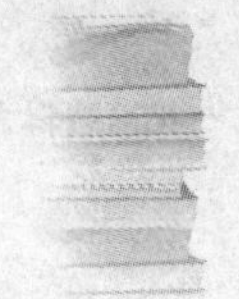

幻戏纷陈幕半开。忽见飞琼回舞袖，庄容端出守宫来。”这些鱼龙混杂、沐猴而冠的，原是守宫(说明：守宫即壁虎，一种小爬虫)。渐渐形势明朗，守宫爬了出来。1971年1月《反听曲》写道：“君不见‘小小小小的老百姓，却是大大大大的野心家。哈哈！’”《反听曲之二》又写：“大呼‘共诛共讨’的顶呱呱，谁知道，首逆元凶就是他！”大小爬虫都逃不过他的严谴，可称之为爬虫诗。

1976年，“四人帮”倒台，去故宫参观慈禧罪行展览，写《套曲·故宫惊梦——江青取经》：“真着急，一心一意想登基。”“排异己，人头好作上天梯。”“弟兄们长享富和贵，安排交椅，安排交椅。”点出江青一伙所干坏事，只为篡权窃国，改朝换代。从十余年前的《某公三哭》写起，庄重政治题材以轻松插科打诨幽默出之，嬉笑怒骂，会心一笑中领略深意，游戏笔墨令读者拍案叫绝，诚千古诗少见者。

1968年《索居》：“玄黄龙战野(各地武斗)，汗雨凤晞翎(武则天设凤凰晒翅酷刑)。”同时，友人赠他玫瑰花，他写：“而我忽不乐，思彼英格兰。如何为此花，流血一百年。”说英国长达百年的玫瑰战争，实指“文革”中两派，也像红、白玫瑰，一家中两派对立纷争互斗，国无宁日。此时，“一言愁，却是秋潮阵阵打心头”。老人蒿目时艰，忧心忡忡。1969年写《临江仙》记梦，“弥天花雨落无声”，谓伏尸流血。举国若狂，不用枪炮之内战也。斗士纪眼前每日所见的历史真实，还有批法家诗，可称为史诗。批法家诗是朴老写诗最多的，与评法批儒针锋相对，只因历史体裁比较高深，我浅陋无能多叙，只好留给历史学家细细评说。

爬虫诗是对窃国者的深责，同时朴老又一再对保民护国英雄致敬。1972年1月8日写《陈毅同志挽诗》：“殊勋炳世间，直声满天下。刚肠忌鬼蜮，迅雷发叱咤。”对一位忠贞刚直元帅的颂赞，让举世读者诵念不已。1967年写回首邱山、折齿孺子、三年不见东山等，对周总理一再深切怀念。1976年1月9日写《周总理挽诗》：“无私功自高，不矜威益重。云鹏自风抟，蓬雀徒目送。”对总理的盖世勋业、人格清高作出公允评价，又让海内外万众心折。其后朱委员长、毛主席逝世，都写出感怀深厚的悲歌。同时，许多忠良冤屈同志平反，1977年为贺龙平反写：“三刀举事话传奇，愤起南昌会义师……一世精忠三字狱，松崩幽谷无人知。”1980年3月为刘少奇平反写“刘公冤大白，万户鸣爆竹。事之得人心，如旱获雨足。”以后又写宋庆龄名誉主席、胡耀邦同志、邓颖超大姐、邓小平同志的挽诗，对挽中华于危难的元勋功绩、德泽光辉无不倾情思念。“云屯八宝山，萧萧悲风烈。”悲忠烈如张闻天、陶铸、廖承志、许光达等，友好季方、胡愈之、叶圣陶、梁漱溟，还有诸多大德高僧、各国友人等。杜甫写八哀诗，朴老写百哀诗。他曾交我出版过一部《永怀之什》，永念无尽意，可称为永怀诗。

尤其不应忘记，1976 年清明节哀悼周总理，天安门广场花圈、诗词如海。窃国小丑见状惊恐万分，立即令各地清查“反动”诗词，还指示全国政协学习班挖后台，要挖“大人物”，挖“精通古典诗词的”。乌云密布，似仇池压顶。此时，朴老写《木兰花·芳心》：“门前锦瑟起清商，陡地丝繁兼絮乱。人间自古多恩怨，休遣芳心轻意换。”门前即天安门前，《芳心》显示朴老对人民百折不二，对压迫横眉冷对。《芳心》是朴老诗最精彩、感情最深因而也最动人的一首。十年动乱中，有风气即手抄大字报、消息、诗文各处传。朴老许多作品赢得热心人奔走传抄，四处传颂。他的诗词此时成了斗争的武器，令人想起抗战时的标语诗。他成了时代的鼓手，战斗的旗纛。群众传抄阅读之广，影响之大，恐古今诗人无出其右。

1978 年后随着改革开放的发展，朴老除了歌唱新成就如“屋脊车驰，沧波油涌，沙漠生桃李”外，也写些休闲行旅诗。如“携筇石径且行吟，纳新频数息，破寂听鸣禽。”1994 年海南《天涯海角口占》：“不知何处有天涯，四季和风四季花。为爱晚霞餐海色，不辞坐占白鸥沙。”《赴无锡途中》：“不言老，聊发少年狂。千里寻春春待我。江南一路菜花黄。农女采茶忙。”这些闲适诗充满生机，给人愉悦欢欣的感受。

借用杜工部句“诗是吾家事”，我曾写《诗人赵文楷》。赵文楷六岁作《咏百舌》：“桃花红未了，百舌闹春晓。能作百般声，枝头压众鸟。”一生不断写诗。文楷公是我们的五代祖上。薪火不绝，代代喜欢诗。荣澄兄说，朴老诗和字更像曾祖赵继元。继元有句：“相逢便问酒家楼，款段行来得自由。三尺乌犍一身笛，杏花如火唤回头。”也是诗歌种子。朴老父母也都作诗。辛亥革命日，江西黄部入安庆，抢劫大乱，家人尽返祖籍太湖寺前河。朴老四岁到十三岁于寺前河老屋依母学习诗词曲，有了坚固的根柢。1991 年除夕，朴老写《题〈篝灯课读图〉》(自度曲)：“自古来，

寸草春晖，永远有说不尽的恩情话。问何处是天堂，它就在母亲膝下。”也是寺前河豆油灯下慈母教儿的写照。朴老母陈太夫人名慧字仲瑄①我们叫她二妈妈，我大哥荣声兄也随她学过诗词。她写过传奇《冰玉影传奇》。所以好诗词曲是从孩稚时培养的。小时熟读诗词加上经史，使遣词用句有了足够的储蓄，各种词汇供选择。又遭近代大变革，自能语出新奇，如白云苍狗变化万端。

元好问论诗：“一语天然万古新，豪华落尽见真淳。”古人把天然、真淳看作诗歌万古长新的要义。1987 年 9 月朴老为汪锋同志诗词题八声甘州作弁言有句：“革命洪波涌，肝胆腾翻。”朴老诗何尝不是肝胆腾翻，直抒胸臆，发自肺腑深处？出自肺腑肝胆的喜怒哀乐，一往深情，表现为真淳。如朴老去日本十一次，赠日本友人诗情意深切，日本人见之无不动容，相亲相近相爱，开启中日友好。对家人、旧友亲朋、革命同志也无不肝胆照人。如写烧饭的阿姨林阿调“艰苦的前半生，勤劳的后半生”，50 年代初朴老来京，我就看到她，一直默默辛苦。“默默地走了，留下

1998 年在北京医院为朴老祝寿

左起：赵酬、赵洛、朴老夫妇、夏荷

① 陈夫人曾祖陈銮曾助林则徐禁烟，署两江总督。

了黄金般的心”。哀悼何深厚！性情的自然表露，全无雕饰，故感人至深。

朴老是社会活动家，生活面广阔，名山大川、名城古寺皆入诗中。再如家乡天华山茶、深圳的芥菜，以至花篮中的雏菊花，一瓣落花，还有感冒、心脏病，病危，无不入诗。所至所感成诗，诗情弥天。由物写意，融情入景，意蕴深远，还以巧妙的艺术思维出之。如江青斗人双手平举低头名“坐喷气飞机”；而武则天酷吏以横木关手足而拷之曰“凤晒翅”。朴老诗“汗雨凤晞翎”，又诗曰“金轮皇帝从陵墓爬起，巡视天下各路米格飞机”。讽谐中实寓深意。写慈禧罪过“明明肃顺诛非罪，浑浑慈安死不疑”。《洛阳花会》“梦断伽蓝记，烟消帝子家”力求对偶工整，古人谓之合掌。又写张闻天“霁日不期风色变，昏乱”。此锻炼辞意，古人谓为警策。朴老不是像古人说无警策不能竦动世人，不足以传世。而是如袁鹰同志所说：“‘昏乱’两字用得很重，却准确地点明了那一二十年的历史真实。”又用比喻甚多。咏总理的名言“雪侮霜欺香益烈”，此言梅，即以梅代总理。又重复如《成昆铁路》：“穿岩透壁洞复洞，跨谷飞空桥又桥。”重复洞和桥，正显示过隧道、河谷洞、桥之多，表明成昆铁路奔飞山岩河谷中，工程艰险。其他夸饰、烘托、曲折等艺术手法并臻其妙，故能金声而玉振，表现出深刻的思想内涵。

像古典作者，朴老很重视诗的格律平仄。但他主张宽韵，用京剧十三辙。“诗到苏黄尽”，词、曲较自由奔放。他喜欢词、曲，还有自度曲、白话诗，应日人要求写汉俳，求得更自由、灵活、奔放，不尽受五、七言的局限。他尽量口语化，像百年前黄遵宪所说：“我手写我口。”更用民间的山歌、俚曲、野语入诗。像他喜欢 1958 年写“端起巢湖当水瓢，那方干旱那方浇”的民谣，多次写给我兄弟，即是一例。把严格格律规定的古典诗词曲写得活泼泼的。

清代龚自珍说人以诗名，诗尤以人名。唐、宋大诗家，都诗与人为一，人外无诗，诗外无人。[①] 历代名诗人无不写自己的感受，有鲜明的个性和时代特征。诗如其人。朴老性向善良反对邪恶，性喜真实反对虚假，性好美好反对丑劣，性爱和谐反对暴虐……一生慈悲为怀，人称活

① 《书汤海秋诗集后》。

菩萨，而值三千年未有大变，国家艰危由乱而大治，又复乱又大治，他感慨“胸中灵气自成云”，化为风雷雨泽，自有得写，写出的都是诗。朴老一生不停地写诗，传奇的一生，诗人的一生。朴老，诗的人生。沧桑，感时触事，声泪俱下，一举笔无不关家国，则诗词博大鲜明，至今为霞满天。

本文原为黄君《无尽意斋诗词选》代序

天堂就在母亲膝下

母亲教儿识字读书，是我国的优秀传统。远的孟母择邻，千古佳话。宋欧阳修四岁父亲死，家穷置不起纸笔，母亲郑氏以荻杆画沙地教儿，欧阳修勤奋学习，读书成诵，成为大学者，大诗人。《古文观止》选了《丰乐亭记》、《醉翁亭记》，他列入唐宋八大家。又撰有《新五代史》，并与人合修《新唐书》。

教儿读书，尤其挑灯夜读，更是读书人常常引为母爱的征象。清乾隆时的洪亮吉六岁丧父，孤苦无依，母亲蒋氏带他寄居外婆家。母亲在一盏孤灯下，夜半一边纺线，一边教儿读书到天亮。后来洪亮吉纪念母亲，请人画《机声灯影图》。写诗：

夜寒窗隙雨凄凄，长短灯檠焰欲迷。

半分纺丝半分读，与娘同听五更鸡。

这种与娘同听五更鸡，在灯影摇曳火光不明下苦读激励人心，也使洪亮吉成为清中叶第一流人才。1961 年邓拓在《燕山夜话，欢迎杂家》中说洪亮吉的文集几乎无所不包，其中人口论著作比达尔文还早半个世纪。洪说乾隆年间，户口比三十年前增加五倍，比六十年前增加十倍而生产跟不上。洪亮吉是当时最清醒的人。

母亲在孤灯下教儿几乎成了文人忆念母亲最好的写照。到了道光年间又有《篝灯课读图》，此图为刘放所得。1991 年送给朴老请题诗。朴老看到此图，感慨系之，因为自己幼年就是母亲教养下，学诗学词学作对联的。甜蜜的回忆，母亲不仅劬劳管家而且是慈母，特别对长男，心想把自己满肚的诗书倾入儿怀。除了白天塾师外，晚上点起豆油灯，一字一句地让儿背诵。朴老三岁时，因辛亥革命江西黄部入安庆劫掠，家人逃避到太湖寺前河老宅。从四岁到十三岁，九年间，慈母教儿史、文、诗、词、曲。这也是太夫人自己从小由家庭长辈传授来的。陈太夫人是湖北江夏人；曾祖陈銮是嘉庆二十五年探花，翰林院编修，后与林则徐一起禁鸦片抗英。署两江总督。后太夫人的父亲入安徽为官，她嫁给赵家。看了这《篝灯课读图》，朴老自然还想起赵家也有《青灯课儿图》。图上画高祖赵畯、赵畇两兄弟幼年，慈母王太夫人像严师一样教孩儿一边读，豆油灯下自己坐旁自理刀尺纺线。朴老还记得赵畇题《青灯课儿图》：

一星灯火数椽庐，为课双雏读父书。傅教不辞奇字酒，诵声长答纺丝车。

母亲教赵畯、赵畇读父亲赵文楷的书，原来赵文楷是嘉庆元年状元，后出使琉球。因为廉洁，至死无以为殓。王太夫人带着两岁的赵畯和怀胎的赵畇回到太湖，家徒四壁，这种孤苦的状况在后来天台里赵宅留下不要忘记的忆念。即过年除夕祭祖后吃年夜饭必须有雪花菜(实是炒豆渣)、安乐菜(实是马齿苋)。

朴老看见刘放同志的这张图后即写了《题〈篝灯课读图〉》(自度曲)：

可贵处，不在画。先看题，后读跋。啥缘由？许多名吏名儒都给它作了高评价。自古来，寸草春晖，永远有说不尽的恩情话。问何处是天堂，它就在母亲膝下。

由此曲的注可知这是道光年间解元(乡试第一名)费耕亭请同年王世绂为绘此图，以志母德。座师那某题卷首并作序。这就是要先看题。

后看跋。作跋的有林则徐，梁章钜、王引之等。费氏后人还求张之洞跋卷尾。可见都是名吏名儒题词作跋。写的自是颂扬母慈子孝用心读书成材的话，都对图中费母教儿作了高评价。啥缘由？“寸草春晖，永远有说不完的恩情话。”像太阳照射草木生长，温暖的阳光是寸草永远不忘的，这里有报答母爱说不尽的恩情话。在母亲膝下，无比恩爱庇护，为往后大展才智奠立基础。还有比这更幸福美好的吗？这就是天堂！

本文原载《佛教文化》2006 年第 5 期

官厅新唱

1993年，《北京晚报》讨论炎黄战场。在下以为如此大战需开阔的平野，古涿鹿盆地正今官厅水库。仰慕涿鹿不能忘。后天顺兄摄三皇庙、坂泉诸照片光宠拙《京城六记》，思念日深。2008年6月追随天顺、良志两兄，车经京张高速，两小时抵河北涿鹿矾山镇。始得虔拜吾祖人文三皇：黄帝、炎帝、蚩尤。伟庙新建崇宏，海外华人赞助，寄五十六族追慕深情。思元封四年(前107)，汉武出萧关，东行来独鹿[①]，鸣泽[②]，正经此涿鹿矾山。司马迁以太史令有记，自是信史。古尊崇先圣哲开启的大一统思念，由部落酋长趋向混同，制作衣裳冠冕，即古诗“万国衣冠拜冕旒”，顺应历史发展。后北魏拓跋、辽契丹皆自认为是黄帝后裔，建黄帝祠庙，同此思想。

离涿鹿矾山镇，车行不足半小时，下午来到官厅水库，听王净主任讲浑河形势，绍介水库利害(石景山钢铁厂、热电厂均赖此水)。复实地观察，小艇东行到妫河西入水库地，有桑乾来水，泾渭可见。此际烟波浩渺，远山青黛，鱼鸟上下，渔舟二三，真得安澜河清、渔歌晚唱的安逸了！天顺兄久责我写竹枝新唱，观涿鹿、官厅，心弦震惊，因歌三首，不顾赧愧录此。

无定真个成永定？千年激湍洪万顷。一石横植官厅峡，水柔波净见我影。

---

① 独鹿：《汉书》记，地应今北京房山上房山云水洞。

② 鸣泽：《水经注·圣水》记鸣泽水北有甘泉水，水出良乡西山。

浑河飘来一丈泥，桃红柳绿少人居。青山忽现平湖阔，突突小艇到妫西。

累代卢沟浪滔天，乾隆束手拜神仙。[①] 赖有坂泉添灌溉，车前绿连三家店。

本文原载《北京诗苑》2009 年第 1 期

① 乾隆卢沟桥诗："无定河如永定乎，千年疏治仰神谟。"因康熙三十七年治河后改卢沟河名永定河。

引言·后记

《宝地》后记

当我小时候，懂得一点事情，已经是国难当头，日本军国主义加紧侵略的日子。这时北平的大学，掀起了一二·九抗日救亡运动。我哥哥常常写些报道学生运动的文字，发表在《生活》杂志上，这使我从幼年时就憧憬热烈抗日救亡的北平。

在家乡高中毕业后，经过了两年，终于1946年随着入学的新生来北平念大学，又像从前哥哥一样，投入了那时的民主学生运动。有时假日也和同学们去香山远眺京城，正月里去白云观。这座古城，悠久的历史文化，美丽的建筑艺术，深深吸引了我，使人永远忘不了它。

1958年，邓拓同志调来北京任市委书记时，他嘱北京出版社整理出版记叙北京历史地理的地方文献。这使我有机会较多地接触了北京地方的一些史料。

在整理这些古籍时，我也像编纂这些古书的前辈一样去访寻历史故迹。来到琼华岛，我惊叹这海上仙山——古书中多次这样称呼它，不免思索它到底是哪个朝代建的。经过探索，我以为它是金人学习宋人的成果，到1979年，刚好是它建造的八百周年，于是写了《北海的八百周年》一文。在昆明湖畔，波中摇曳的玉泉塔影叫人神往。这时想起古人称玉泉为“灵源”，曾是南北大运河的一个源头，玉泉的水流潴昆明湖，东下为长河，入城为后海、北海……这泉流对北京城的供水是起过很大作用的。我还以为这泉流和这个城关系很大，所以大胆地写下了：《玉泉哺育了北京城》。

在西城一座古色古香的王府里，我依稀找到了曹雪芹的影子。这是清初的克勤郡王府，乾隆时的平郡王府。这个平郡王纳尔苏正是曹雪芹的姑丈，和曹雪芹是会有不少来往的。而前海的恭王府和它的后花园建造不早于乾隆三、四十年，不会是曹家的大观园。

这些仅仅是一些探索，却说明我对这个城市从小就产生的热爱。以前我读到顾炎武、龚自珍对这个城市的抒写时，尝情不自禁地朗读起来，也记叙了一些他们的行踪，赞赏他们对北京的感情。

在欣赏美丽的建筑园苑时，我深深崇敬它们的创造者——劳动人民。

这几十篇粗俗的文字，只是当时所读所访所感的一些记录。分为"胜地记游"、"文史记实"、"风物记闻"三记，大都发表过。有的是用共同的笔名司徒今用、年洛敢发表的。这两个笔名是王敢、周年和我三人共用的笔名。这小集子中也有他俩的文字，只是他俩工作较忙，我写得多些罢了。结集起来，也算这些年京华经历的一点纪念，假如对旅游、北京历史等方面稍稍有点用处，则是作者不敢存的奢望了。

作者

1982 年春

本文原载《宝地》，北京出版社 1982 年版

《旅游问路》后记

从十一届三中全会以来，开放的同时兴起了中外旅游的热潮。读万卷书，行万里路，旅游开阔眼界，丰富文化生活，有益身心健康，是一件大好事。

有识之士以为当今的旅游事业应富有中国的特色，发扬文明古国的优势。我国名城、名胜、古迹是我国文化的精华，千古风流人物留下的印痕。探寻它，有助于了解我国悠久的历史、灿烂的文明。

作者正是根据这一思考来写作的。在介绍旅游点时希望引导旅游者了解有关文史背景知识。如苏州城写阖闾和伍子胥，长城写戚继光，盘山写陶渊明的桃花源社会，明十三陵记吴梅村写郑贵妃。我国旅游之历史久远，《天问》、《左传》记周穆王的巡狩，乐而忘归。《史记》也记了秦

始皇、汉武帝大规模的巡游。

春秋战国是我国百家争鸣、文化勃兴的时代。同时行旅频繁，不仅纵横家、兵家游说诸侯，朝秦暮楚；就是儒家、法家、墨家也奔走四方，欲张一己之见。当然，孔子前后十四年，访问六国，不能说是旅游。但《论语》记孔子问弟子的志向，曾点说："暮春者，春服既成，冠者五六人，童子六七人，浴乎沂，风乎舞雩，咏而归。"得到孔子的赞赏，这确是一次暮春富有诗意的旅游。孔子说："仁者乐山，智者乐水。"他不仅对山水有浓厚的兴趣，而且欢喜骑马、爬山，泰山上不是还留有他的踪影？孟子似乎更明目张胆地述说旅游的好处。《孟子·梁惠王》记孟子见齐宣王，孟子说从前齐景公问晏子："吾欲观于转附、朝儛(山名)，遵海而南放于琅玡。吾何修而可以比于先王观也。"晏子引夏谚说："吾王不游，吾何以休，吾王不豫，吾何以助。"在孟子看来，诸侯的游豫只要不戕害于民，并不是坏事。古代把旅游称为游，览胜、观瞻、泛槎等，是很重视的。

但我并不是旅游工作者。自 1951 年入出版社，整日看稿校书，不料一晃已三十多年，现已两鬓白发。其间 1958 年邓拓同志嘱北京出版社编印北京古籍，我参加这一工作，偶有所感，也称颂京都历史久远，风物佳丽，写成《宝地》。

1978 年到 1982 年，我在旅游编辑室，虽以出古书为主，还编辑《北京风物志》等旅游读物。这使我考虑如何使旅游富有文化和历史意义。外出开会，访问名胜古迹时尽量了解它的历史因缘，了解文学上对它的抒写，有所闻见，立即书写下来。平日读史、读文学作品，可广旅游见闻的，也记录下来。行旅中，不断发问遐想。我以为神州大地，有丰富的历史胜迹，人文荟萃，可观可赞可访求者甚多，我作些探索，有时兴起握笔，散见报刊。但毕竟去的地方有限，所以写作也比较集中于北京、长城、苏州三处。有谬误的地方，希望得到读者的教正。

1987 年 4 月

本文原载《旅游问路》，人民日报出版社 1988 年版

《北京长城》引言

长城，从东到西绵延万里；却又自古到今，修筑延续二千多年，凭临登攀，偏要到悬崖绝壁人迹罕至处，可见建造的艰辛奇特，它那雄伟的风姿——美学的价值和防御的功能——军事的谋略，都是世界文化遗留中少见的。它是世界的奇迹，深受各国人民的仰慕和赞叹。

由于北方游牧骑兵不时南下骚扰，早在周宣王时就筑城守卫，《诗经》有句“城彼朔方”。但这只是单个的城堡。而长城始建于春秋战国。当时列国诸侯争霸，筑长城作为争伐抗斗的手段。最早兴建的是楚长城。《左传》记公元前656年，楚国建方城抵御齐桓公的进攻，比孔子出生尚早百年。接着，齐、魏、秦、赵、中山、燕都在自己的范围内筑长城。秦始皇统一全国后，把北方的长城一一连接，成为万里长城。以后十多个朝代也都修筑过长城，其中以明代修筑的最为浩大，达到长城发展的最高峰，使得这项空前绝后的工程得以完成。

明代建都北京，为捍卫京师畿甸和皇帝祖宗陵寝，十分注重北京地区(约相当明代顺天府)长城的修筑，城堡敌台密集，大多墙面用砖石包甃，十分坚固。而北京的北边，恰值燕山山脉盘旋连绵，崇冈千迭，悬崖壁立。东边的雾灵山高2 116米，西边的灵山高2 303米，都比有名的泰山(高1 524米)还高数百米。北京的长城即逶迤于这些山前。在险要的地方还建起雄关隘塞。戚继光曾说“九边地险莫蓟镇若”，所以北京的长城是万里长城中最雄伟、最险奇、最坚固的一段。

无怪北京长城如今已成为观赏长城的最佳处所，一年四季，游人如织。

站在长城上，不论是春花秋月，夏云冬雪，还是看长城内外苍茫的远山，连天的衰草，都有一股浓重的思古之幽情，令人油然而生。也许，我们已经忘记当年这个古战场上飞扬的胡笳羯鼓，闪烁的刀光剑影，但我们不会忘记在历时两千多年间千千万万修筑万里长城的先人。他们惊人的智慧，惊人的坚毅以及惊人的创造力，不仅使我们受到巨大的震撼，也给予我们巨大的启迪。

万里长城是建筑。

万里长城也是精神。

游览过长城的人，虽然都曾一饱眼福，但北京长城景点很多，很难一一光顾。况且，朝霞落照都景色万千，各不相同。这些奇景还要靠机缘凑巧，方能一睹风华。没有到过长城的人，更是心中长存渴念，却无缘识荆。到过的，没有到过的，都有遗憾。出于对广大读者的爱心，在北京市摄影家协会的大力支持下，为数众多的专业和业余摄影家们不辞辛劳，风餐夜宿，拍摄了大量有关北京长城的摄影佳作，现精心编选汇集成册，如果能在一定程度上弥补人们的遗憾，实是值得称道的一件好事。

本文原载《北京长城》，北京美术摄影出版社 1992 年版

《北京的故事》后记

在前门外杨梅竹斜街一座小楼上，我开始了编书的生涯，那是 1951 年。三十多年后，到了离休的 1988 年，却被衣、杨两同志邀来，又来到前门外琉璃厂一小楼上，仍搞起老行当来。

这次作为一家书店的顾问，其实事情不多，倒有了时间，不妨近处走走。编了一二十年北京的古籍之后，我了解这一带处于前门西边，历史有名的宣南，不仅会馆林立，菊部艺人聚居，而且是清代诗人、作家“僦居之地”。老槐花下、紫藤架中，多少传世作品于此诞生。

这时，我更迷恋宣南的藤花。孔尚任在海波寺街岸堂写《桃花扇》，“一架藤萝是岸堂”，“一架藤萝惬旅怀”，藤阴是和《桃花扇》的创作、十年故交友人度曲吟诗联系在一起的。李渔在宣南韩家潭的芥子园也是青藤蔓布，这屋子后来有对联云：“十载藤花署，三春芥子园。”朱彝尊和王渔洋的故居都被人称为“古藤书屋”，“群玉玲珑琢”，“藤花紫满檐”，朱彝尊、王渔洋、顾贞观等花下唱和。

我在宣南徘徊探寻，口中念着张船山的“风雨宣南岁月深”的句子，也和诗人一样对宣南感怀深沉。想找到几树藤萝，或由满屋的藤条觅到昔日诗酒文宴、产生诗文名著的写作环境，传递过去岁月的信息，但已不容易了。虽然在南半截胡同绍兴会馆依稀找到鲁迅住过的藤花馆，但已不见藤花了。可是，有一天，跑到西珠市口的晋阳饭庄的月牙门外意外地发现“藤花厅”三个大字，走进去我惊喜地看到虬龙盘错的藤花，这

应就是纪晓岚二百多年前阅微草堂的故物，当时的藤阴就覆盖厅事一院，有人谓：“一庭芳草围新绿，十亩藤花落古香”，今天紫云般的花缨满簇屋顶，散发着清香，依然充满了生机。我赞美宣南的藤阴。

这样，我边探寻边写“宣南诗话”，从 1989 年 9 月由《光明日报·东风》副刊刊出，持续了一年多。不久，迎来了鸦片战争 150 周年，我惊奇地发现黄爵滋有名的禁烟疏却是和张际亮、吴嘉宾、江开等在宣南陶然亭、龙树寺的雅集游宴分不开的。而此时杰出的人物龚自珍、汤鹏、姚燮、郭仪霄、蒋湘南和戊戌变法的主要人物无一不旅居活动于宣南。后来，我又写了近代出色人物王鼎、魏源、黄遵宪、王闿运等。

作为古书的编者，我常常留心北京古书中提到的鸣泽、独鹿，它在哪里？吴梅村写南海子明代有二十四园，当真有？我也为报刊写北京城墙的传说故事：八臂哪吒城和九城都有关帝庙。

作为风物志的编者，我外出时写些记游的文字，1988 年，曾出版过《旅游问路》，近年又继续写了几篇，只是出游留下的记忆，叫做“游屐印痕”。在琉璃厂小楼，友人编围棋的书，我热心起来。只这“枰畔絮语”多半是围棋外行人的话。

时光流转，有时江淮大雨，有时看电影戏剧，兴起插上几句，这多半是写人物的。像祖国秀丽江山一样，千古风流人物也是难忘的，真是人杰地灵。

难忘的北京！难忘的宣南！

这后记是 1992 年 10 月写的，但出版社的编辑以为原拟的书名《宣南的藤阴》名字太雅，影响销售。于是商量改叫《北京的故事》。除了考虑发行的因素，今年探索北京的文章也多了些。为画册作文又写了永乐大钟、十三陵、辟雍等。晚报讨论阪泉之战，我也情不自禁地写了几篇，讴歌祖先的栖息地。

本文原载《北京的故事》，中国旅游出版社 1993 年版

《京城偶记》后记

人生充满了偶然。好似走路，走不远，只见三叉口，再向前，还会遇见歧路分岔。哪能不碰上弯道分枝？

龚自珍诗："偶赋凌云偶倦飞，偶然闲慕遂初衣。偶逢锦瑟佳人问，便说寻春为汝归。"虽为人评为凉薄，但我很喜欢，以为写出了诸多偶然。

不是么？在下半辈子编校古书出版。恰好十年前也偶然闲慕遂初衣，离休回家了。不想却又被衣、杨二位找去，在宣武门外一家书店帮忙，干些零活。这倒好，有剩余时间在宣南走走，抬头忽见胡同边挂的路牌，依稀记起，这不是乾嘉年间某某诗人的住地，诗人爱惜胡同里的槐花、藤荫还有没有？书店不乏古书，翻书，对照书上记的到胡同探寻，使我写了二三十篇宣南诗话，这不是偶然的么？

还有巧的。1991年即在宣南过了两三年，我们出版社朱、陶两位新领导找我说："你不要在外边晃荡了，回来帮忙吧。"我遵嘱回来，本应回古籍的。正巧前两天，美术摄影部开了一个座谈会，约我参加，他们想编有关北京美术的集子。我私心揣度，搞古书要看大本大本的书，几十万字上百万字，哪能像当年那么细心校阅？而美术图片不过是讲解文字，几百几千字，何不取轻松的？于是来美术摄影。初来遇到北京市摄影家协会发动广大会员拍长城照片，我帮着写说明文字，留下《北京长城》画册。过了一年碰上毛泽东同志诞辰100周年纪念，要出毛泽东墨宝《毛泽东手书选集》，我欣赏毛泽东龙腾鹰搏、飘逸雄肆的狂草，也留意他书写的古诗词的含意。他写六朝梁代大将曹景宗作的"去时儿女悲，归来笳鼓竞。借问行路人，何如霍去病？"我不免寻思他为什么录写这诗？又思想他为什么一再写唐人经五丈原、筹笔驿的诗？又为什么那样喜欢高启的诗，高启又怎样打动了他的心？这引发我写毛泽东手书故事。假如不是领导教我回去，美术摄影部不开座谈会，我怎么会研讨毛泽东手书这些古诗词呢？真是偶然得很。

1996年1月21日看到《北京晚报·百家言》刊曾白融同志《鲧的冤案》，鲧蒙冤屈几千年，有人为他翻案是好的。我记得有记述北方清河、广界都有鲧堤，鲧的功绩自在人间，因写《鲧同禹同样有功》。在写作时发现鲧并不是因治水失败被杀，而因发展新兴的私有制被害的，因写《鲧是夏王朝的先驱》。写时翻阅记述鲧事迹的《山海经》，越发不可收，写《息壤、视肉、寓鸟》、最古的旅游书《山海经》等。要不是看到曾白融一篇文章，又何啰唆许多？

去年香港回归，自然会想起屈辱的鸦片战争，我写了红罂粟花漫话——即稿中的莺花痛史，似乎很自然，——其实也是巧合。1997年初到一位老领导家拜年，桌上放着一本鸦片战争再研究的书，一翻竟是为琦善大唱赞歌的书，主要从武力——武器对比来论琦善的好处。这又引起我的思虑：为什么不说说鸦片的害处，不说说林则徐谋建船炮、英勇抗御的壮志，不说林的友人龚自珍、魏源的谋求改革？不说朝廷的腐败？(包括道光帝不知彼知己，不了解世界，用人不当，琦善的贪财)这萌发我写莺花旧事，也是偶从一本书引发的。

时遇问题，如张清常教授在《胡同及其他》书中问“双庙，又名双关帝庙，一个庙供两个关帝，怎么供?”因写《为何叫双关帝庙》。时见报刊不确处，如说昆仑在巴比伦，因写昆仑山。如说左宗棠伙同县令为胡雪岩清理债务，赖人钱；又说胡之败由左逝去而李鸿章不救助，因写胡雪岩。也因偶阅报刊，偶遇的。真也凑巧，去夏在承德一次餐宴上，我因来迟，入一桌偏又遇上台湾的丘女士，言谈方知她叔祖丘逢甲，才有一段对话和《萍水相逢的一夕话》。因之，这本小书收1994年至1998年所写，命之曰“京城偶记”。多属偶然猝至，没有筹谋设计，水平不高，像走在僻路弯道上。或像一位诗人所喻：“纵然一夜风吹去，只在芦花浅水边。”

记于1998年10月16日

所写浅薄，虽干了一辈子出版，此稿不得排印。因得把今年初写的《北京的妈祖庙》收入，该是纪念澳门回归的因缘吧。

又记于1999年3月22日

本文原载《京城偶记》，北京出版社2000年版

《京城六记》开头的话——北京自古是豪侠礼乐文明之地

作家老舍说北京这地方是一方宝地。天生就雄杰的形胜：西北负重山，南面大平原，东临沧海。沃地千里，五谷瓜果繁生，人民豪爽。杜甫诗：“渔阳豪侠地，击鼓吹笙竽。”这样宝地引起众多英雄竞折腰：契丹的阿保机包围它，女真的阿骨打占有它，蒙古的成吉思汗夺取它。忽必烈、朱棣又重建它。

幽燕自古是我国悠久文化的故乡。黄帝、炎帝的古战场阪泉之野就

在延庆东边的官厅水库。战国的燕昭王筑黄金台招天下士，使燕国成为战国的七雄之一。燕国的京都蓟城也像齐都临淄稷下一样，尤其邹衍北来讲阴阳五行，出现了燕京百家，学风之盛，很是可观。汉代燕人韩婴传《诗经》，隐居军都山的卢植讲儒学，使幽燕知礼好学。好奇雄才的汉武帝又是旅游大家，巡游华北，独钟情于房山的独鹿山、鸣泽泉。北京南边不远的涿县(比市属的密云、平谷还要近)楼桑镇是三国刘备的故乡。督亢沟水流经的紫渊是北魏郦道元小时候游嬉的乐园，清澈的流水使郦道元自幼就热衷于水，于《水经注》中记述我国一千多条河流，描述了可爱的中国，也记述了可爱的蓟城。稍后的唐诗写漫天雪景的幽州更令读者着迷。而金章宗时拟定的燕京八景更为北京名胜奠立基石。

当北方游牧民族的马队越过重关来到此地，他们看到这里田畴无边，城郭高大，仓府充盈。比起漠北低垂天幕下，只见一片青草牛羊自是另一重天。有识的人以为长久居此，养子孙，必须用原有的汉法。于是他们重视当地世代的士族韩延徽、刘彦宗、耶律楚材、刘秉忠等。听从这些谋士的建议：修黄帝祠，建孔子庙，用中原的礼乐行政，办国子学，行科举。使这里出现巨大的孔庙，最大的太学，汇聚了全国最卓越的人才。

拓跋氏北魏南来，重视中原文化，产生杰出的郦道元。女真人南来听从刘彦宗的建言，把汴京的典籍乐器演员掳来，产生了以元曲为代表的金元文化。金依北宋汴京式样重建中都，成一代王朝首都，至今已八百多年。又依汴京艮岳建琼华岛离宫，挖太液池。人说彩泛九龙舟，薰风香十里。元代依琼华岛为基石，充分规划大都，宫城、皇城、大城，一环套一环。笔直的中轴线分明，成方块棋盘式的大都会。又引水成渠，舟送东南粮米。《大都赋》云："通衢交错，列巷纷纭。……华区锦市，聚万国之珍异；歌棚舞榭，选九州之秾芬。"意大利旅行家马可·波罗热情歌赞它，称其为东方大汗之城，实居世界都市前列。明人用砖石甃城墙，修城楼，建宫殿，使之更开阔壮观。成祖还把陵墓放在昌平北边，对子孙说：必须保好这片土地。神宗时修长城敌台，形成防御堡垒。清人大修皇囿园苑，新添几多佳丽地。这一切，都促进了民族文化的共同发展。

笔者从二十岁就学北平，入京近六十年了。20 世纪 50 年代初入北京出版社，编辑北京地方文史书籍。深感首都是豪侠礼乐文明之地，深感北京城在民族国家成长中的凝聚力量。于谦在皇帝被掳去、万马包围的危难中坚持不迁都。顾炎武骑着骡子巡行昌平每一块土地，表示对它的崇敬。

1958年，时任中共北京市委书记处书记的邓拓嘱北京出版社标点整理北京古籍，我有幸参加这一工作，从此和北京古籍结了缘。开始和伙伴编《宛署杂记》，又编《帝京景物略》、《清代竹枝词十三种》。其中《日下旧闻考》、《光绪顺天府志》两部较大，堪称京都文史渊薮的书。编书人需作出版说明介绍书的内容，出版后又需写书的绍介于报刊，留下了北京的书话，名之曰《春明书话》。古书中褒颂先贤先烈的祠庙令我感叹，去瞻拜时激动，对这些三生不改冰霜操的烈士英豪，为保存文化作出贡献的人中龙，发出由衷的赞颂，名之曰《英豪留影》。我曾两度工作于宣武区的小楼上，常去琉璃厂书肆翻书，发现清代众多大诗人勾留此地，因去胡同矮屋中低徊瞻依不忍离去，寻求昔日诗词中吟咏的槐花、藤荫，觅寻延留于今的诗情画意，因成《宣南诗话》。近日读《明史》、《明实录》，看到不少皇城资料，又去探求明清的宫苑监司府院库局作等处，留下《皇城故事》。长期编京都的书，探寻古都昔日的步履，所得残缺零散文字，只是史家的拾遗补阙，因称《幽燕拾遗》。由于对元曲的爱好，发现元曲的辉煌并不在元大都而在蒙古中都；又询求碧山堂、羽琌山庄在哪里，只是有关文化的星星点点，故称《文化点滴》。而这些稿件和北京出版社2005年1月出版的《赵洛讲北京》连续因缘不断，以为补充，实为二讲。因共六记，取名《京城六记》。作此说明，为开头的话。

另外，策划和审定此书的贾凯林、路舒平、冯琨和北京出版社的欧阳向英、解重庆、刘金川、李君伟诸同志，细心尽力，改正讹误，谨表衷心感铭。

本文原载《京城六记》，文津出版社2007年版

代跋：于细微处见真知

金 涛

日前，赵洛兄打电话约我在琉璃厂荣宝斋门前晤面——如今同住一城，因相距甚远，交通不便，很多老友见一面甚难，这也是城市大，“大有大的难处”。见面后，赵洛兄头一句话是“别来无恙?”两年前也是他约我去白云观，为的是寻访赵孟𫖯题写的一块碑，此后两年未见面了。这回，他将散发油墨香的新作《京城六记》相赠，看见这位八十有三的老学长仍然孜孜不倦，不断有新作问世，在下实在汗颜。

所谓“六记”，即“幽燕拾遗”、“文化点滴”、“英豪留影”、“皇城故事”、“春明书话”、“宣南诗话”六个部类，集中代表了一位终生“为他人作嫁衣裳”的资深编辑的治学心迹。作者在《开头的话》中说：“笔者从二十岁就学北平，入京近六十年了。20 世纪 50 年代初入北京出版社，编辑北京地方文史书籍……从此和北京古籍结了缘。”赵洛是北京古籍出版社前总编辑，也是北京史专家。他主持、参与校订、标点的北京历代古籍，如今已是治北京史地的经典，而他本人更是痴情于古都悠久文化，虽耄耋之年，仍爬梳古籍，遍访陋巷，偶有所得，不胜欣喜。作者自谦“所得残缺零散文字，只是史家的拾遗补阙”，依不才之见，他的许多真知灼见，不仅道前人所未言，也为北京史的研究开拓了新的空间。

北京是历史大舞台，也是文化积淀异常丰厚的学术宝库。三千多年漫长历史，汉族与少数民族你来我往的改朝换代，不知在这个舞台上演绎了几多争霸称雄、血雨腥风的戏剧。如今北京史研究也日渐兴隆，关于北京方方面面的著作汗牛充栋。只是多年因袭的传统使然，历来北京史的研究一直依循时空两条线发展，史家关注的热点，或者按历史沿革从空间上追溯城市的历史变迁，或者沿朝代更迭从时间上盘点宫闱纷争的血腥，以及与此相关的君臣恩怨、宦海沉浮。

这固然是治北京史不可忽略的重点，然而历史是包罗万象的，在改朝换代的大背景下，却也衍生出鲜活的生活场景：艺术的兴衰，文人的沉沦，仁人志士的遭际，市井小民的命运，无不在北京历史上留下深深印记。只是时过境迁，大多湮没在历史风烟之中，日渐被人遗忘。

赵洛治北京史另辟蹊径，他擅长从历史细微处发掘，探究他人忽略处，见微知著，别开生面，因而往往极富真知灼见。譬如写《元曲四题》，先是考证大戏剧家关汉卿创作繁荣期，始出于蒙古占领下的金中都(今宣武区)，对胡适先生根据关汉卿作《大德歌》而定关汉卿活跃于元成宗的元贞、大德年间提出质疑。作者指出，1271 年忽必烈方建国号大元，1272 年宫殿、城垣建立，方名大都，到 1283 年官衙、商铺、居民迁入。而关汉卿创作的鼎盛时期，元大都尚未建，故结论自然是此前的金中都，如王国维在《宋元戏曲史》中说："关汉卿生于金代，至世祖中统之初，固已垂垂老矣。则其创作之时，必在金天兴(1232～1234)与元中统(1260～1264)间二三十年之中。"

又写金初女真人攻入北宋汴京，将开封的杂技、说话、弹筝等艺人一百五十余家掳掠至中都，奠定了金中都戏曲文化的基础。金元之际，蒙古大军攻陷中都，改称燕京，宫殿残破，城垣尚存，市肆依旧。城中辽金旧族尚存，蒙古新贵骤增，各方商贾涌入，战乱中的燕京竟畸形繁荣起来。"白骨纵横似乱麻"、"红粉哭随回鹘马"，在这兵荒马乱、骸骨遍野的年月，许多战乱中被掠掳的女子沦入教坊卖笑为生，落魄的文人混迹于勾栏瓦舍，于是宋、金兴起的诸宫调、套曲至此演化为杂剧、院本纷纷演出，导致元曲的兴起。关汉卿、马致远、王实甫等便是他们中的大家。

蒙古人定鼎中原，因祭祀天地、为帝后娱乐之需，礼部教坊司设云和署、兴和署及祥和署，都是各有几百号人的专业剧团。教坊官妓除为宫廷演出，也在勾栏、市肆、戏棚演出。而大批富有才华却无出路的元曲杂剧作家，与教坊关系甚密，他们或担任教坊管理人员(称"管勾")，或为教坊名角的老师，为教坊官妓写剧本，一起同台演出，而教坊官妓的不幸身世也往往成为元曲杂剧作家创作的素材。作者并指出，今东四胡同北有一条本司胡同，即教坊司。本司胡同北有演乐胡同，南有内务部街，原称勾栏胡同，附近还有宋姑娘胡同、马姑娘胡同、粉子胡同，皆元代教坊司遗址。

《元曲四题》着墨不多，却从北京城的演变、朝代的兴亡中，勾勒出与唐诗、宋词并列的元曲的起源与兴盛，极大地丰富了北京文化艺术史的内涵，也可看出作者的深厚学养和功力。

北京的园林名胜史，过去多记清代康乾盛世的西山三山五园。《京城六记》中的《金章宗：北京名胜的开拓者》，不仅考订卢沟桥实为金章宗完颜璟所建，还列举钓鱼台、万宁宫(今北海公园)、玉泉山芙蓉殿、香山寺(又名大永安寺)、大觉寺的清水院、法云寺的香水院、玉泉山下的金水院(今颐和园)、温汤院(今温泉)等与章宗的历史渊源。金章宗明昌时确立的"燕京八景"即是居庸叠翠、太液秋波、琼岛春阴、蓟门飞雨、西山霁雪、卢沟晓月、道陵夕照、玉泉垂虹，明人写"西山古迹多金章宗所建"，当是有根据的。这就进一步明确指出，北京的园林名胜早在金代已颇具规模了。

北京各博物馆收藏历代朝廷皇家的珍贵文物数量之多为全国之冠，在《保护文化的刘彦宗和耶律楚材等》一文中，作者写战乱烽火的动荡年代，一些有识之士力保文物典籍不致毁灭的史实，颇有新意。历来太平盛世收藏文物不足为奇，倒是动荡年月保护文物典籍难能可贵，至于太平年景自毁先人遗存则令人匪夷所思了。金天会三年(1125)金军包围北宋京城汴京，刘彦宗要求金军统帅宗翰、宗望将汴京的城池、宫殿、园囿全部描画下来，并将图书、典册、衮冕、乐器以至工匠、御医、乐宫等掳来，从而使宋代的文化得以保存。元初，蒙古军队再围汴京，大将速不台欲屠城。耶律楚材力阻屠城，说："奇巧之工，厚藏之家，皆萃于此，若尽杀之，将无所获。"因而使汴京百万人获救，也因此保存了中原文化的精英和无数文物典籍。清初吴梅村诗："金元图籍到如今，半自宣和出禁林"，说的就是明代内府图书大半是金初从宋徽宗府库移来，这其中刘彦宗、耶律楚材及元初大将张柔、伯颜等人功不可没。

《京城六记》以随笔的形式，写北京的沧桑巨变，探历史之幽微，独具慧眼，别有韵味，喜爱探究北京史地的读者不可不读，本书的内容虽然属于人文历史的范畴，对于研究自然科学的人也值得借鉴，特别是其中渗透的另辟蹊径的研究视角，不必在前人和同辈拥挤的独木桥上讨生活的治学方法，至少对我是很有启迪。

本文原载《科学时报》2008 年 7 月 18 日

又载《中华读书报》2008 年 9 月